財界支配
日本経団連の実相

佐々木憲昭 著 *Sasaki Kensho*

新日本出版社

目　次

はじめに 7

第1章　財界とは何か——経団連の創設と基本性格 15
1　財界3団体と日本経団連 16
2　経団連の創立とその背景 18
3　経団連役員とその構成 22
　(1)　経団連役員の変遷 22
　(2)　日本経団連の意志決定機関 23
　(3)　役員企業の産業構成 26
　(4)　経団連会長と金融業界 31

第2章　巨大化と多国籍企業化——雇用破壊と産業空洞化 35
1　総資産にみる経団連役員企業の巨大化 36
2　伸びない売上高 38
3　高まる海外依存度 40
　(1)　1970〜1990年——輸出依存度を高める 42
　(2)　2000、2005年——世界市場への浸透 43
　(3)　2010、2015年——海外依存へのいっそうの傾斜 48
4　労働者を正規から非正規に置き換え 49
　(1)　15年で正規が1万人減り非正規が1万3000人増える 49

(2) 1970〜1990年——雇用の大幅削減　51
　　(3) 2000〜2015年——非正規労働者の増加　55
　5　すすむ多国籍企業化と産業の空洞化　56
　　(1) 海外での生産拠点の増加、労働者の削減　57
　　(2) 多国籍企業化がもたらす国内産業の空洞化　57
　　(3) TPPを求める日米多国籍企業　59

第3章　経団連を支配しているのは誰か　61
　1　外資の株式保有が3分の1を超える　62
　　(1) 1970〜1990年——外資比率が高いのは東芝のみ　63
　　(2) 2000年——平均20%の外資比率に　63
　　(3) 2005年——外資比率の平均が29%に　68
　　(4) 2010年——20%を超える企業が3分の2　68
　　(5) 2015年——外資比率の平均が34.48%に　69
　　(6) 外資比率が急増した理由　69
　2　カストディアンが大株主となる　70
　　(1) カストディアンとは何か　71
　　(2) 日本における3大カストディアンの設立　76
　　(3) グローバル・カストディアンとサブ・カストディアン　78
　　(4) 株式保有率を高めるカストディアン　80
　3　強まる株主の圧力　102
　　(1) 「日本版スチュワードシップ・コード」——「もの言う」株主　103
　　(2) 配当額の増大に拍車をかけた会社法改正　105
　　(3) 急増する株主への配当額　105
　　(4) 東芝事件が意味するもの　106

(5)　株価をつり上げるため年金基金に手を伸ばす　107

第4章　経団連の税財政・金融要望　115
1　経団連の税財政に関する要望
——法人税と消費税をめぐって　116
　(1)　シャウプ勧告と経団連による批判——1949年　116
　(2)　法人税率の引き下げ——1950年代後半〜1960年代　121
　(3)　法人税の引き上げと付加価値税導入への動き
　　　　——1970年代　121
　(4)　一般消費税導入の破綻——1979〜80年　123
　(5)　法人税率引き上げと経団連の抵抗——1980〜85年　127
　(6)　法人税の引き下げ、大型間接税の導入へ舵を切る
　　　　——1986〜88年　129
　(7)　売上税をめぐる攻防
　　　　——議長「あっせん」で火種残る　131
　(8)　消費税の導入を強行——1988〜89年　132
　(9)　消費税率の引き上げと法人税率の引き下げ
　　　　——1997〜1999年　133
　(10)　経団連による消費税率再引き上げの圧力　134
　(11)　安倍内閣による新たな国民負担　142
2　経団連と金融政策　143
　(1)　金融自由化に対して　144
　(2)　円高問題への経団連の対応　145
　(3)　不良債権処理に対して　146
　(4)　金融機関の再編・集中と公的機能の低下　152

第5章　経団連と軍需産業 155

1　「防衛装備品」受注企業のなかの経団連役員 156
2　経団連役員企業に占める軍需産業の位置 157
3　経団連・防衛生産委員会の役割 164
4　日本の再軍備と軍事予算の増額 178
　(1)　経団連の「軍事大国」構想と兵器国産化要望 178
　(2)　軍事予算の抑制と武器輸出の衝動 186
　(3)　安倍内閣の大軍拡路線 188
5　武器輸出三原則の撤廃 189
　(1)　武器輸出三原則の確立の経緯 190
　(2)　対米武器技術供与 191
　(3)　SDI構想への参加表明 192
　(4)　日米軍需産業から三原則撤廃の圧力 193
　(5)　安倍内閣による三原則の撤廃 194
　(6)　産軍複合体づくりと「産軍学共同」の推進 195
6　宇宙の軍事利用 197
　(1)　宇宙開発の「平和利用原則」確立の経緯 198
　(2)　宇宙基本法による「非軍事」の否定 199
7　軍需産業と行政の癒着 201
　(1)　防衛庁調達実施本部の背任事件――規制も抜け穴 202
　(2)　防衛施設庁談合事件――天下りのシステム化 203
　(3)　防衛事務次官の収賄事件 204
　(4)　軍需企業への天下りと受注額 205

第6章　財界による政治支配の変容　209
　1　経団連による政策決定過程への介入　211
　　（1）増え続ける官邸主導の会議体　211
　　（2）２つの司令塔──「基本設計」と「実施設計」　216
　　（3）司令塔に入り込む財界代表　218
　　（4）司令塔方式による新しい支配　229
　　（5）財界代表が主導する仕組み　231
　　（6）国家戦略特区──トップダウン型の規制緩和　235
　2　政治資金と経団連　242
　　（1）旧経団連の献金斡旋方式　242
　　（2）通信簿方式で献金を再開　244
　　（3）政党助成金について──補論として　247
　3　総理のトップセールス　252
　　（1）２年半で27ヵ国、489社、1556人が参加　252
　　（2）武器輸出を含む軍事協力　254
　　（3）原発輸出を推進　259

あとがき　261

はじめに

　日本経済は、新たな転機を迎えている。巨大企業が、株主配当を最優先させる「株主至上主義」ともいうべき傾向を強め、投機的資金を動かし金融資産を肥大化させ経済の金融化に拍車をかけている。積み上げられた内部留保は空前の規模に達している。そのベースにあるのは、生産拠点をアジアなど海外に大規模に移転させ、国際的な生産ネットワークによって最大限の利潤を確保する多国籍企業への変貌である。政府の軍拡路線にいっそう寄生する傾向を強め、経済の軍事化ともいうべき事態もあらわれている。

　その一方、国民のなかには格差と貧困が急速に広がっている。地域から大企業が相次いで撤退して産業の"空洞化"が進行し、地域の中小業者は生活の糧を奪われている。巨大企業のリストラ、ブラック企業の横行によって、労働者は低賃金・不安定な非正規雇用に追いやられ、正規労働者も長時間・過密労働のなかで喘いでいる。多くの高齢者は、年金の切り下げ、医療・介護の改悪のなかで「下流老人」と言われるようになった。分厚いといわれた「中間層」は崩壊し「下層」に突き落とされている。社会的弱者を支えるべき社会保障・福祉の機能が弱められ、税・財政は、所得再分配機能を著しく低下させ、大衆収奪の手段と化している。

　総じて言えば、一握りの巨大企業に巨大な富が蓄積される一方、国民のなかで貧困と格差が進行し、「社会の二極分化」が急速にすすんでいる。巨大企業の頂点に位置する財界団体、とりわけ日本経団連は、この傾向に拍車をかけている。政権・与党との癒着を深め政治と行政に強い影響力を行使し、ひと握りの富裕層にますます恩典を集中させている。その結果、マグマのような怒りが国民のなかに次第に蓄積され社会変革の気運が広がっている。

　社会の二極分化を進行させながら、大きな力をふるっている財界とは、い

ったいどのような存在なのであろうか。本書の目的は、日本経団連に役員を出している大企業が半世紀近くの間にどのような変貌をとげてきたか、それが政治にどのように影響力を行使し、日本経済にどのような変化をもたらしているか、そして国民とのあいだでどのように矛盾を広げているかを解明することにある。

　本書は、9年前に出版した『変貌する財界──日本経団連の分析』(2007年1月、新日本出版社)の事実上の続編である。しかし、新たにデータを付け加えただけでなく、株式配当、雇用などにも対象を広げ、さらに軍事産業をも視野に入れ、政権与党との新たな癒着を解明するなど可能な限り多角的な分析を試みている。

　『変貌する財界』が出版されたのは、第一次安倍内閣(2006年9月26日〜2007年8月27日)誕生の直後であった。その「あとがき」で著者は次のように記した。「日本経団連の『政策提言』を安倍内閣の『基本方針』に置き換えれば、安倍内閣の政策はすべて完成する。……すでにそのウラで財界が"詳細で体系的な政策"を準備していたからである」[*]。

　　[*] 佐々木憲昭編著『変貌する財界──日本経団連の分析』(2007年1月、新日本出版社)243ページ。

　前著が出版された後、2008年にリーマンショックが勃発し世界と日本経済は大きな打撃を受けた。2009年9月に民主党政権が誕生し、2011年3月に東日本大震災が発生、3年後の2012年12月に自民党政権が復活する(第二次安倍内閣)という経緯があった。しかし、財界と自民党の癒着ぶりは変わることがなかった[*]。

　　[*] 安倍晋三内閣は2012年12月に再発足して以降、数度にわたる内閣改造を行っているが、本書ではすべて「第二次安倍内閣」としている。

　本書の構成は、以下の通りである。
　第1章では、最初に、日本経団連が、戦後どのように誕生したのか、その実態と経緯を解明している。戦時中の経済団体を基本的に引き継いだうえ、

アメリカのアジア戦略に協力するなかで基本骨格を形成したことを明らかにしている。続いて、経団連役員企業の45年にわたる変遷、意志決定機構、役員企業の産業構成の推移などを分析することを通じて、経団連の基本的な性格を析出している。このなかで、経団連の役員を構成する大企業が、製造業を中心としつつもその主軸をハイテク部門へと移しつつあること、また、多国籍企業化、経済の金融化を反映した構成へと変貌をとげつつあることを明らかにしている。

この部分は『経済』（2015年11月号）の拙稿「日本財界による政治支配の変容」が初出論文であるが、大幅に加筆修正している。

第2章では、経団連役員企業が利潤を企業内に取り込むことによって、総資産をいかに肥大化させてきたかを集計・分析している。また、海外に進出し多国籍企業化し海外依存度を高めている実態を解明している。同時に国内では、売上高を低迷させ産業空洞化を招いていること、雇用は正規から非正規雇用に労働者を置き換え、雇用不安を広げている実態を分析している。

第3章は、経団連に役員を出している大企業が、誰によって支配されているかを分析している。まず、経団連役員企業の発行済み株式総数に占める外資比率の推移をみることにより、1990年代後半から外資保有比率が急速に上昇しており、いまでは3分の1強が外国資本に占有され大きな影響力を受けるようになったことを解明している。

さらに、経団連役員企業の10大株主を集計して、その構成の変化と特徴を明らかにしている。以前には、銀行・保険・証券の株式保有が8割前後を占めていたが、2000年代から、株式等の資産を管理・保管する内外のカストディアンが急増していること、その結果、株式配当を増やす圧力が高まり「株主至上主義」とでも言うべき現象があらわれるようになったことを解明している。この部分も、雑誌『経済』（2015年11月号）の拙稿「日本財界による政治支配の変容」が初出論文であり、やはり大幅に加筆した。

第4章は、経団連の税制・金融要望について解明している。経団連が、政府・与党に対し法人税減税をはじめ大企業の負担軽減を繰り返し要望しなが

ら、庶民が負担する消費税については、導入と税率引き上げを執拗に求めてきた経緯を明らかにしている。そのうえで、法人税と消費税をめぐる動きは、財界と国民の攻防の端的なあらわれであることを強調している。また、「日本の法人税は高い」「消費税は低い」という政府・財界の宣伝がいかにデタラメであるか暴露している。経団連の金融要望については、金融自由化と不良債権処理に焦点を当て、公的機能の変質について解明している。

　第5章は、経団連と軍需産業の関係について分析している。日本経団連役員企業が軍需産業に深く関わり、国の軍事予算への依存を深めていることを解明している。そのなかで、国発注の防衛装備品の7割強を20社で受注していること、なかでも経団連役員企業が3分の1を独占しているなど高い集中度と寄生的な性格を明らかにしている。また、経団連の防衛生産委員会が果たしてきた役割を歴史的に振り返っている。そのなかで、軍事費の増額、武器・技術の国際共同開発、武器輸出禁止3原則の撤廃、宇宙軍拡などで、経団連が果たしてきた危険な役割を解明している。

　そのうえで、軍需産業と防衛省のあいだの癒着を究明している。これまで、頻繁に官製談合事件や贈収賄事件を引き起こしてきた実態と天下りの関係を明らかにしている。

　第6章は、政府の政策作成過程への財界の介入、大企業の政治献金による政策買収などを明らかにしている。2000年代初めの行政機構の改革によって首相と官邸のリーダーシップが強められて以降、内閣の「司令塔」に財界代表を分厚く送り込むことによって、官邸を直接動かす仕組みがつくられるようになったことなどを、政府会議体の集計にもとづき分析している。

　最後に、経団連の政治献金についてとりあげている。以前は巨額の企業献金を斡旋して自民党に提供する仕組みがつくられていたが、最近は、政権党の政策評価をおこない政治献金を奨励するという体裁に切り替えていること、それが事実上「政策をカネで買う」方式になっており、それと密接に関連する政党助成金の導入と実態についても批判的に解明している。政党助成金の部分は、『月刊マスコミ市民』（2012年4月号）が初出稿であるが、大幅に加

筆修正している。

◇

　本書で「日本経団連」と称する場合は、旧経団連と日経連が統合した2002年5月以降の日本経済団体連合会を示している。「経団連」と称するときは、旧経団連（経済団体連合会）を示している。ただし、両者を総称して「経団連」という場合がある。
　ここで、本書で採用した基本的な集計方法について触れておきたい。
　(1)　経団連役員を出している大企業の1970年、1980年、1990年、2000年、2005年、2010年、2015年の7つの時点の有価証券報告書から必要なデータを抽出し集計する方法をとっている。
　(2)　専任役員や非上場企業（相互会社等）など有価証券報告書のないものは、集計不能であるから除いている。
　(3)　集計対象は、原則として金融・保険・証券を含めた全役員企業としており、製造業等に限定していない。
　＊『変貌する財界』（2007年）では、「物的生産・流通の分野に着目することとし銀行・証券・保険は除いた」。しかし、本書ではその手法を踏襲していない。
　(4)　役員企業が親会社・持株会社に支配されている場合、実質的に支配している企業を集計対象としている。
　＊たとえば、2015年の日本経団連の役員企業のうち、東京海上日動火災保険は、発行済み株式の100％を東京海上ホールディングスに保有されている。また、野村證券は、株式の100％を野村ホールディングスに保有され、三菱東京UFJ銀行は株式の100％を三菱UFJフィナンシャル・グループに保有され、キヤノンマーケティングジャパンは株式の50.11％をキヤノンに保有され、三井住友海上火災保険は株式の100％をMS&ADインシュアランスグループホールディングスに保有され、三井住友銀行は株式の100％を三井住友フィナンシャルグループに保有されている。また、2005年の日本経団連の役員企業である東京三菱銀行は、持株会社である三菱東京フィナンシャル・グループ

〈表０―１〉 日本経済団体連合会の役員企業（集計対象企業）

1970年役員企業			1980年役員企業			1990年役員企業			2000年役員企業	
副会長	住友化学工業	1969年12月決算	会長	東京芝浦電気	1980年3月決算	会長	新日本製鐵	1990年3月決算	会長	新日本製鐵
副会長	丸紅飯田	1970年3月決算（半年）	副会長	新日本製鐵	1980年3月決算	副会長	東京電力	1990年3月決算	副会長	三菱物産
副会長	東京芝浦電気	1970年3月決算（半年）	副会長	富士銀行	1980年6月決算（半年）	副会長	トヨタ自動車	1990年6月決算	副会長	三菱化学
副会長	三菱重工業	1970年3月決算（半年）	副会長	日産自動車	1980年3月決算	副会長	三菱重工業	1990年3月決算	副会長	日産自動車
副会長	新日本製鐵	1970年3月決算（半年）	副会長	東レ	1980年3月決算	副会長	昭和シェル石油	1989年12月決算	副会長	日立製作所
副会長	富士銀行	1970年3月決算（半年）	副会長	近畿日本鉄道	1980年3月決算	副会長	住友銀行	1990年3月決算	副会長	東レ
議長	三井銀行	1970年3月決算（半年）	副会長	三菱鉱業セメント	1980年3月決算	副会長	富士銀行	1990年3月決算	副会長	イトーヨーカ堂
副議長	神戸製鋼所	1970年3月決算（半年）	副会長	住友化学工業	1979年12月決算	副会長	三井物産	1990年3月決算	副会長	ソニー
副議長	松坂屋	1970年2月決算（半年）	副会長	東京電力	1980年3月決算	副会長	住友化学工業	1989年12月決算	副会長	東京三菱銀行
副議長	東洋紡績	1970年4月決算（半年）	議長	三菱重工業	1980年3月決算	副会長	東芝	1990年3月決算	副会長	東京電力
副議長	野村證券	1970年9月決算	副議長	松坂屋	1980年2月決算	副会長	ソニー	1990年3月決算	副会長	小松製作所
会長	経団連会長（専任）△		副議長	東洋紡績	1980年4月決算	副会長	小松製作所	1990年3月決算	副会長	松下電器産業
副会長	経団連事務総長（専任）△		副議長	野村證券	1980年9月決算	議長	三井造船	1990年3月決算	副議長	伊藤忠商事
			副議長	神戸製鋼所	1980年3月決算	副議長	九州電力	1990年3月決算	副議長	資生堂
			副議長	三井物産	1980年3月決算	副議長	太陽神戸銀行	1990年3月決算	副議長	富士銀行
			副会長	経団連事務総長（専任）△		副議長	ワコール	1990年3月決算	副議長	アサヒビール
						副議長	大和証券	1990年3月決算	副議長	清水建設
						副議長	住友商事	1990年3月決算	副議長	住友化学工業
						副議長	川崎製鐵	1990年3月決算	副議長	日石三菱
						副議長	日本長期信用銀行	1990年3月決算	副議長	住友銀行
						副議長	サントリー（非上場）△		副議長	東芝
									副議長	本田技研工業
									議長	東京電力（重複）△
									副議長	日本生命保険（相互）△

＜資料＞『経済団体連合会五十年史』および日本経済団体連合会ホームページ、各企業の有価証券報告書より作成

注１　1970年3月、1980年3月、1990年3月、2000年3月、2005年3月、2010年3月の各時点における役員・企業、および2015年7月末現在の役員・企業。△印は非集計対象

注２　日本生命保険の2000年、2014年、第一生命保険の2005年は、相互会社であるため有価証券報告書がない

注３　新日本製鐵は、1970年3月31日に八幡製鐵と富士製鐵が合併

注４　新日鐵住金は、2012年10月に新日本製鐵と住友金属が合併

注５　イトーヨーカ堂は、2005年9月に持株会社セブン＆アイ・ホールディングスを設立し上場廃止

注６　日石三菱は、1999年4月に日本石油と三菱石油が合併

注７　BTジャパンは日本では非上場

	役職	2005年役員企業		役職	2010年役員企業		役職	2015年役員企業	
2000年3月決算	会長	トヨタ自動車	2005年3月決算	会長	キヤノン	2009年12月決算	会長	東レ	2015年3月決算
2000年3月決算	副会長	新日本製鐵	2005年3月決算	副会長	新日本石油	2010年3月決算	副会長	アサヒグループホールディングス	2014年12月決算
2000年3月決算	副会長	東芝	2005年3月決算	副会長	三菱商事	2010年3月決算	副会長	東京海上日動火災保険△	2015年3月決算
2000年3月決算	副会長	本田技研工業	2005年3月決算	副会長	パナソニック	2010年3月決算		(持株会社)東京海上ホールディングス	2015年3月決算
2000年3月決算	副会長	キヤノン	2004年12月決算	副会長	第一生命保険	2010年3月決算	副会長	新日鐵住金	2015年3月決算
2000年3月決算	副会長	日本ガイシ	2005年3月決算	副会長	三井物産	2010年3月決算	副会長	トヨタ自動車	2015年3月決算
2000年2月決算	副会長	東京三菱銀行△	2005年3月決算	副会長	東レ	2010年3月決算	副会長	日立製作所	2015年3月決算
2000年3月決算		(持株会社)三菱東京フィナンシャルグループ	2005年3月決算	副会長	みずほフィナンシャルグループ	2010年3月決算	副会長	JXホールディングス	2015年3月決算
2000年3月決算	副会長	住友商事	2005年3月決算	副会長	三菱重工業	2010年3月決算	副会長	日本電信電話	2015年3月決算
2000年3月決算	副会長	日立製作所	2005年3月決算	副会長	野村ホールディングス	2010年3月決算	副会長	野村證券△	2015年3月決算
2000年3月決算	副会長	三菱重工業	2005年3月決算	副会長	全日本空輸	2010年3月決算		持株会社(野村ホールディングス)	2015年3月決算
2000年3月決算	副会長	ソニー	2005年3月決算	副会長	三井不動産	2010年3月決算	副会長	三菱東京UFJ銀行△	2015年3月決算
2000年3月決算	副会長	武田薬品工業	2005年3月決算	副会長	東京電力	2010年3月決算		(持株会社)三菱UFJフィナンシャル・グループ	2015年3月決算
2000年3月決算	副会長	日本電信電話	2005年3月決算	副会長	トヨタ自動車	2010年3月決算	副会長	三菱重工業	2015年3月決算
2000年3月決算	副会長	住友化学	2005年3月決算	副会長	東芝	2010年3月決算	副会長	住友化学	2015年3月決算
1999年12月決算	副会長	日本郵船	2005年3月決算	副会長	新日本製鐵	2010年3月決算	副会長	三井物産	2015年3月決算
2000年3月決算	副会長	東京電力	2005年3月決算	議長	住友化学	2010年3月決算	副会長	日本郵船	2015年3月決算
2000年3月決算	議長	松下電器産業	2005年3月決算	副議長	日本ガイシ	2010年3月決算	議長	三井不動産	2015年3月決算
2000年3月決算	副議長	イトーヨーカ堂	2005年2月決算	副議長	昭和電工	2009年12月決算	副議長	ANAホールディングス	2015年3月決算
2000年3月決算	副議長	ユニ・チャーム	2005年3月決算	副議長	王子製紙	2010年3月決算	副議長	旭化成	2015年3月決算
2000年3月決算	副議長	大成建設	2005年3月決算	副議長	J.フロント リテイリング	2010年2月決算	副議長	三菱電機	2015年3月決算
2000年3月決算	副議長	石川島播磨重工業	2005年3月決算	副議長	アサヒビール	2009年12月決算	副議長	キヤノンマーケティングジャパン△	2014年12月決算
	副議長	資生堂	2005年3月決算	副議長	三菱UFJフィナンシャル・グループ	2010年3月決算		(親会社)キヤノン	2014年12月決算
	副議長	オリックス	2005年3月決算	副議長	住友商事	2010年3月決算	副議長	小松製作所	2015年3月決算
	副議長	新日本石油	2005年3月決算	副議長	武田薬品工業	2010年3月決算	副議長	清水建設	2015年3月決算
	副議長	三菱電機	2005年3月決算	副議長	ソニー	2010年3月決算	副議長	味の素	2015年3月決算
	副議長	味の素	2005年3月決算	副議長	三菱電機	2010年3月決算	副議長	東京ガス	2015年3月決算
	副議長	三井不動産	2005年3月決算	副議長	小松製作所	2010年3月決算	副議長	昭和電工	2014年12月決算
	副議長	第一生命保険(相互)△		副議長	大和証券グループ本社	2010年3月決算	副議長	大成建設	2015年3月決算
				副議長	日本電信電話	2010年3月決算	副議長	大和証券グループ本社	2015年3月決算
				副議長	日本郵船	2010年3月決算	副議長	三井住友海上火災保険△	2015年3月決算
				副議長	積水化学工業	2010年3月決算		(持株会社)MS&ADインシュアランスグループホールディングス(株)	2015年3月決算
				副議長	東日本旅客鉄道	2010年3月決算	副議長	三菱商事	2015年3月決算
							副議長	三越伊勢丹ホールディングス	2015年3月決算
							副議長	伊藤忠商事	2015年3月決算
							副議長	東日本旅客鉄道	2015年3月決算
							副議長	第一生命保険	2015年3月決算
							副議長	三井住友銀行△	2015年3月決算
								(持株会社)三井住友フィナンシャルグループ	2015年3月決算
							副会長	日本生命保険(相互)△	2014年9月決算
							副議長	東レ(重複)△	
							副議長	BTジャパン△	

はじめに

に100％保有されている。本書では、これらの実質的な支配権をもっている持株会社・親会社を集計対象としている。
(5)　「1社平均の数値」によって比較する方法を基本としている。それは集計期間が45年という長期にわたっており、役員を構成している企業数が大幅に増加し役員の入れ替えも頻繁にあるため、趨勢をとらえるうえでその方式が有効と考えたからである。
　表0－1は本書で集計対象とした経団連役員企業の一覧表である。

第1章　財界とは何か
　　——経団連の創設と基本性格

財界とは、企業経営者によって構成された団体またはグループである。しかしそれは、単なる親睦団体ではない。政治や経済に能動的に働きかけ、構成員である企業により大きな利益をもたらそうとする団体である[*1]。たとえば日本経団連は、定款で「経済界の知識及び経験を広く活用して政策を提言し、実現を働きかける」と定め、ホームページでも「経済界が直面する内外の広範な重要課題について、経済界の意見を取りまとめ、着実かつ迅速な実現を」めざすと説明している[*2]。

*1　奥村宏氏は、財界とは構成員の利害対立を調整したうえで政府に働きかけ、その要望を政策として実行させる存在であるとしている（『徹底検証・日本の財界―混迷する経団連の実像』2010年9月、七つ森書館38〜40ページ）。菊池信輝氏は、財界とは「個別企業の意思をまとめ、政治や経済を動かすために企業が形成している経済団体や経営者たちのグループのことである」としている（『財界とは何か』2005年10月、平凡社）。

*2　http://www.keidanren.or.jp/profile/pro001.html
　　日本経団連ホームページ 「経団連とは」 より。

1　財界3団体と日本経団連

　財界の全国組織としては、日本経済団体連合会（日本経団連）とともに、経済同友会（同友会）と日本商工会議所（日商）が有力であり、これらは財界3団体と言われている。
　いまの日本経団連は、2002年5月28日に旧経団連と日経連の統合により設立された[*1]。大企業1333社、主要な業種別全国団体および地方別経済団体156団体、特別会員32で構成されている[*2]（2015年11月9日現在）。

> ＊1 前身の経済団体連合会（旧経団連）は 1946 年 8 月に設立された。また、日本経営者団体連盟（日経連）は、労働問題への対応を目的に 1948 年 4 月に発足した。
>
> ＊2 http://www.keidanren.or.jp/profile/kaiin/

経済同友会は、「企業経営者が個人として参加し、自由社会における経済社会の牽引役であるという自覚と連帯の下に、一企業や特定業種の利害を超えた幅広い先見的な視野から、変転きわまりない国内外の経済社会の諸問題について考え、議論していくところが、経済同友会最大の特色」と解説している。

> ＊http://www.doyukai.or.jp/about/about.html

日本商工会議所は、「全国 514 の商工会議所を会員とし、各地の商工会議所が『その地区内における商工業の総合的な発展を図り、兼ねて社会一般の福祉増進に資する』という目的を円滑に遂行できるよう全国の商工会議所を総合調整しその意見を代表している団体」であると「日商の概要」で説明している。

> ＊http://www.jcci.or.jp/about/jcci/index.html 菊池信輝氏は、「日商はもっとも経産省（通産省）の影響をうけ、かつ完全な中小企業団体とも言えない、大企業も交えた経済団体となっている。このため基本的に日商は大企業の利益を実現するほかの経済団体と歩調を合わせるものの、不況期で中小企業や地方団体が疲弊したときなど、ほかの経済団体と異なる要望を出したりしているのである」と指摘している。役員の顔ぶれを見ると、会頭は新日鐵住金名誉会長であり、副会頭のなかには川崎重工業、特別顧問には IHI、本田技研工業、三菱商事、伊藤忠商事、三井物産、丸紅、旭化成、資生堂、三井住友銀行、東日本旅客鉄道など、日本経団連の役員にも顔を出す大企業の出身者が入っている。

このように、日本経団連は主として大企業によって構成され、同友会は大企業の経営者個人によって組織され、日商は大企業だけでなく多くの中小企業が加盟しているという特徴がある。経済力の大きさ、政治的・社会的な影響力の大きさから見て、これらの財界団体は日本の経済・社会の有力な支配

的勢力である。なかでも、日本経団連は影響力が格段に大きい。

　旧経団連の時期には、自民党への企業・団体献金を取り仕切る役割も果たしてきた。日本経団連会長の奥田碩(ひろし)氏は、統合直後2002年7月22日に「日本経団連の課題」と題する講演をおこない、こう告白している。「自民党に対する政治資金を斡旋(あっせん)してきたのも事実であり、それが過去においては『財界総本山』や『財界総理』といった言葉を生んだ土壌にもなっておりました＊」。

　　＊https://www.keidanren.or.jp/japanese/speech/20020722.html　安西巧氏は、「『財界総理』という経団連会長の異名は石坂（泰三）に対して使われたのが最初というのが定説になっている」（『経団連――落日の財界総本山』2014年5月、新潮新書、78ページ）と書いている。

　1993年に「非自民」を掲げた細川政権が生まれ、2009年9月に民主党政権が誕生した経緯もあったけれども、経団連は長期にわたり自民党と密接な関係にある。2012年12月の総選挙で自民党政権が復活（第二次安倍内閣）してからは、財界と政権与党の癒着ぶりはいっそう露骨なかたちをとるようになった。

2　経団連の創立とその背景

　15年にわたる日本の侵略戦争は、1945年8月、日本軍国主義の敗北によって終わりをつげた。旧経団連が創設されたのは、その直後のことである。経緯をふり返ることにしよう。

戦時中の「統制会」を引き継ぐ

　1945年8月14日、日本はポツダム宣言を受諾し敗戦を迎えた。ポツダム宣言には、次の一節があった。

「日本国ハ其ノ経済ヲ支持シ且公正ナル実物賠償ノ取立ヲ可能ナラシムルカ如キ産業ヲ維持スルコトヲ許サルヘシ但シ日本国ヲシテ戦争ノ為再軍備ヲ為スコトヲ得シムルカ如キ産業ハ此ノ限ニ在ラス」（当時の外務省訳）。分かりやすく言えば、日本は経済を持続し正当な賠償の取り立てを可能にするための産業を維持することを許されるが、戦争のための再軍備をするようなことができるようにする産業は許されない、というのである。日本の軍国主義権力・勢力の永久的な除去と民主化という基本原則にもとづいて産業復興をはかること、これが戦後日本経済の出発点であった。

　経済界が活動を開始するのは、日本が降伏文書に調印＊（1945年9月2日）した翌日の9月3日であった。その日、商工大臣のもとに、戦前から活動していた4つの経済団体の代表が集められた。それは、大企業で構成する日本経済連盟会、そこから分かれた重要産業協議会、地域団体としての日本商工経済会、中小企業の団体である商工組合中央会であった。そのとき大臣から、連合国との交渉に関する産業界の要望、今後の日本工業化と産業復興のあり方などについての諮問があった。

　＊日本政府が、ポツダム宣言の受諾（＝日本の降伏表明）を連合国側に通告したのは1945年8月14日であり、その事実を昭和天皇が国民に放送を通じて公表したのが8月15日（終戦の日）である。また、日本政府と連合国代表が降伏文書に調印したのは9月2日である。降伏文書とは、日本と連合国との間で交わされた停戦協定で、この協定によってポツダム宣言の受諾は外交文書として確定された。

　4団体の答申には、「主要民間経済団体は、戦後経済の処理に関し、経済界の総意を凝結し総知を動員するため、共同の委員会を設置し戦後処理の問題に関しては各団体は右委員会の協議の下に活動することとし単独の行動を行わざるものとすること」と書き込まれていた＊。9月18日に、4団体が中心となって「経済団体連合委員会」を結成した。これが後に創立される経済団体連合会（旧経団連）の母体となる。

　＊内田公三『経団連と日本経済の50年——もうひとつの産業政策史』（1996年

10月21日、日本経済新聞社）38〜39ページ。

　経済団体連合委員会を結成したねらいについて、経団連の『経済団体連合会五十年史』は、次のように書いている。「米国政府による『降伏後初期におけるアメリカの対日政策』に示された基本線に沿って次々に打ち出されてくる日本の経済・社会の民主化、非軍事化のための諸措置に対して、経済界の意見を……反映させていく」。

　＊経済団体連合会編集・発行『経済団体連合会五十年史』（1999年1月）4ページ。

　その中心となった重要産業協議会は、戦時中の「統制会」のもとにつくられた中央連絡会議である。統制会とは、国と軍部が戦争遂行のために業種別に生産・販売を管理・統制する組織であった。戦後、重要産業協議会は日本産業協議会と名前を変えた。これに全国金融団体協議会なども加わって、1946年8月16日に、経済団体連合会（経団連）を創立したのである。創立当時の中心団体は、日本産業協議会、全国金融団体協議会、日本商工経済会、日本貿易団体協議会、商工組合中央会の5団体（正会員・第一種）であった。

　＊経団連設立当初は、経済団体を主体とする正会員、個人と法人の賛助会員に分けられており、正会員は第一種と第二種に分けられていた。第一種会員は、日本産業協議会、全国金融団体協議会、日本商工経済会、日本貿易団体協議会、商工組合中央会の5団体に限定され、議決権でも第一種は5票、第二種は1票という格差があった。（経済団体連合会編集・発行『経済団体連合会五十年史』1999年1月）5ページ、古賀純一郎『経団連——日本を動かす財界シンクタンク』（2000年4月、新潮選書）169〜171ページ、菊池信輝『財界とは何か』（2005年10月、平凡社）18〜40ページ等参照。

　以上の経緯から明らかなように、戦後の経団連は、戦時中に活動した主な経済団体を基本的に引き継ぎ、それを統合するかたちで出発したのである。

アメリカの戦略転換と経団連
　ポツダム宣言にもとづく「日本の経済・社会の民主化、非軍事化」という

当初の方針は、その後、アメリカの戦略転換によって大きく変えられた。トルーマン大統領が、1947年3月12日、議会への特別教書演説で「共産主義に抵抗する政府の支援」を目指すことを宣言し、「共産主義封じ込め政策」＝トルーマン・ドクトリンを実施したからである。1948年1月には、米陸軍長官ロイヤルが演説のなかで、日本を「極東の工場」として育成するため「実業指導者」を活用する方針を示した。ロイヤルは「日本の戦争機構——軍事上および産業上の——を建設し、運営するにあたってもっとも積極的であった人々は、しばしば、この国の最も有能にして最も成功した実業指導者であり、彼らの助力は多くの場合において、日本の経済復興に寄与するであろう」とのべている[*]。非軍事・民主化を原則とするポツダム宣言からの大転換であった。

　[*]重森隆「安保条約と日米経済関係」（渡辺洋三、岡倉古志郎編『日米安保条約——その解説と資料』1968年、労働旬報社）36〜37ページ参照。

　1950年に朝鮮戦争が勃発すると、アメリカは極東における軍需品の大量生産を必要とするようになり、日本の工業生産力を最大限に活用した。この朝鮮特需を契機に、日本の軍需生産は本格的に再開されることになる。日本の輸出は急速に伸び、鉱工業生産指数は、1950年10月に戦前（1934〜36年）水準を突破した。

　経団連は、アメリカの求めに応じて1951年に「日米経済提携懇談会」を設置し、協力体制をととのえた。1952年8月には、旧日米安保条約の締結にあわせて、それを「日米経済協力懇談会」へと改組し、その内部に総合政策委員会、防衛生産委員会、アジア復興開発委員会の3つの委員会を設けた[*]。

　[*]経団連・防衛生産委員会編集・発行『防衛生産委員会十年史』（1964年6月）。経団連が、朝鮮特需を契機に兵器、艦船、航空など20近い分科委員会をもつ防衛生産委員会を設置したことは重要である。防衛生産委員会は、今日に至るも軍需大企業を中心に活発な活動を続けている。

　こうして、戦後日本の経団連は、戦争を遂行した戦時中の経済団体を基本的に引き継ぎながら、アメリカのアジア戦略に協力するなかで基本骨格を形

成したのである。

3　経団連役員とその構成

　現在の日本経団連指導部はどのような人々で構成されているのか、どのような仕組みで意志決定をおこなっているのか、次にみることにしよう。

(1)　経団連役員の変遷

　1970年から2015年までの経団連の役員一覧は、表1―1（24～26ページ）の通りである。
　この間の特徴は、まず役員総数が増えていることである。1970年には会長・副会長が8人（うち専任2人）、議長・副議長が5人、あわせて13人だった（企業代表は11人）。それが次第に増えて、2015年には会長・副会長15人、議長・副議長21人、あわせて36人となっている。この45年間で、13人から36人（このうち、外資系非上場企業の役員1人）へと3倍に増えている。
　日本経団連は、「業界横断的に、代表的な企業や団体により、すべての分野の政策提言などの活動を承認する」ことを強調しているので、長期的にみて役員数が増えているのは、産業構成が複雑化していることの反映である。[*]

　　*最近は若干変化があらわれている。2014年の役員数は、会長・副会長が19人、議長・副議長も19人であった（本書の表には載っていない）。これと比べ、2015年の会長・副会長は4人減り、議長・副議長は2人増えている。はじめて役員数の縮小傾向が生まれている。

(2) 日本経団連の意志決定機関

　日本経団連の組織は、総会で日常的な意志決定機関である理事会メンバー（理事）が選出され、その理事のなかから会長・副会長が選出される仕組みになっている。ただし、理事はすべて会長・副会長を兼ねており、日本経団連を代表し業務を執行する代表理事も会長を兼ねている。*

　* 理事会には、大企業に所属する理事のほかに、「事務総長・代表理事」１名、「専務理事・業務を執行する理事」４名が参加している。

　また定款では「会長の諮問に応え、会長に意見を述べる機関」として審議員会を置くとしている。その審議員会の議長・副議長で構成する「審議員会議長・副議長会議」は、日本経団連の「特に重要な政策事項の方向性及び実施事業のあり方を審議する」としている。したがって、日常的な意志決定に関わり指導的役割を果たしているのは、理事すなわち会長・副会長[*1]、および議長・副議長[*2]である。

　*１　会長と副会長によって構成される会長・副会長会議は、「政策委員会で立案された提言や報告、各政策分野での活動などを集約し、特に重要な基本的事項を審議して、その方向を定める」とされている。また「会長、副会長は経団連の理事として会の運営を担う役割も負っており、総会で定めた事業方針に沿って活動を展開」するとしている（「経団連タイムス」No.3073　2012年２月９日、「新しい経団連の運営」による）。

　*２　日本経団連ホームページの「経団連の概要」に「歴代会長・審議員会議長」が紹介されている。これは、会長・副会長および議長・副議長が、経団連のなかで指導的役割を果たしていることを裏付けている。http://www.keidanren.or.jp/profile/rekidai.html

　「重要な政策事項」を背後で方向づけているのは、最終的には役員が属する大企業の意向である。そこで次に、経団連で指導的役割を果たしている会長・副会長、議長・副議長の属する大企業が、どう変化しているかをみることにしよう。

〈表1―1〉経済団体連合会の役員一覧

1970年3月		1980年3月		1990年3月	
会長・副会長		会長・副会長		会長・副会長	
★植村甲午郎	経団連会長	★土光　敏夫	東京芝浦電気会長	★斎藤英四郎	新日本製鐵会長
土井　正治	住友化学工業会長	稲山　嘉寛	新日本製鐵会長	平岩　外四	東京電力会長
市川　忍	丸紅飯田会長	岩佐　凱実	富士銀行会長	豊田　英二	トヨタ自動車会長
土光　敏夫	東京芝浦電気社長	川又　克二	日産自動車会長	金森　政雄	三菱重工業会長
河野　文彦	三菱重工業会長	安居　喜造	東レ会長	永山　時雄	昭和シェル石油会長
稲山　嘉寛	新日本製鐵社長	佐伯　勇	近畿日本鉄道会長	磯田　一郎	住友銀行会長
岩佐　凱実	富士銀行頭取	大槻　文平	三菱鉱業セメント社長	松澤　卓二	富士銀行会長
堀越　禎三	経団連事務総長	長谷川周重	住友化学工業社長	八尋　俊邦	三井物産会長
		平岩　外四	東京電力社長	土方　武	住友化学工業会長
		花村仁八郎	経団連事務総長	佐波　正一	東芝会長
				盛田　昭夫	ソニー会長
				河合　良一	小松製作所会長
評議員会議長・副議長		評議員会議長・副議長		評議員会議長・副議長	
★佐藤喜一郎	三井銀行会長	★河野　文彦	三菱重工業相談役	★山下　勇	三井造船会長
浅田　長平	神戸製鋼所相談役	伊藤次郎左衛門	松坂屋会長	永倉　三郎	九州電力会長
伊藤次郎左衛門	松坂屋会長	谷口豊三郎	東洋紡績相談役	石野　信一	太陽神戸銀行取締役相談役
谷口豊三郎	東洋紡績会長	瀬川美能留	野村證券会長	塚本　幸一	ワコール会長兼社長
奥村　綱雄	野村證券会長	外島　健吉	神戸製鋼所会長	千野　宜時	大和証券会長
		水上　達三	三井物産相談役	植村　光雄	住友商事相談役
				岩村　英郎	川崎製鐵会長
				杉浦　敏介	日本長期信用銀行会長
				佐治　敬三	サントリー社長

＜資料＞『経済団体連合会五十年史』および日本経済団体連合会ホームページ等により作成
注1　★は会長・議長
注2　1970年3月、1980年3月、1990年3月、2000年3月、2005年3月、2010年3月および2015年7月末現在の役員とその所属企業

2000年3月		2005年3月		2010年3月	
会長・副会長		会長・副会長		会長・副会長	
★今井　敬	新日本製鐵会長	★奥田　碩	トヨタ自動車会長	★御手洗冨士夫	キヤノン会長
熊谷　直彦	三井物産会長	千速　晃	新日本製鐵会長	渡　文明	新日本石油会長
古川　昌彦	三菱化学会長	西室　泰三	東芝会長（6月～相談役）	佐々木幹夫	三菱商事会長
辻　義文	日産自動車会長	吉野　浩行	本田技研工業取締役相談役	中村　邦夫	パナソニック会長
金井　務	日立製作所会長	御手洗冨士夫	キヤノン社長	森田富治郎	第一生命保険会長
前田勝之助	東レ会長	柴田　昌治	日本ガイシ会長	槍田　松瑩	三井物産会長
鈴木　敏文	イトーヨーカ堂社長	三木　繁光	東京三菱銀行頭取（兼 三菱東京フィナンシャル・グループ取締役）	榊原　定征	東レ社長
大賀　典雄	ソニー会長			前田　晃伸	みずほフィナンシャルグループ会長
岸　曉	東京三菱銀行頭取	宮原　賢次	住友商事会長	佃　和夫	三菱重工業会長
荒木　浩	東京電力社長	庄山　悦彦	日立製作所社長	氏家　純一	野村ホールディングス会長
片田　哲也	小松製作所会長	西岡　喬	三菱重工業会長	大橋　洋治	全日本空輸会長
森下　洋一	松下電器産業社長(6月～会長)	出井　伸之	ソニー会長兼グループCEO	岩沙　弘道	三井不動産会長
		武田　國男	武田薬品工業会長	清水　正孝	東京電力社長
		和田　紀夫	日本電信電話社長	渡辺　捷昭	トヨタ自動車副会長
		米倉　弘昌	住友化学社長	西田　厚聰	東芝会長
		草刈　隆郎	日本郵船会長	宗岡　正二	新日本製鐵社長
		勝俣　恒久	東京電力社長		
評議員会議長・副議長		評議員会議長・副議長		評議員会議長・副議長	
★那須　翔	東京電力会長	★森下　洋一	松下電器産業会長	★米倉　弘昌	住友化学会長
米倉　功	伊藤忠商事相談役	鈴木　敏文	イトーヨーカ堂会長兼CEO	柴田　昌治	日本ガイシ会長
福原　義春	資生堂会長	高原慶一朗	ユニ・チャーム会長	大橋　光夫	昭和電工会長
橋本　徹	富士銀行会長	櫻井　孝頴	第一生命保険会長	鈴木正一郎	王子製紙会長
樋口廣太郎	アサヒビール取締役相談役名誉会長	平島　治	大成建設会長	奥田　務	J.フロント リテイリング会長（～3月 社長）
伊藤　助成	日本生命保険会長	伊藤　源嗣	石川島播磨重工業社長最高経営執行責任者	池田　弘一	アサヒビール会長
今村　治輔	清水建設会長	池田　守男	資生堂社長	畔柳　信雄	三菱UFJフィナンシャル・グループ社長
香西　昭夫	住友化学工業社長	宮内　義彦	オリックス会長	岡　素之	住友商事会長
大澤秀次郎	日石三菱社長	渡　文明	新日本石油社長	長谷川閑史	武田薬品工業社長
森川　敏雄	住友銀行会長	谷口　一郎	三菱電機会長	中鉢　良治	ソニー副会長
西室　泰三	東芝会長	江頭　邦雄	味の素社長	野間口　有	三菱電機取締役
吉野　浩行	本田技研工業社長	岩沙　弘道	三井不動産社長	坂根　正弘	小松製作所会長
				原　良也	大和証券グループ本社最高顧問
				三浦　惺	日本電信電話社長
				宮原　耕治	日本郵船会長
				大久保尚武	積水化学工業会長
				大塚　陸毅	東日本旅客鉄道会長

（次ページに続く）

2015年7月	
会長・副会長	
★榊原　定征	東レ相談役最高顧問
荻田　伍	アサヒグループホールディングス相談役
石原　邦夫	東京海上日動火災保険相談役
友野　宏	新日鐵住金相談役
内山田竹志	トヨタ自動車会長
中西　宏明	日立製作所会長
木村　康	JXホールディングス会長
鵜浦　博夫	日本電信電話社長
古賀　信行	野村證券会長
岡本　圀衞	日本生命保険会長
永易　克典	三菱東京UFJ銀行会長
宮永　俊一	三菱重工業社長
十倉　雅和	住友化学社長
飯島　彰己	三井物産会長
工藤　泰三	日本郵船会長
評議員会議長・副議長	
★岩沙　弘道	三井不動産会長
伊東信一郎	ANAホールディングス社長
伊藤　一郎	旭化成会長
下村　節宏	三菱電機相談役
日覺　昭廣	東レ社長
村瀬　治男	キヤノンマーケティングジャパン会長
野路　國夫	小松製作所会長
宮本　洋一	清水建設社長
伊藤　雅俊	味の素社長
岡本　毅	東京ガス会長
髙橋　恭平	昭和電工会長
山内　隆司	大成建設社長
鈴木　茂晴	大和証券グループ本社会長
江頭　敏明	三井住友海上火災保険会長
小林　健	三菱商事社長
石塚　邦雄	三越伊勢丹ホールディングス会長
岡藤　正広	伊藤忠商事社長
冨田　哲郎	東日本旅客鉄道社長
渡邉光一郎	第一生命保険社長
國部　毅	三井住友銀行頭取
吉田　晴乃	BTジャパン社長

（続き）

(3)　役員企業の産業構成

　経団連の役員を構成している大企業は、どのような産業に属しているのだろうか。それを示しているのが表1－2日本経団連役員企業の産業分布である。*

　*巨大企業の場合は、内部に多くの業種をかかえているため、業種を特定することが難しい場合が多い。ここでは、東京証券取引所に届けられている有価証券報告書等に記載されている業種により、業種分類（大分類・中分類）をおこなった。

製造業中心だが相対的に地位を低下

　表を見ると、日本経団連は全体として製造業中心の財界団体であることは一目瞭然である。製造業に分類される会社数（「専任」と「非上場」を除く）を見ると、1970年は11社中6社（54.5％）、1980年は15社中9社（60.0％）、1990年は21社中12社（57.1％）、2000年は24社中14社（58.3％）、2005年は28社中18社（64.3％）、2010年は33社中18社（54.5％）、2015年は36社中14社（38.9％）である。

　ただし製造業の比率を見ると、ピークは2005年の64.3％で、その後は急速に地位を低下させ2015年には38.9％に落ち込んでい

ることが注目される。

　製造業に、電気・ガス業、運輸業（陸運・海運・空運）を加えても、1970年54.5％、1980年73.3％、1990年66.7％、2000年66.7％、2005年71.5％、2010年66.5％、2015年51.1％となっている。一番高かったのが1980年の73.3％で、その後は若干低下し2005年にふたたび71.2％に上昇している。ところが2010年以降、その比率を次第に低下させ2015年には51.4％になっている。

　このように、経団連役員企業は製造業、電気・ガス業、運輸業で常に５〜７割を占めているため、「経団連は製造業中心の財界団体」だと言われてきた。しかし、最近になってその特徴が薄まっていることは、注目すべき現象である。

鉄鋼、ガラス・土石製品の比重低下
　製造業の内訳はどうなっているか。重厚長大産業と言われた鉄鋼、ガラス・土石製品が相対的に減少し、電気機器、化学が比重を高めている。
　鉄鋼、ガラス・土石製品は、1970年２社（18.2％）、1980年３社（20.0％）だったが、1990年には２社（9.5％）に、2000年には１社（4.2％）に減少している。2005年には２社（7.2％）、2010年２社（6.0％）となったが、2015年にふたたび減少して１社（2.8％）となっている。
　電気機器と化学はどうか。電気機器は、1970年１社（9.1％）、1980年１社（6.7％）だったが、1990年に２社（9.5％）、2000年４社（16.7％）、2005年にピークの６社（21.4％）に増加し、2010年に５社（15.2％）、2015年に２社（5.6％）となっている。化学は、1970年１社（9.1％）、1980年１社（6.7％）、1990年１社（4.8％）、2000年３社（12.5％）、2005年３社（10.7％）、2010年３社（9.1％）、2015年３社（8.3％）である。2000年に会社数３社で比率はピークに達したが、その後は相対的に比重を落としている。

〈表1−2〉 日本経団連役員企業の産業分布の推移（1970年〜2015年）

業種		1970年		1980年	
大分類	中分類	社数	%	社数	%
水産・農林業	水産・農林業	0	0.0	0	0.0
鉱業	鉱業	0	0.0	0	0.0
建設業	建設業	0	0.0	0	0.0
製造業	食料品	0	0.0	0	0.0
	繊維製品	1	9.1	2	13.3
	パルプ・紙	0	0.0	0	0.0
	化学	1	9.1	1	6.7
	医薬品	0	0.0	0	0.0
	石油・石炭製品	0	0.0	0	0.0
	ゴム製品	0	0.0	0	0.0
	ガラス・土石製品	0	0.0	1	6.7
	鉄鋼	2	18.2	2	13.3
	非鉄金属	0	0.0	0	0.0
	金属製品	0	0.0	0	0.0
	機械	1	9.1	1	6.7
	電気機器	1	9.1	1	6.7
	輸送用機器	0	0.0	1	6.7
	精密機器	0	0.0	0	0.0
	その他製品	0	0.0	0	0.0
（製造業・小計）		6	54.5	9	60.0
電気・ガス業	電気・ガス業	0	0.0	1	6.7
運輸・情報通信業	陸運業	0	0.0	1	6.7
	海運業	0	0.0	0	0.0
	空運業	0	0.0	0	0.0
	倉庫・運輸関連業	0	0.0	0	0.0
	情報・通信業	0	0.0	0	0.0
（運輸・情報通信・小計）		0	0.0	1	6.7
商業	卸売業	1	9.1	1	6.7
	小売業	1	9.1	1	6.7
（商業・小計）		2	18.2	2	13.3
金融・保険業	銀行業	2	18.2	1	6.7
	証券、商品先物取引業	1	9.1	1	6.7
	保険業	0	0.0	0	0.0
	その他金融業	0	0.0	0	0.0
（金融・保険業・小計）		3	27.3	2	13.3
不動産業	不動産業	0	0.0	0	0.0
サービス業	サービス業	0	0.0	0	0.0
専任		2	—	1	—
合計（専任を除く）		11	100.0	15	100.0

≪資料≫『経済団体連合会五十年史』および日本経済団体連合会ホームページ、各企業の有価証券報
注　1970年3月、1980年3月、1990年3月、2000年3月、2005年3月、2010年3月、および2015

1990年		2000年		2005年		2010年		2015年	
社数	%	社数	%	社数	%	社数	%	社数	%
0	0.0	0	0.0	0	0.0	0	0.0	0	0.0
0	0.0	0	0.0	0	0.0	0	0.0	0	0.0
0	0.0	1	4.2	1	3.6	0	0.0	2	5.6
1	4.8	1	4.2	1	3.6	1	3.0	2	5.6
1	4.8	1	4.2	0	0.0	1	3.0	2	5.6
0	0.0	0	0.0	0	0.0	1	3.0	0	0.0
1	4.8	3	12.5	3	10.7	3	9.1	3	8.3
0	0.0	0	0.0	1	3.6	1	3.0	0	0.0
1	4.8	1	4.2	1	3.6	1	3.0	1	2.8
0	0.0	0	0.0	0	0.0	0	0.0	0	0.0
0	0.0	0	0.0	1	3.6	1	3.0	0	0.0
2	9.5	1	4.2	1	3.6	1	3.0	1	2.8
0	0.0	0	0.0	0	0.0	0	0.0	0	0.0
0	0.0	0	0.0	0	0.0	0	0.0	0	0.0
2	9.5	1	4.2	2	7.1	2	6.1	2	5.6
2	9.5	4	16.7	6	21.4	5	15.2	2	5.6
2	9.5	2	8.3	2	7.1	1	3.0	1	2.8
0	0.0	0	0.0	0	0.0	0	0.0	0	0.0
0	0.0	0	0.0	0	0.0	0	0.0	0	0.0
12	57.1	14	58.3	18	64.3	18	54.5	14	38.9
2	9.5	2	8.3	1	3.6	1	3.0	1	2.8
0	0.0	0	0.0	0	0.0	1	3.0	1	2.8
0	0.0	0	0.0	1	3.6	1	3.0	1	2.8
0	0.0	0	0.0	0	0.0	0	0.0	1	2.8
0	0.0	0	0.0	1	3.6	1	3.0	2	5.6
0	0.0	0	0.0	2	7.1	4	12.1	5	13.9
2	9.5	2	8.3	1	3.6	3	9.1	4	11.1
0	0.0	1	4.2	1	3.6	1	3.0	1	2.8
2	9.5	3	12.5	2	7.1	4	12.1	5	13.9
4	19.0	3	12.5	1	3.6	2	6.1	2	5.6
1	4.8	0	0.0	0	0.0	2	6.1	2	5.6
0	0.0	1	4.2	1	3.6	1	3.0	4	11.1
0	0.0	0	0.0	1	3.6	0	0.0	0	0.0
5	23.8	4	16.7	3	10.7	5	15.2	8	22.2
0	0.0	0	0.0	1	3.6	1	3.0	1	2.8
0	0.0	0	0.0	0	0.0	0	0.0	0	0.0
0	0.0	0	0.0	0	0.0	0	0.0	0	0.0
21	100.0	24	100.0	28	100.0	33	100.0	36	100.0

告書より作成
年7月末現在の役員企業

飛躍的に地位を上昇させた情報・通信業、商業

注目すべきは、情報・通信業、商業（卸売業、小売業）、金融・保険業である。これらは、この10年間で比重を急速に高めている。

情報・通信業は、1970年から2000年までの間は1社も入っていなかった。しかし、2005年に1社（3.6％）、2010年1社（3.0％）、2015年2社（5.6％）に増加している。これは、インターネットの発達などの「情報化」を反映している。

商業（卸売業、小売業）は、1970年に2社（18.2％）、1980年2社（13.3％）、1990年2社（9.5％）と、社数は同じだが相対的に比重を低下させている。しかし、2000年に3社（12.5％）、2005年2社（7.1％）となった後、2010年に4社（12.1％）、2015年には5社（13.9％）と急速に比率を高めている。

卸売業に着目すると、1970年と1980年に各1社であったが、1990年と2000年に各2社に増え、2005年に1社となった後、2010年に3社、2015年には4社（11.1％）に急増している。卸売業の中心は総合商社であり、2015年には、三井物産、三菱商事、伊藤忠商事が入っている（他に卸売業としてキヤノンマーケティングジャパンがある）。総合商社の比重の高まりは、巨大企業の多国籍企業化と密接に関連している。

金融・保険業が急速に増加

さらに重要なことは、低迷していた金融・保険業が、最近になって急増していることである。

金融・保険業は、1970年3社で27.3％を占めていたが、1980年になると2社で13.3％に低下した。その後、1990年に5社（23.8％）に増えた後、2000年には4社（16.7％）、2005年3社（10.7％）と低下した。これは、金融危機勃発（1997〜98年）で、80年代後半までの土地・株式投機を煽りバブルに踊ってきた大手金融機関の致命的な弱点が露呈することとなり、金融機関の相対的な体力低下があったからである。

しかし 2010 年になると 5 社（15.2％）に増え、2015 年には実に 8 社（22.2％）に増加している。なかでも、保険業は 1970 年から 1990 年までの間は 1 社も入っていなかったが、2000 年、2005 年、2010 年に各 1 社が入り、2015 年には実に 4 社（11.1％）に増加している。これは、機関投資家としての地位上昇にともなうものである。

(4) 経団連会長と金融業界

　銀行・保険・証券など金融機関は、経団連（日本経団連）のなかで、これまでどのような位置にあったのか。

銀行から経団連会長が出ない理由
　奥村宏氏は、経団連の会長が銀行から出ない理由についてこう述べている。「歴代の経団連会長には銀行や保険、証券など金融業の経営者は就任していないが、これは財界のなかでの金融業の力が弱いことを表しているのではなく、金融業からは経団連会長を出さないという方針に基づくものである[*1]」。「高度成長時代には大銀行が企業に対してメイン・バンクとして資金を供給するだけでなく、大株主として、さらには役員や従業員をこれら企業に派遣することで重要な地位を占めていた。そこで企業に対して銀行が強大な力を持っていたところから銀行による産業支配という世論の反発を受けており、そのためにもあえて経団連会長などのポストにはつかないという方針を打ち出していたのである[*2]」。
　＊1　奥村宏『徹底検証・日本の財界——混迷する経団連の実像』81 ページ。
　＊2　前掲書　81 ページ。
　確かに、金融機関の出身者は、経団連（日本経団連）会長になったことはない。これは、先にみたように、経団連役員企業の産業が製造業（産業資本）中心であることを反映している[*]。とりわけ 90 年代後半以後は、会長になるほどの体力を金融機関が持たなくなったことも背景にある。

＊経団連の会長には、6大企業集団とは一定の距離がある新日本製鐵や東京電力などの大企業経営者があたることが多かった。しかし、6大企業集団が結束力を弱めると、トヨタ自動車、キヤノン、住友化学、東レなどから会長が出るようになった。

役員に占める金融機関の比重

　経団連役員に占める金融機関出身者の比重は、どのように推移してきたのであろうか。表1―1で、個別企業に即して見ることにしよう。

　1970年の経団連副会長には富士銀行頭取、さらに評議員会議長には三井銀行会長、副議長に野村證券会長、あわせて3人が入っている。役員11人（専任をのぞく）の27.3％を占めており、4人に1人が金融機関出身者である。そのうえ、評議員会のトップである議長を金融機関が担っていることが注目される。高度成長時代に、主要産業にたいして資金を提供してきた金融機関が強い力をもっていたことがうかがえる。

　1980年になると、副会長に富士銀行会長、評議員副議長に野村證券会長のあわせて2人、役員15人のなかでは13.3％と相対的に地位が低下した。1990年になると、副会長に住友銀行会長、富士銀行会長の2人、さらに評議員会副議長に太陽神戸銀行取締役相談役、日本長期信用銀行会長、大和證券会長の3人が入っている。金融機関出身は5人で、役員21人の23.8％を占めるまでになり、銀行出身者が4人も入っている。

　しかしその後、金融危機の影響もあり金融機関の比重は相対的に低下し、2000年には副会長に東京三菱銀行頭取の1人、さらに評議員会副議長として富士銀行会長、住友銀行会長、日本生命保険会長の3人、あわせて4人が入っているものの24人の役員のなかでは16.7％である。さらに2005年になると、副会長に東京三菱銀行頭取、評議員会副議長に第一生命保険会長の2人で、28人の役員に占める比率は7.1％に低下している。「その他金融業」のオリックス会長を加えると3人になるが、それでも10.7％にすぎない。

　2010年になると、副会長としてみずほフィナンシャルグループ会長、第

一生命保険会長、野村ホールディングス会長の3人、評議員会副議長として三菱UFJフィナンシャル・グループ社長、大和証券グループ本社最高顧問の2人、あわせて5人となった。比重を上げたとはいえ、役員33人中の5人（15.2％）である。

ところが、2015年には、副会長に東京海上日動火災保険相談役、野村證券会長、日本生命保険会長、三菱東京UFJ銀行会長の4人、評議員会副議長に大和証券グループ本社会長、三井住友海上火災保険会長、第一生命保険社長、三井住友銀行頭取の4人、あわせて8人が入り、その比率は22.2％に高まっている。

このように、経団連役員企業に占める金融機関の推移を見てくると、金融機関の位置に大きな変化が現れていることがわかる。バブル経済の発生とともに経団連のなかで金融機関の比重を増したが、1990年代の金融危機以降、不良債権問題が重大化すると金融機関の位置も大きく低下した[*]。しかし2008年の金融危機＝リーマン・ショックを乗り越えた後、経済の金融化が大きくすすむもとで、日本経団連のなかで大手保険会社を軸として金融機関の地位がふたたび上向き始めているのである。これは、世界的に投機資金が膨張するなかで保険業界の機関投資家としての役割が、飛躍的に増大していることを反映している。

　*背景には、6大企業集団の枠組みを超えて金融機関の集中・再編がおこなわれた結果、銀行による企業集団への支配関係を希薄化させたこと、さらに、大手企業の資金調達先が、銀行融資に頼る「間接金融」から株式・社債発行による「直接金融」にシフトし、結果として金融機関への依存度を低下させたこともあげられる。鈴木健氏は『六大企業集団の崩壊』（新日本出版社、2008年8月）で、大手銀行と企業集団の関係を分析し「銀行借入れに依存して資金を調達する構造から資本市場に依存する資金調達構造への転換」は「不可避の流れ」としながら、「銀行借入れそのものを解消しようとしているわけではない」とも指摘している。

以上、経団連役員企業の産業構成の推移をみると、基本的には製造業を中

心としつつもその主軸をハイテク部門へと移しつつあり、また、海外進出と多国籍企業化、経済の金融化を反映した構成へと変貌をとげつつある。経団連から出される要望は、これらの産業間の要望を調整したうえで提案されているのである。

第2章　巨大化と多国籍企業化
──雇用破壊と産業空洞化

1　総資産にみる経団連役員企業の巨大化

　次に、経団連役員企業（正副会長・議長副議長）の企業規模がどれほど大きくなったかを検証するため、表2－1で1社平均の総資産をみることにしよう。

　表の左側の総資産が、経団連役員全企業の1社平均の総資産である。それを見ると、1970年の1兆92億円から1980年の2兆5994億円へと10年間

〈表2－1〉経団連役員企業の総資産推移（1970年～2015年）

年	全役員企業（平均）	総資産（百万円）		金融・証券・保険を除く（平均）	総資産（百万円）	
		連結	単独		連結	単独
1970	11社平均		1,009,229	8社平均		564,696
1980	15社平均		2,599,428	13社平均		1,719,122
1990	20社平均		12,309,897	15社平均		3,240,700
2000	22社平均	12,535,868	10,028,925	19社平均	4,683,119	2,939,706
2005	27社平均	9,438,437	3,162,418	25社平均	5,539,333	3,044,587
2010	33社平均	18,407,340	4,519,813	28社平均	5,913,989	3,410,580
2015	33社平均	24,536,801	4,708,141	26社平均	7,147,029	3,393,770
1970→2015（倍率）			4.67			6.01
1980→2015（倍率）			1.81			1.97
1990→2015（倍率）			0.38			1.05
2000→2015（倍率）		1.96	0.47		1.53	1.15
2005→2015（倍率）		2.60	1.49		1.29	1.11
2010→2015（倍率）		1.33	1.04		1.21	1.00
1970単独→2015連結（倍率）		24.31			12.66	

≪資料≫経団連役員企業の各有価証券報告書により集計
※1970年～90年は連結財務諸表がない

で倍増し、さらに1990年の12兆3099億円へと20年間で12倍に増加している。その後、連結ベースで2000年に12兆5359億円となった後、2005年に9兆4384億円に減少、5年後の2010年には18兆4073億円と増加し、2015年に24兆5368億円となっている。15年で約2倍の増加である。45年前の1970年（単独）と比べると2015年（連結）は、1社平均で約24倍に増加している。驚くべき巨大化である。

　注意すべき点は、このなかに金融・証券・保険業が含まれていることである[*]。これらの業態では、製造業などと異なる内容が総資産に計上されている。銀行の場合は、総資産のなかに預金を原資とする「貸出金」が含まれており、保険の場合は、保険料を有価証券等で運用しており、総資産のなかにその「運用資産」が含まれている。また、証券の場合も、顧客から預かった「運用資産」を含んでおり、その分、総資産額が過大に表示される。そのため、金融・証券・保険会社からの役員出身者の数が多くなれば、総資産も相対的に大きく膨らむ傾向がある。

> ＊集計対象に含まれる金融機関は、1970年の富士銀行と三井銀行（2行）、1980年の富士銀行（1行）、1990年の住友銀行、富士銀行、太陽神戸銀行、日本長期信用銀行（4行）、2000年の東京三菱銀行、富士銀行、住友銀行（3行）、2005年の東京三菱銀行（1行）、2010年のみずほフィナンシャルグループ、三菱UFJフィナンシャルグループ（2行）、2015年の三菱UFJフィナンシャル・グループ、三井住友フィナンシャルグループ（2行）である。証券会社は、1970年の野村證券（1社）、1980年の野村證券（1社）、1990年の大和證券（1社）、2010年の大和証券グループ（1社）、2015年の野村ホールディングス、大和証券グループ本社（2社）である。保険会社は、2010年の第一生命保険（1社）、2015年のMS&ADインシュアランスグループホールディングス（1社）である（日本生命は相互会社のため有価証券報告書はない）。

そこで、このような資産の「過大表示」を解消するため、金融・証券・保険を除いて1社平均の総資産を出したのが右側に示した表である。それを見ると、1970年の5647億円から1980年の1兆7191億円へと10年間で3倍に増加し、さらに1990年の3兆2407億円へと20年間で6倍に増加してい

第2章　巨大化と多国籍企業化　37

る。その後、連結ベースで2000年に4兆6831億円となった後、2005年に5兆5393億円に増加、5年後の2010年には5兆9140億円、2015年に7兆1470億円となっている。15年で1.5倍の増加である。

このように、金融・証券・保険を除いても、45年前の1970年（単独）と比べて2015年（連結）は、1社平均で約13倍の増加となっており、驚くべき規模に増大していることがわかる。

これは、経団連に役員を出している巨大企業が資産規模を急速に拡大したことを示しており、資本の集積・集中が大規模に進行したことをあらわしている。

2　伸びない売上高

次に注目したいのは、売上高である。表2—2によれば、経団連役員企業（正副会長・正副議長）の1社平均の売上高は、1970年4541億円、1980年1兆364億円、1990年4兆88億円と飛躍的に増加した後、連結ベースで2000年に4兆4376億円、2005年4兆4000億円、2010年4兆2347億円、2015年4兆5443億円となっている。この数字をみると、売上高が伸びたのは1970年代から1980年代であり、1990年以降は、25年の長期にわたって横ばい状態が続いている。2000年と2015年を比較すると、わずか2％しか伸びていない。

集計のさい問題になるのは、総合商社の売上高の扱いである。総合商社の売上高は他の業種と比べて一ケタも二ケタも大きい。なぜなら総合商社の売上高には、わが国では最近まで、単に仲立ちをしたもの（手数料を受け取り代理人等として関与した取引の総額）が含まれていた[*1]。そのため、数値が過大に表示されていた。しかし今日では、それを含めない国際会計基準（IFRS）を採用する総合商社が増えている[*2]。取り引きの実態に基準を合わせるのは当

〈表2—2〉経団連役員企業の売上高推移（1970年～2015年）

年	全役員企業（平均）	売上高（百万円）		商業を除く役員企業（平均）	売上高（百万円）	
		連結	単独		連結	単独
1970	11社平均		454,120	10社平均		303,268
1980	15社平均		1,036,390	13社平均		1,086,075
1990	20社平均		4,008,824	18社平均		2,137,376
2000	22社平均	4,437,563	2,942,516	19社平均	3,634,595	2,226,603
2005	27社平均	4,400,009	2,131,629	25社平均	4,211,123	1,981,463
2010	33社平均	4,234,711	2,035,510	29社平均	3,604,782	1,758,253
2015	33社平均	4,544,331	1,752,482	29社平均	4,483,619	1,401,654
1970→2015（倍率）			3.86			4.62
1980→2015（倍率）			1.69			1.29
1990→2015（倍率）			0.44			0.66
2000→2015（倍率）		1.02	0.60		1.23	0.63
2005→2015（倍率）		1.03	0.82		1.06	0.71
2010→2015（倍率）		1.07	0.86		1.24	0.80

≪資料≫経団連役員企業の各有価証券報告書により集計
※1970年～90年は連結財務諸表がない

然であろう。

*1　住友商事の2010年3月期の有価証券報告書には、次のような説明がある。「『売上高』は当社及び子会社が契約当事者として行った取引額及び代理人等として関与した取引額の合計であります。これは、日本の総合商社で一般的に認められている指標であり、米国において一般に公正妥当と認められている会計基準に基づく『Sales』あるいは『Revenues』と同義ではなく、また、代用されるものではありません」。このように、日本独自の慣習として採用されてきた「代理人等として関与した取引額」を売上高に入れる方式が、売上高を肥大化させる原因であった。三菱商事の2015年3月期の有価証券報告書は、こう説明している。「当社が代理人として行う営業取引について、従来は取扱高を含む総額を売上高に計上していましたが、平成26年度（2014年度）より手数料のみを売上高に計上する方法に変更した…」。

*2　現在では、三井物産、住友商事、三菱商事、伊藤忠商事などが、国際会計

基準に基づいた指標を掲載しており「売上高」ではなく「収益」と表示している。

ただし、長期的な集計をおこなうさい、売上高の基準が変わることは全体の傾向を把握するうえで困難をもたらすことになる。そこで、売上高から商業を除いた集計数値を表の右側に示しておいた。

それをみても、経団連役員企業（正副会長・正副議長）の1社平均の売上高は、1970年3033億円、1980年1兆861億円、1990年2兆1374億円と増加した後、連結ベースで2000年に3兆6346億円、2005年4兆2111億円、2010年3兆6048億円、2015年4兆4836億円となっている。この数字でも、売上高が伸びたのは1970年代から1980年代であることは明らかである。2000年以降は、15年にわたって伸びが低迷しており、2000年と2015年を比較しても1.23倍の伸びにすぎない。

これは、国内において需要（内需）が長期にわたって低迷したことの反映である。1990年代のなかばから賃金が低迷し続けていること、政府の社会保障抑制政策が続いたことによる家計消費の低迷が、その背景にある。

3　高まる海外依存度

表2―3―1は、経団連役員企業の輸出・海外売上高*の推移を示している。集計対象からは、銀行・証券・保険業を除いている。

＊「海外売上高」は、通常は「輸出」を示す用語として使用されている。ただし企業によっては、海外子会社の売上を含む用語として使用している。

1社平均の輸出・海外売上高（1990年までは輸出高、2000年以降は海外売上高）をみると、1970年の1357億円、1980年5966億円、1990年1兆3082億円と飛躍的に増加し、2000年に2兆2008億円に達している。1970年から2000年までの間に16.2倍も増えている。しかし、その後は2005年2兆

〈表2—3—1〉経団連役員企業の輸出・海外売上高の推移 　　　　　　　（単位：百万円）

正副会長・正副議長企業	輸出・海外売上高（合計）	輸出・海外売上高（1社平均）	売上高に占める輸出・海外売上高(%)
1970年3月決算（7社）	949,853	135,693	18.7%
1980年3月決算（9社）	5,369,699	596,633	24.6%
1990年3月決算（11社）	14,389,799	1,308,164	27.5%
2000年3月決算（15社）	33,011,726	2,200,782	38.6%
2005年3月決算（22社）	46,320,860	2,105,494	40.9%
2010年3月決算（21社）	41,766,233	1,988,868	42.3%
2015年3月決算（20社）	51,152,368	2,557,618	43.4%
1970年→2000年（1社平均・倍率）		16.2	
2000年→2015年（1社平均・倍率）		1.2	
1970年→2015年（1社平均・倍率）		18.8	

《資料》経団連役員企業の各有価証券報告書により集計
注1　2000年3月決算から「輸出高」は「海外売上高」となる
注2　1社平均とは、無記載の企業を除いた1社当たりの単純平均

1055億円、2010年1兆9889億円と低下している。ここには、2008年のリーマンショックの影響が背景にある。しかし、2015年には2兆5576億円へと増加に転じている。

1970年から2015年までの45年間で輸出・海外売上高は18.8倍に増加しているが、その大部分は2000年までの増加によるものである。この傾向は、売上高全体の推移と同様である。

次に、全体の売上高に占める輸出・海外売上高の比率をみると、1970年には18.7％であったが、1980年に24.6％、1990年に27.5％と増えて20％台になっている。2000年には38.6％と増加した後、2005年には40.9％、2010年42.3％、2015年43.4％と40％台に増えている。このように、全売上高に占める輸出・海外売上高の比率は一貫して増加傾向を示している。

総じて言えば、売上高が全体として低迷し国内市場（内需）が空洞化するなかで、経団連のトップ企業が、アジアをはじめとする海外市場に活路をも

とめ、海外売り上げへの依存度をいっそう増大させていることを示している。

(1) 1970〜1990年――輸出依存度を高める

　輸出依存の変化を企業別にみることにしよう。表２―３―２は、経団連役員の各企業ごとの輸出と海外依存の推移を示している。1970年から2006年までの特徴については、拙著『変貌する財界――日本経団連の分析』で分析している。ここでは、その点もふり返りながら2015年までの長期にわたる変化と特徴をみることにしたい。

　＊『変貌する財界――日本経団連の分析』(2007年1月、新日本出版社) 41〜44ページ。

　1970年の経団連役員企業の輸出高をみると、総合商社である丸紅飯田の3951億円が最大であった。続いて新日本製鐵の2686億円、三菱重工業の1173億円、東京芝浦電気762億円、神戸製鋼所412億円、東洋紡績284億円、住友化学工業230億円と続いている。この時期には、鉄鋼、重工、化学などの重化学工業が日本の輸出を牽引していた。各企業の売上高に占める輸出高の比率（輸出依存度）をみると、新日本製鐵が42.5％とずば抜けて高く、原燃料を輸入・加工し輸出するという日本産業の特徴を鉄鋼産業がもっともよく示していた。

　1980年には、三井物産の輸出額が1兆9408億円で1位、日産自動車が1兆2376億円で2位、新日本製鐵が9361億円で3位、東京芝浦電気が3196億円で4位である。総合商社を除けば、日本の輸出御三家と言われた自動車、鉄鋼、電機のトップ企業が、この時点で上位を独占している。各企業の輸出依存度も次第に高まり、日産自動車45.2％、三菱重工業35.4％、新日本製鐵32.9％、東レ25.4％、神戸製鋼24.5％、東京芝浦電気22.4％であった。

　1990年の輸出額1位は、住友商事の4兆5907億円、2位は三井物産の3兆5530億円である。これらは総合商社であるため、金額が実態よりも大きく表示されている。その理由は39ページで述べた通りである。総合商社を

除くと、トヨタ自動車の2兆7903億円、ソニー9169億円、東芝8955億円、新日本製鐵の6000億円が注目される。自動車、電機、鉄鋼が、輸出を主導している。各企業の輸出依存度も高まっており、この時点でいちばん高かったのはソニーの59.7%であり、国内で生産した製品のうち6割を海外に輸出している。さらに、トヨタ自動車の34.9%、小松製作所34.4%、東芝29.3%と続いている。

(2) 2000、2005年——世界市場への浸透

2000年になると、この傾向はさらに強まる。この時点から、集計項目は「輸出」から「海外売上高」に置き換わる(海外売上高には、輸出だけでなく現地生産の製品を現地で販売した売上高も含まれている)。それによると、三井物産が6兆858億円、本田技研工業4兆4866億円、ソニー4兆1258億円、伊藤忠商事3兆6068億円、松下電器産業3兆6012億円、日産自動車3兆5443億円、日立製作所2兆3436億円となっており、総合商社を除くと、中心は電機、自動車である。その半面、新日本製鐵は5242億円、三菱化学は3171億円である。鉄鋼・化学産業の後退がみられる。

売上高に占める海外売上高の比率をみると、本田技研工業が73.6%で最も高く、ソニー61.7%、日産自動車59.3%、松下電器産業49.3%、小松製作所47.5%であった。自動車、電機の主要な大企業が軒並み輸出・海外売上高の比率を大きく高めている。

2005年の海外売上高のトップはトヨタ自動車で12兆6055億円、2位は本田技研工業で6兆9509億円と、自動車産業が上位を占めている。3位以下は、ソニーの5兆588億円、続いて松下電器産業4兆1331億円、日立製作所3兆2774億円、キヤノン2兆6181億円、東芝2兆5763億円と電機産業が続く。このように、上位はすべて自動車と電機によって占められている。売上高に占める海外売上高の各社の比率もいっそう増加した。海外売上依存率がいちばん高い企業は、本田技研工業の80.4%で、続いてキヤノン75.5%、

〈表2－3－2〉経団連役員企業の海外依存の推移（金融、証券、保険を除く）

1970年役員企業		輸出高 (百万円)	売上高に 占める輸出高 の比率	1980年役員企業		輸出高 (百万円)	売上高に 占める輸出高 の比率
副会長	住友化学工業（6月）	23,027	11.0%	会長	東京芝浦電気	319,625	22.4%
副会長	丸紅飯田（2月）	395,119	20.1%	副会長	新日本製鐵	936,139	32.9%
副会長	東京芝浦電気	76,170	13.8%	副会長	日産自動車	1,237,646	45.2%
副会長	三菱重工業	117,315	16.6%	副会長	東レ	122,370	25.4%
副会長	八幡製鐵	268,619	42.5%	副会長	近畿日本鉄道	無記載	無記載
副議長	神戸製鋼所	41,233	12.4%	副会長	三菱鉱業セメント	無記載	無記載
副議長	松坂屋（2月）	無記載	無記載	副会長	住友化学工業（12月）	63,176	9.4%
副議長	東洋紡績（4月）	28,370	14.7%	副会長	東京電力	無記載	無記載
正副会長・正副議長　計		949,853		議長	三菱重工業	477,287	35.4%
1社平均		135,693	18.7%	副議長	松坂屋（2月）	無記載	無記載
				副議長	東洋紡績（4月）	22,034	8.9%
				副議長	神戸製鋼所	250,646	24.5%
				副議長	三井物産	1,940,776	17.3%
				正副会長・正副議長　計		5,369,699	
				1社平均		596,633	24.6%

≪出所≫『経済団体連合会五十年史』および日本経済団体連合会ホームページ、各企業の有価証券報告書より作成。専任および金融、証券、保険は除いて集計

注1　1970年3月、1980年3月、1990年3月、2000年3月、2005年3月、2010年3月の各時点、および2015年7月末現在の役員企業。3月決算でない企業は（　）内に決算月を記載。12月決算については、1970年、1980年、1990年、2000年は当該年のもの。2005年以降は前年のもの
注2　新日本製鐵は、1970年3月31日に八幡製鐵・富士製鐵が合併し設立
注3　新日鐵住金は、2012年10月に新日本製鐵と住友金属が合併し社名変更
注4　イトーヨーカ堂は、2005年9月に持株会社セブン＆アイ・ホールディングスを設立し上場廃止
注5　日石三菱は、1999年4月に日本石油と三菱石油が合併し設立。2002年6月、新日本石油に社名変更
注6　新日本石油は、2010年4月1日に設立されたJXホールディングスの完全子会社となる
注7　2000年のイトーヨーカ堂の海外売上高は、海外営業収益
注8　2000年、2005年、2010年のソニーの海外売上高は、米国、欧州、その他の地域の外部顧客向け売上高
注9　2000年の小松製作所の海外売上高は、米州、アジア、オセアニア、中近東、アフリカの地域別外部顧客向け売上高
注10　2005年の住友商事の海外売上高は、海外現地法人・海外支店の売上高
注11　2005年の松下電器産業の海外売上高は、米国、欧州、アジア・中国他の地域の売上高
注12　2010年の三菱商事、三井物産の売上高は収益
注13　2010年の住友商事の海外売上高は、海外現地法人・海外支店の売上総利益
注14　2010年、2015年の三菱電機の海外売上高は、海外の外部顧客に対する売上高

1990年役員企業		輸出高(百万円)	売上高に占める輸出高の比率	2000年役員企業		海外売上高(百万円)	連結売上高に占める海外売上高の比率
会長	新日本製鐵	600,001	23.3%	会長	新日本製鐵	524,222	19.6%
副会長	東京電力	無記載	無記載	副会長	三井物産	6,085,826	46.1%
副会長	トヨタ自動車（6月）	2,790,256	34.9%	副会長	三菱化学	317,076	18.9%
副会長	三菱重工業	402,138	19.2%	副会長	日産自動車	3,544,257	59.3%
副会長	昭和シェル石油（12月）	無記載	無記載	副会長	日立製作所	2,343,632	29.3%
副会長	三井物産	3,553,024	17.5%	副会長	東レ	363,440	36.7%
副会長	住友化学工業（12月）	92,770	12.9%	副会長	イトーヨーカ堂（2月）	960,763	29.8%
副会長	東芝	895,509	29.3%	副会長	ソニー	4,125,822	61.7%
副会長	ソニー	916,854	59.7%	副会長	東京電力	10％未満のため無記載	10％未満
副会長	小松製作所	216,415	34.4%	副会長	小松製作所	501,832	47.5%
議長	三井造船	46,956	23.7%	会長	松下電器産業	3,601,206	49.3%
副議長	九州電力	無記載	無記載	副議長	伊藤忠商事	3,606,770	29.7%
副議長	ワコール	無記載	無記載	副議長	資生堂	87,477	14.7%
副議長	住友商事	4,590,700	21.4%	副議長	アサヒビール（12月）	10％未満のため無記載	10％未満
副議長	川崎製鐵	285,176	25.6%	副議長	清水建設	10％未満のため無記載	10％未満
正副会長・正副議長　計		14,389,799		副議長	住友化学工業	227,450	23.9%
1社平均		1,308,164	27.5%	副議長	日石三菱	10％未満のため無記載	10％未満
				副議長	東芝	2,235,304	38.9%
				副議長	本田技研工業	4,486,649	73.6%
				正副会長・正副議長　計		33,011,726	
				1社平均		2,200,782	38.6%

注15　2005年、2010年、2015年の日本郵船の海外売上高は、北米、欧州、アジア、その他地域の外部顧客に対する売上高
注16　2015年の日立製作所の海外売上高は、海外売上収益
注17　2015年の小松製作所の海外売上高は、海外の外部顧客に対する売上高
注18　2015年の三菱商事の海外売上高は、海外収益

（次ページに続く）

〈表2—3—2〉経団連役員企業の海外依存の推移（金融、証券、保険を除く）（続き）

	2005年役員企業	海外売上高（百万円）	連結売上高に占める海外売上高の比率		2010年役員企業	海外売上高（百万円）	連結売上高に占める海外売上高の比率
会長	トヨタ自動車	12,605,524	68.0%	会長	キヤノン（12月）	2,506,857	78.1%
副会長	新日本製鐵	818,340	24.1%	副会長	新日本石油	628,043	10.9%
副会長	東芝	2,576,286	44.1%	副会長	三菱商事	1,151,982	25.4%
副会長	本田技研工業	6,950,900	80.4%	副会長	パナソニック	4,165,036	41.5%
副会長	キヤノン（12月）	2,618,119	75.5%	副会長	三井物産	1,766,944	43.1%
副会長	日本ガイシ	94,297	35.4%	副会長	東レ	572,175	42.1%
副会長	住友商事	1,318,628	13.3%	副会長	三菱重工業	1,478,695	50.3%
副会長	日立製作所	3,277,440	36.3%	副会長	全日本空輸	118,129	9.6%
副会長	三菱重工業	1,049,367	40.5%	副会長	三井不動産	10%未満のため無記載	10%未満
副会長	ソニー	5,058,823	70.7%	副会長	東京電力	10%未満のため無記載	10%未満
副会長	武田薬品工業	478,433	42.6%	副会長	トヨタ自動車	13,221,803	69.8%
副会長	日本電信電話	10%未満のため無記載	10%未満	副会長	東芝	3,954,700	62.0%
副会長	住友化学	486,195	37.5%	副会長	新日本製鐵	1,104,510	31.7%
副会長	日本郵船	355,441	22.1%	議長	住友化学	728,889	45.0%
副会長	東京電力	10%未満のため無記載	10%未満	副議長	日本ガイシ	122,086	51.8%
議長	松下電器産業	4,133,081	47.4%	副議長	昭和電工（12月）	230,301	34.0%
副議長	イトーヨーカ堂（2月）	1,351,871	37.3%	副議長	王子製紙	10%未満のため無記載	10%未満
副議長	ユニ・チャーム	59,367	24.1%	副議長	J.フロントリテイリング（2月）	10%未満のため無記載	10%未満
副議長	大成建設	142,719	8.4%	副議長	アサヒビール（12月）	10%未満のため無記載	10%未満
副議長	石川島播磨重工業	339,866	31.2%	副議長	住友商事	1,382,743	17.8%
副議長	資生堂	175,676	27.5%	副議長	武田薬品工業	777,044	53.0%
副議長	オリックス	126,274	13.8%	副議長	ソニー	5,079,061	70.4%
副議長	新日本石油	10%未満のため無記載	10%未満	副議長	三菱電機	1,090,464	32.5%
副議長	三菱電機	1,035,672	30.4%	副議長	小松製作所	1,107,751	77.4%
副議長	味の素	298,308	27.8%	副議長	日本電信電話	10%未満のため無記載	10%未満
副議長	三井不動産	10%未満のため無記載	10%未満	副議長	日本郵船	438,037	25.8%
	正副会長・正副議長 計	46,320,860		副議長	積水化学工業	140,983	16.4%
	1社平均	2,105,494	40.9%	副議長	東日本旅客鉄道	10%未満のため無記載	10%未満
					正副会長・正副議長 計	41,766,233	
					1社平均	1,988,868	42.3%

2015年役員企業		海外売上高（百万円）	連結売上高に占める海外売上高の比率
会長	東レ	1,080,937	53.8%
副会長	アサヒグループホールディングス（12月）	237,141	13.3%
副会長	新日鐵住金	2,292,410	40.9%
副会長	トヨタ自動車	21,138,919	77.6%
副会長	日立製作所	4,554,581	46.6%
副会長	JXホールディングス	1,789,507	16.4%
副会長	日本電信電話	10％未満のため無記載	10％未満
副会長	三菱重工業	2,129,967	53.4%
副会長	住友化学	1,428,419	60.1%
副会長	三井物産	3,151,577	58.3%
副会長	日本郵船	599,933	25.0%
議長	三井不動産	10％未満のため無記載	10％未満
副議長	ANAホールディングス	293,181	17.1%
副議長	旭化成	673,278	33.9%
副議長	三菱電機	1,810,684	41.9%
副議長	キヤノンマーケティングジャパン（12月）（親会社）キヤノン（12月）	3,002,935	80.6%
副議長	小松製作所	1,554,295	78.6%
副議長	清水建設	170,998	10.9%
副議長	味の素	568,366	56.5%
副議長	東京ガス	10％未満のため無記載	10％未満
副議長	昭和電工（12月）	326,671	37.3%
副議長	大成建設	10％未満のため無記載	10％未満
副議長	三菱商事	2,308,723	30.1%
副議長	三越伊勢丹ホールディングス	10％未満のため無記載	10％未満
副議長	伊藤忠商事	2,039,846	36.5%
副議長	東日本旅客鉄道	10％未満のため無記載	10％未満
正副会長・正副議長　計		51,152,368	
	1社平均	2,557,618	43.4%

ソニー70.7％、トヨタ自動車68.0％、松下電器産業47.4％となっており、海外市場への依存度を高めている。

(3) 2010、2015年——海外依存へのいっそうの傾斜

　2010年の海外売上高のトップもトヨタ自動車で、13兆2218億円、続いてソニーの5兆791億円、パナソニック4兆1650億円、東芝3兆9547億円、キヤノン2兆5069億円である。このように、1位から5位まで、自動車と電機産業が占めている。つづいて、三井物産1兆7669億円、三菱重工業1兆4787億円、住友商事1兆3827億円、三菱商事1兆1520億円、小松製作所1兆1078億円、新日本製鐵1兆1045億円、三菱電機1兆905億円である。
　売上総額に占める海外売上高の比率のトップは、キヤノンで78.1％、つづいて小松製作所77.4％、ソニー70.4％、トヨタ自動車69.8％、東芝62.0％、武田薬品工業53.0％、日本ガイシ51.8％、三菱重工業50.3％、住友化学45.0％、三井物産43.1％、東レ42.1％、パナソニック41.5％である。
　海外依存率が多くの産業で高まっているのは、輸出とともに現地生産の増強がすすんでいることを反映している。
　2015年は、この傾向に拍車をかけている。この年の海外売上高のトップもトヨタ自動車で、21兆1389億円とダントツである。つづいて、日立製作所4兆5546億円、三井物産3兆1516億円、キヤノン3兆29億円、三菱商事2兆3087億円、新日鐵住金2兆2924億円、三菱重工業2兆1300億円、伊藤忠商事2兆398億円、三菱電機1兆8107億円、JXホールディングス1兆7895億円、小松製作所1兆5543億円、住友化学1兆4284億円、東レ1兆809億円であった。海外売上高が1兆円を超える巨大企業が13社もあり、集計対象20社の実に65％を占めている。
　売上総額に占める海外売上高の比率は、引き続きキヤノンが1位で80.6％、つづいて小松製作所78.6％、トヨタ自動車77.6％、住友化学60.1％、三井物産58.3％、味の素56.5％、東レ53.8％、三菱重工業53.4％、日立製作所46.6％、

三菱電機41.9％である。これら上位10社の産業には多角的な広がりが見られる。さらに、新日鐵住金40.9％、昭和電工37.3％、伊藤忠商事36.5％、旭化成33.9％、三菱商事30.1％となっている。

このように、日本経団連の役員を構成している巨大企業は、輸出とともに生産拠点の海外への移転をすすめ、海外依存度をますます高めている。

4 労働者を正規から非正規に置き換え

雇用はどうか。表2―4―1は、経団連役員企業の従業員数の推移を示している。

上場企業が財務省に提出する有価証券報告書には「従業員の状況」という項目がある。そこには、正規労働者とともに、「臨時従業員」（非正規労働者）の人数が載っている*。それを集計して1社当たりの平均人数を示した。集計の結果は、次の通りである。

*有価証券報告書に臨時従業員を掲載する義務を負っているのは、それが全従業員数の1割以上を占める場合に限られる。1割未満の人数は無記載のため、非正規労働者の1社当たり平均人数は実態よりも少なめに示されている。載っているのは年間の平均人数である。1970年、80年、90年は臨時従業員の記載がない。

(1) 15年で正規が1万人減り非正規が1万3000人増える

第1は、正規労働者が減り続けていることである。連結の欄をみると、1社当たりの正規労働者は、2000年の8万3550人から2005年の8万4561人へと少し増えたあと、2010年7万6252人、2015年7万4310人へと減少している。2000年と比べて2015年は9240人も減っている。

〈表2−4−1〉 経団連役員企業の従業員数推移（1970年〜2015年）

年	全役員企業 （平均）	従業員数（人）					
		連結			単独		
		正規	非正規	合計	正規	非正規	合計
1970	11社平均				32,871		32,871
1980	15社平均				27,849		27,849
1990	20社平均				21,088		21,088
2000	22社平均	83,550	2,387	85,937	19,431	1,693	21,125
2005	27社平均	84,561	8,610	93,172	15,682	2,263	17,944
2010	33社平均	76,252	10,923	87,175	15,165	745	15,910
2015	33社平均	74,310	15,226	89,536	11,895	1,029	12,924
2000→2015（倍率）		0.89	6.38	1.04	0.61	0.61	0.61
2005→2015（倍率）		0.88	1.77	0.96	0.76	0.45	0.72
2010→2015（倍率）		0.97	1.39	1.03	0.78	1.38	0.81
2000−2015（増減数）		▲9,240	12,839	3,599	▲7,536	▲665	▲8,201
1970−2015（増減数）					▲20,976		▲19,948

≪資料≫経団連役員企業の各有価証券報告書により作成
※1970年〜90年は連結財務諸表がない

　単独の欄をみても同様である。1970年に3万2871人もいた正規労働者は、1980年2万7849人、1990年2万1088人、2000年1万9431人、2005年1万5682人、2010年1万5165人と減り続け、2015年には1万1895人となっている。1970年から2015年の間に単独の正規労働者は2万976人も減少している。45年間で3分の1に減らされたのである。人減らし・リストラが、いかに激しくおこなわれてきたかを示す数字である。

　第2は、非正規労働者が急増していることである。連結の欄をみると、1社当たりの非正規労働者は、2000年の2387人、2005年8610人、2010年1万923人、2015年1万5226人へと増加している。2000年に比べ2015年は1万2839人も増加した。

　単独の欄をみると、2000年1693人、2005年2263人、2010年745人、2015年1029人となっている。変動が大きいのは、非正規労働者が全従業員

の1割未満の場合、記載義務がなく、人数を掲載する企業にばらつきがあるためである。

連結で正規、非正規の合計を見ると、2000年の8万5937人から2015年の8万9536人へ、1.04倍しか増えていない。15年間、労働者の総数は、ほぼ横ばいである。これは、経団連役員企業において、正規労働者から低賃金の非正規労働者への置き換えが大規模にすすんだことを示している。労働者に犠牲を押しつけながら最大限の利潤を上げ、企業を巨大化し多国籍企業化してきたのである。

(2) 1970～1990年——雇用の大幅削減

個別企業に着目して雇用者数の変化をみることにしよう。表2—4—2は、経団連役員各社の従業員数の変化を示している。

1970年から1990年の20年間で、もっとも大きな特徴は労働者の減少である。

1970年の時点で、従業員数のもっとも多い大企業は三菱重工業の9万978人であった。しかし、1980年に5万9269人、1990年に4万3914人と20年間で従業員を約半減させている。次に従業員が多かったのは新日本製鐵であったが、1970年の7万9638人から、1980年の7万1669人、1990年4万1257人へと、これも半分近く減らしている。東芝の場合は、1970年の7万799人から1980年の6万3882人、1990年の6万9943人であった。

経団連役員企業の平均でみると、1社当たり1970年の3万2871人、1980年の2万7849人、1990年の2万1088人へと、約3分の1も従業員を減らしている。この間、経済の規模が拡大した時期であったにもかかわらず、徹底したリストラのもとで従業員は大規模に減らされたのである。

〈表２－４－２〉経団連役員企業各社の従業員数（1970年～2015年）

	1970年（3月決算）			1980年（3月決算）			1990年（3月決算）	
役員	企業名	従業員数(人) 正規	役員	企業名	従業員数(人) 正規	役員	企業名	従業員数(人) 正規
副会長	住友化学工業	14,402	会長	東京芝浦電気	63,882	会長	新日本製鐵	41,257
副会長	丸紅飯田	7,556	副会長	新日本製鐵	71,669	副会長	東京電力	39,404
副会長	東京芝浦電気	70,799	副会長	富士銀行	17,845	副会長	トヨタ自動車	70,841
副会長	三菱重工業	90,978	副会長	日産自動車	56,708	副会長	三菱重工業	43,914
副会長	新日本製鐵（八幡製鐵）	79,638	副会長	東レ	13,665	副会長	昭和シェル石油	2,351
副会長	富士銀行	14,513	副会長	近畿日本鉄道	12,529	副会長	住友銀行	16,479
議長	三井銀行	10,612	副会長	三菱鉱業セメント	2,044	副会長	富士銀行	15,377
副議長	神戸製鋼所	32,266	副会長	住友化学工業	9,826	副会長	三井物産	9,094
副議長	松坂屋	6,830	副会長	東京電力	40,021	副会長	住友化学工業	7,720
副議長	東洋紡績	27,767	議長	三菱重工業	59,269	副会長	東芝	69,943
副議長	野村證券	6,222	副議長	松坂屋	7,323	副会長	ソニー	16,923
会長	経団連会長（専任）		副議長	東洋紡績	13,892	副会長	小松製作所	14,980
副会長	経団連事務総長（専任）		副議長	野村證券	8,036	議長	三井造船	5,533
	11社平均	32,871	副議長	神戸製鋼所	31,132	副議長	九州電力	14,184
			副議長	三井物産	9,896	副議長	太陽神戸三井銀行（太陽神戸銀行）	12,662
			副会長	経団連事務総長（専任）		副議長	ワコール	4,614
				15社平均	27,849	副議長	大和証券	8,754
						副議長	住友商事	6,284
						副議長	川崎製鐵	18,128
						副議長	日本長期信用銀行	3,327
							20社平均	21,088

①住友化学工業は12月決算
②松坂屋は2月決算
③東洋紡績は4月決算
④野村證券は9月決算

①住友化学工業は12月決算
②松坂屋は2月決算
③東洋紡績は4月決算
④野村證券は9月決算

①トヨタ自動車は1990年6月決算
②昭和シェル石油は12月決算
③住友化学工業は12月決算

≪資料≫経団連役員企業の各有価証券報告書により作成
注1　2000年は東京電力（重複）、日本生命保険（相互）を除く
注2　2005年は第一生命保険（相互）を除く。2015年はBTジャパン（非上場）、日本生命保険（相互）、東レ（重複）を除く

2000 年（3月決算）

役員	企業名	従業員数（人）			
		連結・正規	非正規	単独・正規	非正規
会長	新日本製鐵	54,865		19,816	
副会長	三井物産	31,250	8,094	7,159	
副会長	三菱化学	33,465		8,775	
副会長	日産自動車	136,397	5,129	32,707	176
副会長	日立製作所	323,827		58,739	
副会長	東レ	35,516		9,118	
副会長	イトーヨーカ堂			16,514	24,781
副会長	ソニー	189,700		19,187	
副会長	東京三菱銀行	36,487	7,713	19,780	6,489
副会長	東京電力	48,255		39,398	
副会長	小松製作所	28,522		6,520	
副会長	松下電器産業	290,448		45,028	
副議長	伊藤忠商事	40,683	5,303	5,306	
副議長	資生堂	24,495	12,087	3,368	1,270
副議長	富士銀行	26,118	2,343	13,249	687
副議長	アサヒビール			4,193	581
副議長	清水建設	14,904	3,271	10,717	3,089
副議長	住友化学工業	17,474		5,721	
副議長	日石三菱	15,964	3,297	2,809	
副議長	住友銀行	19,364	5,269	12,982	179
副議長	東芝	190,870		57,561	
副議長	本田技研工業	112,400		28,840	
	22社平均	75,985	2,387	17,054	1,693

①イトーヨーカ堂は2月決算
②アサヒビールは12月決算

2005 年（3月決算）

役員	企業名	従業員数（人）			
		連結・正規	非正規	単独・正規	非正規
会長	トヨタ自動車	265,753	59,481	64,237	16,913
副会長	新日本製鐵	46,451	8,335	15,081	
副会長	東芝	165,038		30,810	
副会長	本田技研工業	137,827		27,045	
副会長	キヤノン	115,583	20,005	19,707	2,859
副会長	日本ガイシ（碍子）	9,329	1,653	3,457	545
副会長	東京三菱銀行／三菱東京フィナンシャル・グループ	43,948	8,733	550	13
副会長	住友商事	39,797	10,417	4,643	
副会長	日立製作所	323,072		38,537	
副会長	三菱重工業	59,240	6,126	33,500	
副会長	ソニー	151,400		15,892	
副会長	武田薬品工業	14,510		5,922	
副会長	日本電信電話	201,486		2,792	
副会長	住友化学	20,195		5,640	
副会長	日本郵船	23,232	2,853	1,123	
副会長	東京電力	53,380		36,283	
議長	松下電器産業	334,752		47,867	
副議長	イトーヨーカ堂	46,841	72,265	12,783	35,347
副議長	ユニ・チャーム	5,234	2,003	1,007	251
副議長	大成建設	16,723	1,915	9,249	
副議長	石川島播磨重工業	21,847		7,386	
副議長	資生堂	24,184	12,044	3,180	1,389
副議長	オリックス	13,734		2,273	
副議長	新日本石油	13,424	3,366	2,038	15
副議長	三菱電機	97,661		27,319	3,521
副議長	味の素	25,812	9,527	3,483	238
副議長	三井不動産	12,707	13,758	1,601	
	27社平均	84,561	8,610	15,682	2,263

①キヤノンは12月決算
②イトーヨーカ堂は2月決算
③東京三菱銀行は、持株会社の三菱東京フィナンシャル・グループを集計対象とした

〈表2—4—2〉経団連役員企業各社の従業員数（1970年～2015年）（続き）

2010年（3月決算）

役員	企業名	従業員数（人）			
		連結・正規	非正規	単独・正規	非正規
会長	キヤノン	168,879		25,683	
副会長	新日本石油	13,855	5,387	2,453	46
副会長	三菱商事	58,583	19,563	6,220	822
副会長	パナソニック	384,586		42,356	
副会長	第一生命保険	60,061		57,803	
副会長	三井物産	41,454	19,507	6,177	
副会長	東レ	37,936		6,915	
副会長	みずほフィナンシャルグループ	57,014	20,031	294	31
副会長	三菱重工業	67,669	11,881	34,139	3,551
副会長	野村ホールディングス	26,374	4,728	50	
副会長	全日本空輸	32,578	3,739	12,900	338
副会長	三井不動産	15,922	15,240	1,216	
副会長	東京電力	52,452	5,841	36,328	
副会長	トヨタ自動車	320,590	59,160	71,567	8,725
副会長	東芝	203,889		34,539	
副会長	新日本製鐵	52,205	8,248	15,845	2,521
議長	住友化学	27,828	3,045	5,954	
副議長	日本ガイシ（碍子）	11,176	1,868	3,272	574
副議長	昭和電工	11,564	1,791	4,036	965
副議長	王子製紙	20,363	2,099	4,021	
副議長	Jフロント リテイリング	8,393	7,038	857	50
副議長	アサヒビール	17,316	4,008	3,719	
副議長	三菱UFJフィナンシャルグループ	84,266	33,000	1,008	18
副議長	住友商事	72,030	21,744	5,100	
副議長	武田薬品工業	19,654		6,334	
副議長	ソニー	167,900		16,230	
副議長	三菱電機	109,565		28,525	5,365
副議長	小松製作所	38,518	4,940	8,142	1,503
副議長	大和証券グループ	15,450	892	278	
副議長	日本電信電話	194,982	76,271	2,902	74
副議長	日本郵船	31,660	4,218	1,027	
副議長	積水化学工業	19,761		2,297	
副議長	東日本旅客鉄道	71,854	26,224	52,259	
	33社平均	76,252	10,923	15,165	745

①キヤノンは12月決算。
②昭和電工は12月決算。
③J.フロント リテイリングは2月決算
④アサヒビールは12月決算。

2015年（3月決算）

役員	企業名	従業員数（人）			
		連結・正規	非正規	単独・正規	非正規
会長	東レ	45,789		7,232	
副会長	アサヒグループホールディングス	21,177	9,292	273	2
副会長	東京海上日動火災保険（持株会社）東京海上ホールディングス	33,786		409	
副会長	新日鐵住金	84,447	15,742	23,775	4,014
副会長	トヨタ自動車	344,109	85,848	70,037	9,947
副会長	日立製作所	336,670	48,592	31,375	
副会長	JXホールディングス	26,415	12,759	109	
副会長	日本電信電話	241,593	101,648	2,835	61
副会長	野村證券（持株会社）野村ホールディングス	28,672	4,419	102	
副会長	三菱東京UFJ銀行（持株会社）三菱UFJフィナンシャルグループ	108,153	29,500	1,231	
副会長	三菱重工業	81,845	16,597	21,117	4,042
副会長	住友化学	31,039	3,022	6,129	647
副会長	三井物産	47,118	11,139	6,085	
副会長	日本郵船	33,520	5,733	1,137	
議長	三井不動産	16,799	13,290	1,349	2
副議長	ANAホールディングス	34,919	3,731	161	
副議長	旭化成	30,313		1,185	
副議長	三菱電機	129,249		32,534	7,514
副議長	キヤノンマーケティングジャパン（親会社）キヤノン	191,889		26,409	
副議長	小松製作所	47,417	3,805	10,416	1,215
副議長	清水建設	15,587	3,512	10,547	2,187
副議長	味の素	31,312	12,170	3,484	457
副議長	東京ガス	16,835		7,979	
副議長	昭和電工	10,577	1,587	3,809	1,153
副議長	大成建設	13,701	3,933	8,007	1,238
副議長	大和証券グループ本社	13,466	847	6	595
副議長	三井住友海上火災保険（持株会社）MS&ADインシュアランスグループホールディングス（株）	38,358	8,996	309	
副議長	三菱商事	71,994	18,054	5,637	660
副議長	三越伊勢丹ホールディングス	12,286	12,906	652	211
副議長	伊藤忠商事	110,487	31,691	4,262	
副議長	東日本旅客鉄道	73,329	27,313	49,558	
副議長	第一生命保険	60,647		54,090	
副議長	三井住友銀行（持株会社）三井住友フィナンシャルグループ	68,739	16,334	292	
	33社平均	74,310	15,226	11,895	1,029

①2015年7月末現在の役員企業
②アサヒグループホールディングス、キヤノン、昭和電工は2014年12月決算。

(3) 2000〜2015年——非正規労働者の増加

2000年から2015年の15年間で最大の特徴は、非正規労働者の増加である。

たとえば、日立製作所の非正規労働者は、2000年、2005年には全従業員の1割未満であったが、2015年には4万8592人となり、全従業員の12.6%に増えている。伊藤忠商事は、2000年の5303人から2015年の3万1691人に増え全従業員に占める比率は13.0%から22.3%に上昇している。また新日鐵（新日鐵住金）は、2000年には全従業員の1割未満であったが、2005年8335人、2010年8248人、2015年には1万5742人に増加し、全従業員に占める比率は、2005年15.2%、2010年13.6%、2015年15.7%となっている。

さらにトヨタ自動車の非正規労働者は、2005年5万9481人、2010年5万9160人、2015年8万5848人へと増加した。全従業員に占める比率は、2005年に18.3%であったが、2010年15.6%と低下し、2015年には20.0%へと再び増加している。

日本電信電話の非正規労働者は、2005年に1割未満であったが、2010年には7万6271人で全従業員の28.1%を占め、2015年になると10万1648人となり全従業員の29.6%、約3割を占めるまで上昇している。

三菱重工の非正規労働者は、2005年6126人、2010年1万1881人、2015年1万6597人と増加し、全従業員に占める比率は2005年9.4%、2010年14.9%、2015年16.9%に高まっている。

2005年から2010年にかけて、非正規労働者を減らしている企業が多いのは、リーマンショックによる大規模な非正規切りがあったからである。企業の安全弁として景気が良くなると非正規を増やし必要がなくなると切り捨てるという大企業の横暴な雇用方針があらわれている。*

このように、経団連役員企業は、軒並み非正規労働者を増やしており、1社当たり（連結）の非正規労働者は、2000年の2387人から、2015年の1万

5226人へと大幅に増加している。

　＊非正規労働者が増加した原因は、労働法制の規制緩和にある。1985年12月に労働者派遣法が制定され、当初、派遣は13業務（同年に16業務）に限定していた。しかし1996年6月に派遣対象業務を26業務に拡大。1999年7月に製造業等を除き派遣対象業務の制限を撤廃した。さらに2003年6月には、製造にかかわる業務等への派遣の自由化が実施された。

　2015年11月の労働者派遣法改悪により、「臨時的・一時的業務に限る」「常用雇用の代替とはしない」とする原則を否定し、制度的保証だった業務ごとの期間制限をなくし、派遣労働者を切れ目なく受け入れ可能とした。

　厚生労働省が2015年11月4日に発表した2014年「就業形態の多様化に関する総合実態調査」で、労働者全体に占めるパートや派遣など非正規雇用の割合は、初めて4割に達した。

5　すすむ多国籍企業化と産業の空洞化

　経団連役員企業が巨大化するとともに、生産拠点の海外への移転も大きくすすんだ。

　有価証券報告書には、「主な設備の状況」という項目がある。そこには、各社の主要な設備規模や設備ごとの労働者の数が載っている。そのなかの製造業における工場（機械装置）と工場労働者数を抽出して集計し平均を出したのが、表2―5経団連役員企業の国内外における工場と労働者である。2000年以降は、親会社（有価証券報告書の提出会社）とともに国内子会社と在外子会社の数値が掲載されている。この間、経団連役員の入れ替えや企業による掲載範囲のばらつきなどがあるため、必ずしも厳密とは言えないけれども基本的な傾向は見ることができる。

(1) 海外での生産拠点の増加、労働者の削減

　まず、国内工場の機械装置の規模は、1970年から2000年にかけて一貫して増え続け、2000年にピークを迎えた。そのあとは減少傾向にあることが注目される。2000年から2015年の15年間に、1社当たり2204億円から1983億円へと1割減少している。その反面、海外における工場の機械装置は増加傾向にある。2000年から2015年の間に、1社当たり751億円から938億円へと187億円増えている。
　労働者数は内外とも減少している。国内では、1社当たりの正規労働者数は1970年の4万7326人から2015年の2万2258人へとほぼ半減している。2000年を基準にすると、2015年には1社当たり1581人の減少である。海外でも、同じ時期に6507人減少している。このように、国内の工場労働者も海外の工場労働者も減少傾向にある。増えているのは、非正規労働者である。絶対数ではまだ少ないが内外とも次第に増加している。
　生産拠点の中核である機械装置の内外比率はどのように変化しているか。2000年の時点では、国内が74.59％、海外が25.41％であった。3対1の比率である。2015年になると、国内67.89％、海外32.11％で2対1の比率になっている。これは、経団連役員企業の多国籍企業化が急速にすすんだことを示すものである。

(2) 多国籍企業化がもたらす国内産業の空洞化

　巨大化した企業が1990年代の後半ごろから、生産拠点をアジアをはじめ海外に本格的に移転させ、国内産業を空洞化させ雇用不安を広げるようになった。巨大企業が世界的視野で活動するようになればなるほど、国内の生産基盤はグローバルな生産ネットワークの拠点のひとつにすぎなくなる。すでに、1992年版『通商白書』は、「企業活動の国際展開が進むにつれ、従来の

〈表2―5〉 経団連役員企業の工場規模と労働者数 (製造業)

年	製造業	国内合計			在外子会社		
		機械装置	工場従業員(正規)	工場従業員(非正規)	機械装置	工場従業員(正規)	工場従業員(非正規)
1970	6社平均	170,834	47,326				
1980	12社平均	182,779	30,245				
1990	10社平均	190,734	22,104				
2000	14社平均	220,379	23,839	93	75,067	19,378	57
2005	18社平均	192,709	22,179	159	78,534	21,658	83
2010	18社平均	202,161	21,644	160	49,088	11,763	21
2015	14社平均	198,340	22,258	268	93,802	12,870	190
00→15年 増加(実数)		▲22,039	▲1,581	175	18,735	▲6,507	132
同 増加率		0.90	0.93	2.89	1.25	0.66	3.31

≪資料≫経団連役員企業の各有価証券報告書により集計
注1　有価証報告書に記載された「主な設備の状況」の数値を集計したもので、すべての設備を含
注2　機械装置は運搬具を含む帳簿価格
注3　従業員は各工場ごとの従業員数を集計

国家と企業との関係にも変化がみられるようになってきている。……ある国の資本による企業の利益がその国民の利益と一致する度合いが減少しつつある」と書いた。

　自動車、電機など日本の産業を主導してきた大企業が、研究開発部門を国内に残しながら裾野の広い加工組み立て部門を次々とアジアに移転させ、現地の低賃金労働者を多数雇うことによって、国内の産業基盤からますます遊離する傾向を強めている。同時に、これらの巨大企業は、アジアなみの低賃金と下請単価を国内に求めるようになり、労働者や中小企業の生活を引き下げようとする。日本経団連役員企業をはじめとする巨大企業は、国民の利益といっそうかけ離れた存在となり、国内産業が疲弊しても、労働者・下請業者の生活が破壊されても、グローバルな規模で儲けを上げればよいとする傾向をますます強めることになる。

　安倍首相が言う「世界で一番企業が活躍しやすい国」とは、そのような国のことである。国民経済を顧みない巨大企業と癒着した政治は、圧倒的多数の国民の反発を招き、いずれ見放されることになるであろう。

(単位:百万円、人)

全体に占める海外の比率(%)		
機械装置	工場従業員(正規)	工場従業員(非正規)
25.41	44.84	38.21
28.95	49.41	34.28
19.54	35.21	11.66
32.11	36.64	41.45

むとは限らない

(3) TPPを求める日米多国籍企業

　生産拠点の国際的ネットワークが広がると、企業内の生産拠点・販売拠点のあいだでの取り引きが多国間にまたがり、国際貿易が企業内取り引きによって支配され置き換えられるようになる。アジアをはじめ世界各国をまたにかけた企業内取り引きをおこなううえで、各国が国内産業を保護するために設けた関税や非関税障壁などは、巨大企業にとってますます邪魔になる。

　巨大企業の意向を受けた政府は、国内の取り引きと同じように、国際取引も自由におこなうことができるようにするため、これまで各国間でFTA(自由貿易協定)、EPA(経済連携協定)の締結をすすめ、さらにはTPP(環太平洋戦略的経済連携協定)の合意を目指してきた。

＊『変貌する財界——日本経団連の分析』94〜102ページ。

　日本経団連は、TPPの大筋合意前の2015年7月27日、関連諸国の経済団体と連名で「アジア太平洋地域経済団体によるTPPに関する声明」を発表し、「アジア大洋州地域の各国経済団体は、各国政府交渉団がTPPハワイ閣僚会合での大筋合意に向け、尽力していることを称賛する」と述べ、合意を強く促した。

＊この声明に署名したのは、オーストラリア商工会議所、カナダ商工会議所、ペルー貿易協会、日本商工会議所、日本経済団体連合会、ニュージーランド商業会議所、シンガポールビジネス連盟、米国商業会議所、ベトナム商工会議所である。

　10月5日には、日本経団連の榊原定征会長が「TPP大筋合意に関する榊

原会長コメント」を出して「TPP交渉が大筋合意に至ったことを心から歓迎する」と述べるとともに、「今回の合意を契機として、日中韓FTA、東アジア地域包括的経済連携（RCEP）の交渉を加速し早期妥結を実現するとともに、2020年を目標にアジア太平洋自由貿易圏（FTAAP）が構築されることを大いに期待したい。併せて、日EU EPAもできるだけ早期に実現すべきである」とTPPの大筋合意を諸手をあげて歓迎し政府を激励している。

　ここには、国内産業の保護や国民生活よりも、巨大な日米多国籍企業の利益を最優先する日本経団連の姿勢が鮮明にあらわれている。

第3章　経団連を支配しているのは誰か

この章では、経団連に役員を出している大企業が、誰によって支配されているのかをみることとしたい。そのためには、経団連役員企業を支配している大株主を分析しなければならない。筆者は、『変貌する財界——日本経団連の分析』で、1970年から2006年までの経団連役員企業の大株主の推移を分析したことがある。その時点では、次のような結論を得ることができた。
　「外資による保有株式が近年飛躍的に増加した。日本経団連のなかで指導的な役割を果たしている役員の所属する多くの企業が、外資によって株式の主要部分を保有され、少なくない企業の経営を直接支配されるに至っている。こうして、日本経団連役員企業の多くは、アメリカを中心とする多国籍企業の強い影響をうけ、日本経団連は全体として日米多国籍企業の共同の利益代表としての性格をいっそう強めている」[*]。
　[*]佐々木憲昭編著『変貌する財界——日本経団連の分析』78ページ。
　次にみる新しい集計結果によっても、この点を裏付けることができただけでなく、事態はいっそう深化していることが明らかとなった。

1　外資の株式保有が3分の1を超える

　表3—1で、経団連役員企業の発行済み株式総数に占める外国資本の比率（外国の法人・個人が所有する株式の比率）をみることとしたい。
　1970年には、11社平均で2.77％、1980年は15社平均で2.13％、1990年は20社平均で6.34％と、この20年間は極めて低い水準であった。ところが2000年以降になると急に増加する。2000年は22社平均で20.32％、2005年は27社平均で29.25％、2010年33社平均で28.03％となった。2015年には、33社平均でついに3分の1を超えて34.48％となり、外資の影響力が格段に

〈表3—1〉経団連役員企業の外資比率の推移

年	対象企業・平均	外国法人等所有株式の比率
1970年	11社平均	2.77
1980年	15社平均	2.13
1990年	20社平均	6.34
2000年	22社平均	20.32
2005年	27社平均	29.25
2010年	33社平均	28.03
2015年	33社平均	34.48

※経団連役員企業各社の有価証券報告書により集計

高まっている。

(1) 1970〜1990年──外資比率が高いのは東芝のみ

各企業ごとの外資比率の推移を示したのが表3—2（64〜67ページ）である。

1970年の時点で、経団連役員企業のなかで外資保有比率がもっとも高かったのは、東京芝浦電気の19.89％であった。他の企業は松坂屋の0.00％から野村證券の4.08％程度で、11社平均で2.77％にすぎなかった。1980年になってもその傾向は変わらず、高いのは東京芝浦電気の13.80％だけで、他は松坂屋の0.00％から三菱重工業の4.86％程度であり、平均すると15社平均で2.13％と微々たるものであった。1990年になってもこの傾向は変わらず、昭和シェル石油の56.17％、ソニーの15.29％が目立つだけで、11社平均で6.34％という水準だった。

(2) 2000年──平均20％の外資比率に

ところが、2000年になると様相が一変する。役員企業22社のうち、清水建設（5.63％）を除く21社すべてで外資比率が10％を超えるようになった。比率がいちばん高いのは、ルノーの支配下にある日産自動車の53.46％で、次いでソニーの44.84％、日立製作所29.30％、小松製作所26.96％、東芝26.86％などである。22社平均の外資比率は20.32％に高まっている。

〈表3—2〉 経団連役員各企業の外資比率の推移

1970年（3月決算）

役員	企業名	外国法人等所有株式の比率
副会長	住友化学工業	0.61
副会長	丸紅飯田	0.02
副会長	東京芝浦電気	19.89
副会長	三菱重工業	1.21
副会長	新日本製鐵（八幡製鐵）	0.62
副会長	富士銀行	1.15
議長	三井銀行	2.33
副議長	神戸製鋼所	0.48
副議長	松坂屋	0.00
副議長	東洋紡績	0.09
副議長	野村證券	4.08
	11社平均	2.77
会長	経団連会長（専任）	
副会長	経団連事務総長（専任）	

①住友化学工業は12月決算
②松坂屋は2月決算
③東洋紡績は4月決算
④野村證券は9月決算

1980年（3月決算）

役員	企業名	外国法人等所有株式の比率
会長	東京芝浦電気	13.80
副会長	新日本製鐵	1.79
副会長	富士銀行	0.74
副会長	日産自動車	0.65
副会長	東レ	3.70
副会長	近畿日本鉄道	0.02
副会長	三菱鉱業セメント	0.32
副会長	住友化学工業	0.83
副会長	東京電力	0.70
議長	三菱重工業	4.86
副議長	松坂屋	0.00
副議長	東洋紡績	0.56
副議長	野村證券	2.15
副議長	神戸製鋼所	0.87
副議長	三井物産	0.89
	15社平均	2.13
副会長	経団連事務総長（専任）	

①住友化学工業は12月決算
②松坂屋は2月決算
③東洋紡績は4月決算
④野村證券は9月決算

≪出所≫ 『経済団体連合会五十年史』および日本経済団体連合会ホームページ、各企業の各年度の有価証券報告書より作成
注1　1970年3月、1980年3月、1990年3月、2000年3月、2005年3月、2010年3月、および2015年7月末現在の役員企業
注2　12月決算の企業については、1970年、1980年、1990年、2000年は当該年のもの、2005年以降は前年のもの
注3　日本生命保険の2000年、2015年、第一生命保険の2005年は、相互会社であるため、有価証券報告書の提出義務がない
注4　新日本製鐵は、八幡製鐵・富士製鐵が合併し、1970年3月31日に発足。新日鐵住金は、2012年10月に新日本製鐵と住友金属が合併し社名変更
注5　イトーヨーカ堂は、2005年9月に持株会社セブン＆アイ・ホールディングスを設立し、上場廃止
注6　日石三菱は、1999年4月に日本石油と三菱石油が合併し社名変更
注7　BTジャパンは日本では上場されていない

1990年（3月決算）

役員	企業名	外国法人等所有株式の比率
会長	新日本製鐵	1.75
副会長	東京電力	2.19
副会長	トヨタ自動車	2.40
副会長	三菱重工業	7.50
副会長	昭和シェル石油	56.17
副会長	住友銀行	2.55
副会長	富士銀行	1.21
副会長	三井物産	4.71
副会長	住友化学工業	2.59
副会長	東芝	3.38
副会長	ソニー	15.29
副会長	小松製作所	6.00
議長	三井造船	4.92
副議長	九州電力	0.81
副議長	太陽神戸三井銀行（太陽神戸銀行）	0.27
副議長	ワコール	2.35
副議長	大和証券	4.02
副議長	住友商事	6.08
副議長	川崎製鐵	1.90
副議長	日本長期信用銀行	0.79
	20社平均	6.34

①トヨタ自動車は1990年6月決算
②昭和シェル石油は12月決算
③住友化学工業は12月決算

2000年（3月決算）

役員	企業名	外国法人等所有株式の比率
会長	新日本製鐵	15.80
副会長	三井物産	19.20
副会長	三菱化学	13.33
副会長	日産自動車	53.46
副会長	日立製作所	29.30
副会長	東レ	11.75
副会長	イトーヨーカ堂	22.16
副会長	ソニー	44.84
副会長	東京三菱銀行	12.56
副会長	東京電力	12.05
副会長	小松製作所	26.96
副会長	松下電器産業	22.95
副議長	伊藤忠商事	11.91
副議長	資生堂	24.21
副議長	富士銀行	12.93
副議長	アサヒビール	17.76
副議長	清水建設	5.63
副議長	住友化学工業	13.82
副議長	日石三菱	17.53
副議長	住友銀行	11.39
副議長	東芝	26.86
副議長	本田技研工業	20.62
	22社平均	20.32
議長	東京電力（重複）	
副議長	日本生命保険（相互）	

①イトーヨーカ堂は2月決算
②アサヒビールは12月決算

（次ページに続く）

〈表3—2〉経団連役員各企業の外資比率の推移（続き）

2005年（3月決算）

役員	企業名	外国法人等所有株式の比率
会長	トヨタ自動車	23.36
副会長	新日本製鐵	23.97
副会長	東芝	18.06
副会長	本田技研工業	35.83
副会長	キヤノン	51.73
副会長	日本ガイシ（碍子）	20.22
副会長	東京三菱銀行（持株会社）三菱東京フィナンシャル・グループ	30.35
副会長	住友商事	34.82
副会長	日立製作所	36.88
副会長	三菱重工業	24.50
副会長	ソニー	48.09
副会長	武田薬品工業	41.03
副会長	日本電信電話	17.59
副会長	住友化学	30.76
副会長	日本郵船	23.11
副会長	東京電力	14.21
議長	松下電器産業	27.07
副議長	イトーヨーカ堂	30.63
副議長	ユニ・チャーム	24.17
副議長	大成建設	23.61
副議長	石川島播磨重工業	15.26
副議長	資生堂	27.48
副議長	オリックス	57.33
副議長	新日本石油	25.05
副議長	三菱電機	20.28
副議長	味の素	26.43
副議長	三井不動産	37.84
	27社平均	29.25
副議長	第一生命保険（相互）	

①キヤノンは12月決算
②イトーヨーカ堂は2月決算
③東京三菱銀行は、持株会社の三菱東京フィナンシャル・グループを集計対象とした

2010年（3月決算）

役員	企業名	外国法人等所有株式の比率
会長	キヤノン	44.96
副会長	新日本石油	26.52
副会長	三菱商事	35.54
副会長	パナソニック	25.32
副会長	第一生命保険	22.06
副会長	三井物産	39.11
副会長	東レ	17.06
副会長	みずほフィナンシャルグループ	20.03
副会長	三菱重工業	19.51
副会長	野村ホールディングス	44.16
副会長	全日本空輸	8.58
副会長	三井不動産	49.61
副会長	東京電力	17.47
副会長	トヨタ自動車	24.49
副会長	東芝	24.76
副会長	新日本製鐵	17.27
議長	住友化学	26.23
副議長	日本ガイシ（碍子）	21.22
副議長	昭和電工	20.37
副議長	王子製紙	14.91
副議長	J.フロント リテイリング	12.95
副議長	アサヒビール	26.88
副議長	三菱UFJフィナンシャル・グループ	33.10
副議長	住友商事	35.99
副議長	武田薬品工業	32.55
副議長	ソニー	45.29
副議長	三菱電機	28.45
副議長	小松製作所	35.19
副議長	大和証券グループ	42.89
副議長	日本電信電話	19.83
副議長	日本郵船	35.44
副議長	積水化学工業	28.23
副議長	東日本旅客鉄道	28.87
	33社平均	28.03

①キヤノンは12月決算
②昭和電工は12月決算
③J.フロント リテイリングは2月決算
④アサヒビールは12月決算

2015年（3月決算）

役員	企業名	外国法人等所有株式の比率
会長	東レ	25.03
副会長	アサヒグループホールディングス	28.82
副会長	東京海上日動火災保険 (持株会社)東京海上ホールディングス	43.32
副会長	新日鐵住金	28.96
副会長	トヨタ自動車	31.12
副会長	日立製作所	45.17
副会長	JXホールディングス	29.07
副会長	日本電信電話	27.53
副会長	野村證券 (持株会社)野村ホールディングス	35.34
副会長	三菱東京UFJ銀行 (持株会社)三菱UFJフィナンシャル・グループ	39.93
副会長	三菱重工業	31.68
副会長	住友化学	35.88
副会長	三井物産	30.60
副会長	日本郵船	39.83
議長	三井不動産	54.11
副議長	ANAホールディングス	11.97
副議長	旭化成	36.36
副議長	三菱電機	37.50
副議長	キヤノンマーケティングジャパン (親会社)キヤノン	30.50
副議長	小松製作所	44.14
副議長	清水建設	20.76
副議長	味の素	29.79
副議長	東京ガス	36.62
副議長	昭和電工	24.41
副議長	大成建設	30.66
副議長	大和証券グループ本社	45.36
副議長	三井住友海上火災保険 (持株会社)MS&ADインシュアランスグループホールディングス(株)	39.61
副議長	三菱商事	31.83
副議長	三越伊勢丹ホールディングス	24.67
副議長	伊藤忠商事	38.24
副議長	東日本旅客鉄道	37.01
副議長	第一生命保険	43.39
副議長	三井住友銀行 (持株会社)三井住友フィナンシャルグループ	48.74
	33社平均	34.48
副議長	BTジャパン（非上場）	
副会長	日本生命保険（相互）	
副議長	東レ（重複）	

① 2015年7月末現在の役員企業
② 東京海上日動火災保険、野村證券、三菱東京UFJ銀行、キヤノンマーケティングジャパン、三井住友海上火災保険、三井住友銀行については、それぞれ、持株会社・親会社である東京海上ホールディングス、野村ホールディングス、キヤノン、MS&ADインシュアランスグループホールディングスを集計対象とした
③ BTジャパンは非上場の外資系企業、日本生命保険は相互会社のため有価証券報告書がない
④ アサヒグループホールディングスは2014年12月決算。（親会社）キヤノンは2014年12月決算。昭和電工は2014年12月決算

第3章 経団連を支配しているのは誰か

(3) 2005年――外資比率の平均が29％に

2005年になると、役員企業27社のすべてが二ケタの外資比率となり、外資比率が50％台はオリックス（57.33％）、キヤノン（51.73％）の2社、40％台はソニー（48.09％）、武田薬品工業（41.03％）の2社、あわせて外資比率40％を超える企業が4社となっている。さらに、30％台が三井不動産（37.84％）、日立製作所（36.88％）、本田技研工業（35.83％）、住友商事（34.82％）、住友化学（30.76％）、イトーヨーカ堂（30.63％）、三菱東京フィナンシャル・グループ（30.35％）の7社である。

外資比率が30％を超えている企業の合計は11社で、役員企業数27社の3分の1を上回っている。20％台は12社であり、10％台は4社にすぎず、10％以下の企業はゼロであった。役員企業27社を平均すると29.25％に高まった。

(4) 2010年――20％を超える企業が3分の2

2010年には、役員企業33社のうち外資保有比率が40％を超える企業は、三井不動産（49.61％）、ソニー（45.29％）、キヤノン（44.96％）、野村ホールディングス（44.16％）、大和証券グループ（42.89％）の5社である。30％台は、三井物産（39.11％）、住友商事（35.99％）、三菱商事（35.54％）、日本郵船（35.44％）、小松製作所（35.19％）、三菱UFJフィナンシャル・グループ（33.10％）、武田薬品工業（32.55％）の7社である。

外資比率が30％を超える企業の合計は12社に増加し役員企業数33社の約3分の1、外資比率20％を超える役員企業の合計は22社となり、3分の2を占めている。33社の外資比率を単純計算で平均すると28.03％である。

(5) 2015年——外資比率の平均が34.48％に

　2015年になると、役員企業33社のうち50％台は三井不動産（54.11％）1社、40％台は三井住友フィナンシャルグループ（48.74％）、大和証券グループ本社（45.36％）、日立製作所（45.17％）、小松製作所（44.14％）、第一生命保険（43.39％）、東京海上ホールディングス（43.32％）の6社となる。さらに30％台は、三菱UFJフィナンシャル・グループ（39.93％）、日本郵船（39.83％）、MS&ADインシュアランスグループホールディングス（39.61％）、伊藤忠商事（38.24％）、三菱電機（37.50％）、東日本旅客鉄道（37.01％）、東京ガス（36.62％）、旭化成（36.36％）、住友化学（35.88％）、野村ホールディングス（35.34％）、三菱商事（31.83％）、三菱重工業（31.68％）、トヨタ自動車（31.12％）、大成建設（30.66％）、三井物産（30.60％）、キヤノン（30.50％）の16社となった。

　このように、外資比率30％以上の企業の合計が23社となり、経団連役員企業33社の約7割を占めるに至ったのである。外資比率20％台は9社、10％台は1社にすぎない。役員企業33社の平均は34.48％に高まっている。

(6) 外資比率が急増した理由

　このような外資比率の推移をみると、1990年代後半から2000年代にかけて外資保有比率が急上昇していることが確認できる。
　その背後には、日本を襲った金融危機があった。銀行の経営破綻が相次いだ1997年以降、銀行株が下落したことを契機に、事業会社が銀行株の売却を進め、他方で経営危機に陥った銀行が不良債権処理のため保有株式の大量売却を進めた。2001年には、銀行の株式保有の抑制をめざすBIS規制にもとづいて銀行等株式保有制限法[*1]が制定され、保有株式の売却にいっそう拍車がかかった。さらに、2008年のリーマン・ショックが重なり、銀行保有株

式の占める比率は格段に低下することとなった。こうして日本の銀行・保険・証券業界が、みずから保有している株式の大量売却を進めたとき、その受け皿になったのが海外投資家であった。[*2]

*1　銀行等株式保有制限法は2001年に制定され、2002年1月から施行された。
*2　宮島英昭、新田祐「株式所有構造の多様化とその帰結：株式持ち合い解消・『復活』と海外投資家の役割」2011年2月、RIETI Discussion Paper Series 11-J-011（独立行政法人経済産業研究所）参照。藤田宏氏は、日本経団連の役員（会長・副会長、議長・副議長）を担っている大企業の株主構成を分析し、「日本特有の株式の持ち合い構造が再編・解消しはじめ」、その間隔を埋めるように、外国資本とともに2大信託銀行（日本トラスティ・サービス信託銀行、日本マスタートラスト信託銀行）が、「大株主として登場するようになった」と指摘している。藤田宏「日本企業の株主構成の変化と財界の蓄積戦略の新段階」（『経済』2014年3月号）参照。

　いまでは、経団連役員企業の発行済み株式総数のうち実に3分の1強が外国資本の手中にあり、米系資本が大きな影響力を及ぼしているのである。

2　カストディアンが大株主となる

　次に、経団連役員企業の大株主に着目したい。有価証券報告書には、1位から10位までの大株主が掲載されている。表3―3―1は、2015年の経団連役員企業33社の10大株主をまとめたものである（表内の略号は次の通り。SSBT＝ステート・ストリート・バンク・アンド・トラスト・カンパニー、SSB＝ステート・ストリート・バンク、BNY＝ザ・バンク・オブ・ニューヨーク、CMB＝チェース・マンハッタン・バンク、MB＝メロン・バンク、NTC＝ノーザン・トラスト・カンパニー）。

　まず、大株主1位、2位のところをみると、日本トラスティ・サービス、日本マスタートラストという2つの名前が、ほぼすべての役員企業（33社中

28社)に出てくる。また、3位以下でとりわけ5位から10位のところで圧倒的に多いのが、外国の会社である。たとえば、ザ・チェース・マンハッタン・バンク、モクスレイ・アンド・カンパニー、バンカース・トラスト・カンパニーなどである。

　これらは、カストディアン（Custodian）といわれる会社である。投資家に代わって有価証券を管理・保管する業務に特化した信託銀行・資産管理信託会社のことである。

(1) カストディアンとは何か

　カストディアンとは、いったいどのようなものか。以前は、年金基金、企業、金融機関、投資信託などの機関投資家は、みずから保有している有価証券などの資産運用を複数の会社（投資顧問会社）に委託していた。しかし、委託先がたくさんの資産運用会社に分散すると、全体としてどれだけの利益になっているかを把握することが難しくなる。そこで、多数の資産運用会社にまたがる有価証券資産を一元的に管理する必要性が高まり、その管理サービスを提供する会社が生まれた＊。それが、資産管理信託会社＝カストディアンである。

　＊2004年4月から、信託銀行の一任業務が解禁され、信託銀行が年金基金から資産の運用と管理を別々に受託できるようになった。運用と管理を分離して効率化を図ったのである。信託銀行が、信託の受託者として他者から預かり管理している株式は、信託銀行自身が保有する株式と区別するため「信託銀行（信託口）」と表示するのが一般的である。

　カストディアンは、複数の資産運用会社に預託した有価証券を一元的に保管・管理し、その運用成果がどうなっているかを投資家に報告する。また、機関投資家に代わって、配当を受け取ったり、売買取引を決済したり、議決権の行使などもおこなう。配当を受け取るためには、株主の名義人にならなければならない。そのため、大企業の大株主のなかにカストディアンの名前

〈表３－３－１〉2015 年　日本経団連役員企業の大株主(2015 年 7 月末現在の役員企業)

役員	企業名（3月決算）	大株主1位	比率	大株主2位	比率	大株主3位	比率	大株主4位	比率
会長	東レ	日本マスタートラスト信託銀行㈱（信託口）	7.03	日本トラスティ・サービス信託銀行㈱（信託口）	5.20	日本生命保険（相）	4.36	三井生命保険㈱	2.20
副会長	アサヒグループホールディングス	日本マスタートラスト信託銀行㈱（信託口）	5.92	日本トラスティ・サービス信託銀行㈱（信託口）	4.18	旭化成㈱	3.88	第一生命保険㈱	3.50
副会長	東京海上日動火災保険	(持株会社) 東京海上ホールディングス	100.0						
	(持株会社) 東京海上ホールディングス	日本マスタートラスト信託銀行㈱（信託口）	5.1	日本トラスティ・サービス信託銀行㈱（信託口）	4.4	SSBT505001（常任代理人㈱みずほ銀行決済営業部）	2.4	明治安田生命保険（相互）（常任代理人　資産管理サービス信託銀行㈱）	2.1
副会長	新日鐵住金	日本トラスティ・サービス信託銀行㈱（信託口）	4.1	日本マスタートラスト信託銀行㈱（信託口）	3.3	日本生命保険（相互）	2.60	住友商事㈱	1.90
副会長	トヨタ自動車	日本トラスティ・サービス信託銀行㈱	10.28	㈱豊田自動織機	6.57	日本マスタートラスト信託銀行㈱	4.70	SSBT（常任代理人㈱みずほ銀行決済営業部）	3.76
副会長	日立製作所	日本マスタートラスト信託銀行㈱（信託口）	6.24	日本トラスティ・サービス信託銀行㈱（信託口）	4.57	日立グループ社員持株会	2.07	日本生命保険（相互）	1.93
副会長	JX ホールディングス	日本トラスティ・サービス信託銀行㈱	5.36	日本マスタートラスト信託銀行㈱	5.26	㈱みずほ銀行（常任代理人　資産管理サービス信託銀行㈱）	3.05	㈱三井住友銀行	2.62
副会長	日本電信電話	財務大臣	32.47	日本トラスティ・サービス信託銀行㈱	3.22	日本マスタートラスト信託銀行㈱	2.66	モクスレイ アンド カンパニー エルエルシー（常任代理人㈱三菱東京UFJ銀行）	1.36
副会長	野村證券	野村ホールディングス	100.0						
	(持株会社) 野村ホールディングス	日本トラスティ・サービス信託銀行㈱（信託口）	3.87	日本マスタートラスト信託銀行㈱	3.80	BNY メロン エスエー エヌヴイ 10（常任代理人㈱三菱東京UFJ銀行）	1.30	SSB ウェスト クライアント トリーティー505234（常任代理人㈱みずほ銀行）	1.22
副会長	三菱東京UFJ銀行	三菱UFJフィナンシャルグループ	97.18	(自己保有株式)	2.81				
	(持株会社) 三菱UFJフィナンシャルグループ	日本マスタートラスト信託銀行㈱（信託口）	4.84	日本トラスティ・サービス信託銀行㈱	4.08	BNY メロン エスエー エヌヴイ 10（常任代理人㈱三菱東京UFJ銀行）	1.69	SSBT（常任代理人 香港上海銀行東京支店）	1.51
副会長	三菱重工業	日本マスタートラスト信託銀行㈱（信託口）	4.32	日本トラスティ・サービス信託銀行㈱（信託口）	3.99	野村信託銀行㈱（退職給付信託 三菱東京UFJ銀行口）	3.72	明治安田生命保険（相互）（常任代理人資産管理サービス信託銀行㈱）	2.37
副会長	住友化学	日本マスタートラスト信託銀行㈱（信託口）	5.63	日本トラスティ・サービス信託銀行㈱（信託口）	5.49	住友生命保険（相互）	4.29	日本生命保険（相互）	2.48
副会長	三井物産	日本マスタートラスト信託銀行㈱（信託口）	6.80	日本トラスティ・サービス信託銀行㈱（信託口）	4.80	㈱三井住友銀行	2.14	日本生命保険（相互）	1.95
副会長	日本郵船	日本マスタートラスト信託銀行㈱（信託口）	5.77	日本トラスティ・サービス信託銀行㈱（信託口）	5.41	三菱重工業㈱	2.41	明治安田生命保険（相互）（常任代理人資産管理サービス信託銀行㈱）	2.02
議長	三井不動産	日本マスタートラスト信託銀行㈱（信託口）	7.11	日本トラスティ・サービス信託銀行㈱	5.06	BNY メロン エスエー エヌヴイ 10（常任代理人㈱三菱東京UFJ銀行）	3.09	SSBT505223（常任代理人㈱みずほ銀行決済営業部）	2.23
副議長	ANA ホールディングス	日本マスタートラスト信託銀行㈱（信託口）	2.79	日本トラスティ・サービス信託銀行㈱	2.35	名古屋鉄道㈱	2.32	日本トラスティ・サービス信託銀行㈱（信託口1）	1.16

■ = グローバル・カストディアン、■ = 日本のカストディアン、■ = 銀行・保険・証券

大株主5位	比率	大株主6位	比率	大株主7位	比率	大株主8位	比率	大株主9位	比率	大株主10位	比率	大株主比率
㈱三井住友銀行	1.84	日本トラスティ・サービス信託銀行㈱(信託口4)	1.37	SSB ウエスト クライアント トリーティー(常任代理人 ㈱みずほ銀行決済営業部)	1.25	BNY メロン エスエー エヌヴイ 10(常任代理人 ㈱三菱東京UFJ銀行)	1.24	三井不動産㈱	1.19	三井住友海上火災保険㈱	1.08	26.77
富国生命保険(相互)	3.31	㈱三井住友銀行	1.87	三井住友信託銀行㈱	1.68	BNY メロン エスエー エヌヴイ 10(常任代理人 ㈱三菱東京UFJ銀行)	1.38	CMB ジーティーエス クライアンツ アカウント エスクロウ(常任代理人 ㈱みずほ銀行)	1.20	農林中央金庫	1.15	28.07
○㈱三菱東京UFJ銀行	2.1	BNY メロン エスエー エヌヴイ 10(常任代理人 ㈱三菱東京UFJ銀行)	1.9	JP モルガン チェース バンク(常任代理人 ㈱みずほ銀行決済営業部)	1.6	SSBT505225(常任代理人 ㈱みずほ銀行決済営業部)	1.5	日本マスタートラスト信託銀行㈱(退職給付信託口・三菱商事株式会社口)	1.4	東海日動従業員持株会	1.4	23.90
㈱みずほ銀行(常任代理人 資産管理サービス信託銀行㈱)	1.70	㈱三井住友銀行	1.50	明治安田生命保険(相互)(常任代理人 資産管理サービス信託銀行)	1.50	㈱三菱東京UFJ銀行	1.40	BNY メロン エスエー エヌヴイ 10(常任代理人 ㈱三菱東京UFJ銀行)	1.3	SSB ウエスト クライアント トリーティー(常任代理人 ㈱みずほ銀行決済営業部)	1.1	20.40
日本生命保険(相互)	3.51	BNY メロン アズ デポジタリ レシート ホルダーズ(常任代理人 ㈱三井住友銀行)	2.42	㈱デンソー	2.41	資産管理サービス信託銀行㈱	1.97	JP モルガン チェース バンク(常任代理人 ㈱みずほ銀行決済営業部)	1.90	三井住友海上火災保険㈱	1.87	39.41
ナッツ クムコ(常任代理人 ㈱みずほ銀行)	1.74	SSBT505225(常任代理人 ㈱みずほ銀行決済営業部)	1.62	BNY メロン エスエー エヌヴイ 10(常任代理人 ㈱三菱東京UFJ銀行)	1.55	第一生命保険㈱	1.48	SSB ウエスト クライアント トリーティー 505234(常任代理人 ㈱みずほ銀行決済営業部)	1.34	SSBT(常任代理人 香港上海銀行)	1.22	23.76
三菱商事㈱	1.95	㈱三菱東京UFJ銀行	1.56	日本トラスティ・サービス信託銀行㈱(信託口9)	1.36	国際石油開発帝石㈱	1.33	BNY メロン エスエー エヌヴイ 10(常任代理人 ㈱三菱東京UFJ銀行)	1.27	SSB ウエスト クライアント トリーティー 505234(常任代理人 ㈱みずほ銀行決済営業部)	1.21	24.97
SSBT(常任代理人 香港上海銀行)	1.11	JP モルガン チェース バンク 385632	0.90	日本トラスティ・サービス信託銀行㈱(信託口9)	0.88	NTT 社員持株会	0.80	BNY メロン エスエー エヌヴイ 10	0.78	SSBT505202(常任代理人 香港上海銀行)	0.74	44.91
日本トラスティ・サービス信託銀行㈱(信託口5)	1.09	日本トラスティ・サービス信託銀行㈱(信託口1)	1.09	日本トラスティ・サービス信託銀行㈱(信託口7)	1.09	日本トラスティ・サービス信託銀行㈱(信託口6)	1.09	日本トラスティ・サービス信託銀行㈱(信託口3)	1.08	日本トラスティ・サービス信託銀行㈱(信託口2)	1.07	16.74
SSBT(常任代理人 ㈱みずほ銀行決済営業部)	1.33	日本生命保険(相互)	1.28	BNY メロン アズ デポジタリー バンク フォー デポジタリー レシート ホルダーズ(常任代理人 ㈱三菱東京UFJ銀行)	1.28	日本マスタートラスト信託銀行 明治安田生命保険(相互)退職給付金信託口)	1.23	日本トラスティ・サービス信託銀行㈱	1.18	SSB ウエスト クライアント トリーティー 505234(常任代理人 ㈱みずほ銀行)	1.17	19.63
BNY メロン エスエー エヌヴイ 10(常任代理人 ㈱三菱東京UFJ銀行)	1.70	野村信託銀行㈱(退職給付信託・三菱UFJ信託銀行口)	1.36	東京海上日動火災保険㈱	1.30	SSB ウエスト クライアント トリーティー 505234(常任代理人 ㈱みずほ銀行決済営業部)	1.21	シービーエヌワイオーエヌブルウエイ(常任代理人 ㈱シティバンク銀行)	1.13	日本トラスティ・サービス信託銀行㈱(信託口1)	1.04	22.16
㈱三井住友銀行	2.32	日本トラスティ・サービス信託銀行㈱(三井住友信託銀行再信託分・住友生命保険(相互)退職給付信託口)	1.75	日本トラスティ・サービス信託銀行㈱(信託口4)	1.59	SSBT505225(常任代理人 ㈱みずほ銀行決済営業部)	1.58	NTC (AVFC) アールユーエス タックス エクセンプテド ペンション ファンズ(常任代理人 香港上海銀行東京支店カストディ業務部)	1.43	農林中央金庫	1.32	27.88
バークレイズ証券㈱	1.39	三井住友海上火災保険㈱	1.37	BNY メロン エスエー エヌヴイ 10(常任代理人 ㈱三菱東京UFJ銀行)	1.36	SSBT505223(常任代理人 ㈱みずほ銀行決済営業部)	1.34	SSB ウエスト クライアント トリーティー(常任代理人 ㈱みずほ銀行)	1.26	第一生命保険㈱(常任代理人 資産管理サービス信託銀行)	1.13	23.58
東京海上日動火災保険㈱	1.90	SSBT505223(常任代理人 ㈱みずほ銀行決済営業部)	1.48	MB エスエー アズ エイジェント フォー イッツ クライアント オムニバス ユーエス ペンション(常任代理人 ㈱みずほ銀行決済営業部)	1.44	BNY メロン エスエー エヌヴイ 10(常任代理人 ㈱三菱東京UFJ銀行)	1.25	SSB ウエスト クライアント トリーティー 505234(常任代理人 ㈱みずほ銀行決済営業部)	1.20	SSB ウエスト クライアント トリーティー 505225(常任代理人 ㈱みずほ銀行決済営業部)	1.12	24.01
SSBT(常任代理人 香港上海銀行東京支店カストディ業務部)	2.07	㈱三井住友銀行	1.87	CBLDN-STICHTING PGGM DEPOSITARY LISTED REAL ESTATE PF FUND(常任代理人 シティバンク銀行)	1.73	SSB ウエスト ペンション クライアント エグゼンプト 505233(常任代理人 ㈱みずほ銀行決済営業部)	1.46	SSB ウエスト クライアント トリーティー 505234(常任代理人 ㈱みずほ銀行決済営業部)	1.44	鹿島建設㈱	1.35	27.40
日本トラスティ・サービス信託銀行㈱(信託口5)	1.16	BNY メロン エスエー エヌヴイ 10(常任代理人 ㈱三菱東京UFJ銀行)	1.16	日本トラスティ・サービス信託銀行㈱(信託口6)	1.16	東京海上日動火災保険㈱	1.16	日本トラスティ・サービス信託銀行㈱(信託口3)	1.15	日本トラスティ・サービス信託銀行㈱(信託口2)	1.14	15.54

第3章 経団連を支配しているのは誰か

（続き）

役職	企業	第1位	%	第2位	%	第3位	%	第4位	%
副議長	旭化成	日本マスタートラスト信託銀行㈱(信託口)	5.22	日本生命保険(相互)	5.20	日本トラスティ・サービス信託銀行㈱(信託口)	3.88	旭化成グループ従業員持株会	2.53
副議長	三菱電機	日本マスタートラスト信託銀行㈱(信託口)	6.99	日本トラスティ・サービス信託銀行㈱(信託口)	4.13	明治安田生命保険(相互)	3.81	SSBT(常任代理人 香港上海銀行東京支店)	3.17
副議長	キヤノンマーケティングジャパン	キヤノン㈱	50.11	キヤノンマーケティングジャパン社員持株会	4.07	CBNY-ノルウエー政府(常任代理人 シティバンク銀行㈱)	1.17	日本トラスティ・サービス信託銀行㈱(信託口)	0.98
	(親会社) キヤノン	日本マスタートラスト信託銀行㈱(信託口)	4.37	日本トラスティ・サービス信託銀行㈱(信託口)	3.62	第一生命保険㈱	2.81	バークレイズ証券㈱	2.27
副議長	小松製作所	日本トラスティ・サービス信託銀行㈱(信託口)	3.77	日本マスタートラスト信託銀行㈱(信託口)	3.76	太陽生命保険㈱	3.49	日本生命保険(相互)	2.73
副議長	清水建設	清水地所㈱	7.63	日本マスタートラスト信託銀行㈱(信託口)	5.20	社会福祉法人清水基金	4.83	日本トラスティ・サービス信託銀行㈱(信託口)	3.20
副議長	味の素	日本マスタートラスト信託銀行㈱(信託口)	8.07	日本トラスティ・サービス信託銀行㈱(信託口)	6.09	第一生命保険㈱	4.41	日本生命保険(相互)	4.32
副議長	東京ガス	日本生命保険(相互)	6.40	第一生命保険㈱(常任代理人 資産管理サービス信託銀行㈱)	4.92	日本トラスティ・サービス信託銀行㈱(信託口)	4.14	日本マスタートラスト信託銀行㈱(信託口)	3.79
副議長	昭和電工	日本マスタートラスト信託銀行㈱(信託口)	4.10	日本トラスティ・サービス信託銀行㈱(信託口)	3.97	富国生命保険(相互)	3.68	第一生命保険㈱	2.40
副議長	大成建設	日本トラスティ・サービス信託銀行㈱(信託口)	6.69	日本マスタートラスト信託銀行㈱(信託口)	4.66	みずほ信託退職給付信託みずほ銀行口	3.35	大成建設取引先持株会	2.22
副議長	大和証券グループ本社	SSBT505223(常任代理人 ㈱みずほ銀行決済営業部)	9.47	日本トラスティ・サービス信託銀行㈱(信託口)	3.50	日本マスタートラスト信託銀行㈱(信託口)	3.20	㈱三井住友銀行	1.73
副議長	三井住友海上火災保険	MS&ADインシュアランスグループホールディングス㈱	100.0						
	(持株会社) MS&ADインシュアランスグループホールディングス㈱	トヨタ自動車㈱	8.31	日本生命保険(相互)	5.74	日本マスタートラスト信託銀行㈱(信託口)	4.43	SSBT(常任代理人 香港上海銀行東京支店)	3.49
副議長	三菱商事	日本トラスティ・サービス信託銀行㈱(信託口)	5.84	東京海上日動火災保険㈱	4.58	日本マスタートラスト信託銀行㈱(信託口)	4.14	明治安田生命保険(相互)	3.99
副議長	三越伊勢丹ホールディングス	日本マスタートラスト信託銀行㈱(信託口)	5.94	日本トラスティ・サービス信託銀行㈱(信託口)	4.61	三越厚生事業団	3.46	三越伊勢丹グループ取引先持株会	2.03
副議長	伊藤忠商事	日本トラスティ・サービス信託銀行㈱(信託口)	4.12	日本マスタートラスト信託銀行㈱(信託口)	3.91	CP ワールドワイド インベストメント カンパニー リミテド(常任代理人 みずほ銀行決済営業部)	3.82	㈱みずほ銀行	2.36
副議長	東日本旅客鉄道	㈱みずほ銀行(常任代理人 資産管理サービス信託銀行㈱)	4.99	日本トラスティ・サービス信託銀行㈱(信託口)	3.55	日本マスタートラスト信託銀行㈱(信託口)	3.50	㈱三菱東京UFJ銀行	3.18
副議長	第一生命保険	日本トラスティ・サービス信託銀行㈱(信託口)	4.77	㈱みずほ銀行	4.34	日本マスタートラスト信託銀行㈱(信託口)	3.83	BNY GCM クライアント アカウント JPRD AC ISG (FE-AC)(常任代理人 ㈱三菱東京UFJ銀行)	2.77
副議長	三井住友銀行	三井住友フィナンシャルグループ	100.0						
	(持株会社)三井住友フィナンシャルグループ	日本トラスティ・サービス信託銀行㈱(信託口)	4.41	日本マスタートラスト信託銀行㈱(信託口)	3.89	㈱三井住友銀行	3.02	ナッツ クムコ(常任代理人 ㈱三井住友銀行)	2.31
副議長	BTジャパン (非上場)								
副会長	日本生命保険(相互)								
副議長	東レ(重複)								

≪資料≫日本経団連役員企業の各有価証券報告書により作成
注1　アサヒグループホールディングス、キヤノンマーケティングジャパ
注2　SSB＝ステート ストリート バンク、SSBT＝ステート ストリート
　　　チェース マンハッタン バンク、NTC＝ノーザン トラスト カンパニー

㈱三井住友銀行	2.52	㈱みずほ銀行	1.45	東京海上日動火災保険㈱	1.44	住友生命保険（相互）	1.39	全国共済農業協同組合連合会	1.37	明治安田生命保険（相互）	1.31	26.32
日本生命保険（相互）	2.87	三菱電機グループ社員持株会	2.08	㈱三菱東京UFJ銀行	1.71	BNY メロン エスエー エヌヴイ 10（常任代理人㈱三菱東京UFJ銀行）	1.63	日本トラスティ・サービス信託銀行㈱（信口4）	1.56	SSB ウエスト クライアント トリーティー 505234（常任代理人㈱みずほ銀行決済営業部）	1.22	29.18
SSBT（常任代理人㈱みずほ銀行決済営業部）	0.89	日本マスタートラスト信託銀行㈱（信託口）	0.84	キヤノンマーケティングジャパン取引先持株会	0.83	㈱みずほ銀行	0.66	BNY メロン エスエー エヌヴイ 10（常任代理人㈱三菱東京UFJ銀行）	0.60	BNY133524（常任代理人㈱みずほ銀行決済営業部）	0.59	
モクスレイ アンド カンパニー エルエルシー（常任代理人㈱三菱東京UFJ銀行）	1.99	㈱みずほ銀行（常任代理人 資産管理サービス信託銀行㈱）	1.94	SSB アンド トラスト カンパニー 505223（常任代理人㈱みずほ銀行）	1.51	野村證券㈱	1.47	損害保険ジャパン日本興亜㈱	1.31	SSBT505225（常任代理人㈱みずほ銀行）	1.24	22.28
SSBT505001（常任代理人㈱みずほ銀行決済営業部）	2.65	㈱三井住友銀行	1.83	ザ バンク オブ ニューヨーク メロン エスエー エヌヴイ 10 アズ デポジタリ バンク フォー デポジタリ レシプト ホルダーズ（常任代理人三井住友銀行）	1.78	BNY メロン エスエー エヌヴイ 10（常任代理人㈱三菱東京UFJ銀行）	1.34	SSB ウエスト クライアント トリーティー 505234（常任代理人㈱みずほ銀行決済営業部）	1.25	SSBT505225（常任代理人㈱みずほ銀行決済営業部）	1.20	24.16
清水建設持株会	2.70	一般財団法人住総研	2.21	㈱みずほ銀行	2.05	日本トラスティ・サービス信託銀行㈱（信託口4）	1.49	第一生命保険㈱	1.39	富国生命保険（相互）	1.34	31.99
㈱三菱東京UFJ銀行	3.39	損保ジャパン日本興亜㈱	2.23	明治安田生命保険（相互）	2.12	三菱UFJ信託銀行㈱	1.94	㈱みずほ銀行	1.69	GIC プライベート リミテッド（常任代理人香港上海銀行東京支店）	1.46	35.72
東京瓦斯グループ従業員持株会	1.76	富国生命保険（相互）（常任代理人 資産管理サービス信託銀行㈱）	1.68	みずほ信託銀行㈱退職給付信託第一生命保険口再信託受託者資産管理サービス信託銀行㈱	1.45	BNY メロン エスエー エヌヴイ 10（常任代理人㈱三菱東京UFJ銀行）	1.43	㈱みずほ銀行	1.26	JFE エンジニアリング㈱	1.10	27.91
損害保険ジャパン日本興亜㈱	2.01	明治安田生命保険（相互）	1.77	SSBT（常任代理人香港上海銀行東京支店）	1.68	昭和電工従業員持株会	1.67	ジュニパー（常任代理人㈱三菱東京UFJ銀行）	1.48	日本生命保険（相互）	1.34	24.10
大成建設社員持株会	2.12	三菱地所㈱	1.50	CMB ジーティーエス クライアンツ アカウント エスクロウ（常任代理人㈱三井住友銀行）	1.40	BNY メロン エスエー エヌヴイ 10（常任代理人㈱三菱東京UFJ銀行）	1.32	明治安田生命保険（相互）	1.22	SSB ウエスト クライアント トリーティー 505234（常任代理人㈱みずほ銀行）	1.18	25.60
BNY メロン エスエー エヌヴイ 10（常任代理人㈱三菱東京UFJ銀行）	1.64	日本トラスティ・サービス信託銀行㈱（三井住友信託退給口）	1.42	SSB ウエスト クライアント トリーティー 505234（常任代理人㈱みずほ銀行）	1.23	太陽生命保険㈱	1.20	日本生命保険（相互）	1.19	日本トラスティ・サービス信託銀行㈱（信口1）	1.10	25.68
日本トラスティ・サービス信託銀行㈱（信託口）	3.43	CBNY-ガバメント オブ ノルウェー（常任代理人 シティバンク銀行）	2.61	MB エヌエイ アズ エイジェント フォア イッツ クライアント オムニバス ユーエス ペンション（常任代理人㈱みずほ銀行決済営業部）	1.69	SSBT505225（常任代理人㈱みずほ銀行決済営業部）	1.43	SSB ウエスト クライアント トリーティー 505234（常任代理人㈱みずほ銀行）	1.04	日本トラスティ・サービス信託銀行㈱（信託口5）	1.03	33.20
日本マスタートラスト信託銀行㈱（三菱重工業㈱口・退職給付信託口）	1.98	㈱三菱東京UFJ銀行	1.57	SSBT505223（常任代理人㈱みずほ銀行決済営業部）	1.57	野村信託銀行㈱（退職給付信託・三菱UFJ信託銀行口）	1.56	BNY メロン エスエー エヌヴイ 10	1.32	日本トラスティ・サービス信託銀行㈱（信口9）	1.21	27.59
清水建設㈱	1.57	明治安田生命保険㈱（常任代理人 資産管理サービス信託銀行㈱）	1.44	㈱三菱東京UFJ銀行	1.35	三井住友海上火災保険㈱	1.34	三越伊勢丹グループ従業員持株会	1.17	NTC (AVFC)アールイー ユーエス タックス エクセンプテドペンション ファンズ常任代理人香港上海銀行東京支店	1.11	24.02
日本生命保険（相互）	2.05	三井住友海上火災保険㈱	1.83	損保ジャパン日本興亜㈱	1.58	バークレイズ証券㈱	1.50	朝日生命保険（相互）	1.41	BNY メロン エスエー エヌヴイ 10（常任代理人㈱三菱東京UFJ銀行）	1.39	23.98
JR東日本社員持株会	2.85	㈱三井住友銀行	2.68	日本生命保険（相互）	2.04	第一生命保険㈱（常任代理人 資産管理サービス信託銀行㈱）	2.03	ザ バンク オブ ニューヨーク 505234（常任代理人㈱三菱東京UFJ銀行）	1.32	三菱UFJ信託銀行㈱（常任代理人日本マスタートラスト）信託銀行㈱	1.27	27.40
CBNY-ガバメント オブ ノルウェー（常任代理人 シティバンク銀行）	2.61	BNY メロン エスエー エヌヴイ 10（常任代理人㈱三菱東京UFJ銀行）	2.39	損保ジャパン日本興亜㈱	2.08	㈱三菱東京UFJ銀行	1.83	SSBT（常任代理人香港上海銀行東京支店）	1.65	SSB ウエスト クライアント トリーティー 505234（常任代理人㈱みずほ銀行）	1.13	27.45
BNY メロン エスエー エヌヴイ 10（常任代理人㈱三菱東京UFJ銀行）	1.89	JP モルガン チェース バンク 380055（常任代理人㈱みずほ銀行決済営業部）	1.79	日本トラスティ・サービス信託銀行㈱（信託口9）	1.53	CBNY-ガバメント オブ ノルウェー（常任代理人 シティバンク銀行）	1.39	SSBT505225（常任代理人㈱みずほ銀行決済営業部）	1.28	SSB ウエスト クライアント トリーティー 505234（常任代理人㈱みずほ銀行決済営業部）	1.19	22.71

ン、キヤノン、昭和電工は 2014 年 12 月決算
バンク アンド トラスト カンパニー、BNY＝ザ バンク オブ ニューヨーク、MB＝メロン バンク、CMB＝

が次々と出てくるようになった。カストディアンの背後にいるのが資産運用会社であり、そのウラには資金の直接の出し手である投資家がいる。投資家は、年金基金、保険会社などの機関投資家が中心だが、ヘッジファンドなどの投機スジもあるともいわれる。

　カストディアンは投資家の代理人であって資産の保有者ではない。[*1] カストディアンは、幅広い業務をおこなう代理権限を与えられた「常任代理人」として、有価証券の保管、受渡決済、権利保全、議決権行使などの「常任代理人業務」（カストディ業務）をおこなうのである。[*2]

　＊１　筆者は、『変貌する財界』で次のように指摘した。「資産管理業務に特化した信託銀行は『カストディ』または『カストディアン・バンク』などといわれる」。「資産管理業務に特化した信託銀行に株式を預託する事例が増えている。預託された信託銀行が、ある会社の発行済み株式の５％以上を持っていると『大量保有報告書』を提出することになる。しかし、そこには名義人として信託銀行の名前しか出ておらず、その株式を実際に所有している所有者が分からないことが多い。信託銀行が、真の保有者の隠れ蓑となっているのである」（79ページ）。

　＊２　カストディアンの業務は、いまでは有価証券を保管する範囲を超えて、「運用収益の最大化」を目的とするようになったとも指摘されている。

(2)　日本における３大カストディアンの設立

　日本のカストディアンとしては、日本トラスティ・サービス信託銀行（三井住友トラスト・ホールディングス系）、日本マスタートラスト信託銀行（三菱UFJ信託銀行系）、資産管理サービス信託銀行（みずほフィナンシャルグループ系）があり、３大メガバンクの系列ごとに設立されている。

　日本トラスティ・サービス信託銀行は、2000年6月20日、大和銀行（現・りそな銀行）と住友信託銀行（現・三井住友信託銀行）の共同出資により設立された。現在の株主は、三井住友トラスト・ホールディングス66.66％、りそな銀行33.33％である。

日本マスタートラスト信託銀行は、三菱信託銀行（現・三菱UFJ信託銀行）、日本生命保険、東洋信託銀行（現・三菱UFJ信託銀行）、明治生命保険（現・明治安田生命保険）ドイツ銀行の共同出資で、2000年5月9日に営業を開始した。現在の株主は、三菱UFJ信託銀行46.5％、日本生命保険33.5％、明治安田生命保険10.0％、農中信託銀行10.0％である。

　資産管理サービス信託銀行は、2001年1月22日、みずほ信託銀行（みずほアセット信託銀行〔旧安田信託銀行〕との合併前）、朝日生命保険、第一生命保険、富国生命保険、安田生命保険（現在の明治安田生命保険）の5社が出資して設立、同年1月30日に営業を開始した。現在の株主は、みずほフィナンシャルグループ54％、第一生命保険23％、朝日生命保険10％、明治安田生命保険9％、富国生命保険4％である。

　カストディアンが設立されるに至った背景には、何があったのか。わが国では、1995年の公的年金の投資顧問会社への運用の開放が契機となり、年金資産の一元的管理への動きがあった。[*1] 1998年11月に厚生年金基金連合会資産運用研究会が公表した報告書『運用自由化時代の年金基金の資産運用』[*2] が、カストディアン設立の直接的な契機となった。

　＊1　米国では1974年のERISA（従業員退職所得保障法）の制定にともない、年金資産の管理を一元的に行うマスタートラスト業務が発達し、年金資産運用を一変させたと指摘されている。ERISA法は受託者に対して「加入者及び給付受取人の利益のことだけを考え、彼らに給付金を提供するという唯一の目的のためだけに行動しなければならない」という忠実義務を課している。上林敬宗「資産管理業務の拡大と銀行の戦略──日本版マスタートラストの導入に向けて」法政大学経済学部学会編『経済志林』2000年7月参照。
　＊2　『運用自由化時代の年金基金の資産運用』（1999年2月、東洋経済新報社）

　厚生年金基金連合会資産運用研究会の報告書では、資産の管理・運用の効率化のための「マスタートラスト」導入を提案し、「マスタートラストは、（厚生年金）基金にとって多数の運用機関を用いる場合でも資産管理（カスト

ディ）部門は一元化できるため、資産管理の効率化を図ることができるという大きなメリットがある」[*1]。「わが国においても経営戦略上マスタートラストを重視し、それに優先的に資源配分を行い高度のサービスを提供する能力と自信のある信託銀行が、マスタートラストの導入に向けた積極的な取組みを進めることが期待される」[*2]と述べている。

  ＊1　同前、39ページ。
  ＊2　同前、40ページ。

2000年3月に年金改革関連法が成立し、マスタートラスト業務が可能となった直後の同年5月に、先にみた日本マスタートラスト信託銀行、6月に日本トラスティ・サービス信託銀行が相次いで設立され、2001年1月には資産管理サービス信託銀行が設立されている。「わが国でマスタートラストへの関心が高まった98年末から、わずか1年余りの間のことであり、異例のスピードで意志決定が行われた」[*]のである。設立されてからわずかな期間に圧倒的な規模の資産管理能力を持つようになったのも、驚くべきことである。[*]

  ＊野村亜紀子「我が国資産運用業界の企業年金をめぐる動向――変革の時代を迎えて」『資本市場クォータリー』2000年夏号
  ＊信託財産残高をみると、日本トラスティサービス信託銀行は227兆円、日本マスタートラスト信託銀行182兆円、資産管理サービス信託銀行146兆円である（2015年3月末現在）。

(3)　グローバル・カストディアンとサブ・カストディアン

さらに注目すべきは、経団連役員企業の上位に顔を出しているアメリカを中心とするグローバル・カストディアンである。

グローバル・カストディアンとは、複数国の有価証券の保管業務の取り扱いを統括しておこなう金融・信託機関である。たとえば、ステート・ストリート・バンクはアメリカ最大のカストディアンであり、JPモルガン・チェ

ース、シティグループなどもグローバル・カストディアンである。このグローバル・カストディアンと提携し、その委託を受けて自国内で有価証券の保管業務をおこなっているのが、サブ・カストディアンである。グローバル・カストディ事業は、①投資家、②グローバル・カストディアン、③サブ・カストディアンの3者によって構成されている。

　海外の投資家から依頼されたグローバル・カストディアンは、投資先の国に自らの現地法人がないとき、現地の金融機関を自己の代理人（サブ・カストディアン）として選任し、サブ・カストディ契約を結んで再預託する。再預託された国内の銀行や証券会社がサブ・カストディアン（常任代理人）として、有価証券の受け渡し、保管・決済、議決権行使など幅広いサービスを提供するのである。

　＊南條隆「グローバル・カストディについて」（日本銀行金融研究所『金融研究』第10巻第1号、1991年3月）参照。なぜ直接グローバル・カストディアンが、みずから日本国内でカストディ業務をおこなわず、サブ・カストディアンを利用するのか。その理由として、①各国の保管・決済機関には居住者しか参加できない。②情報収集は現地でおこなうのが効率的である等をあげている。なお、グローバル・カストディアンの現地法人があっても、それを使わず、その国の金融機関を利用する場合がある。

　たとえば、日本経団連の会長企業である東レの2015年の大株主7位に、「ステート・ストリート・バンク・ウェスト・クライアント・トリーティー（常任代理人〔株〕みずほ銀行決済営業部）」と記載されている。このステート・ストリート・バンクが、グローバル・カストディアンであり、みずほ銀行がサブ・カストディアンである。また大株主8位に「ザ・バンク・オブ・ニューヨーク・メロン・エスエー・エヌヴイ・10（常任代理人〔株〕三菱東京UFJ銀行）」と記載されている。この場合も、ザ・バンク・オブ・ニューヨーク・メロンがグローバル・カストディアンであり、三菱東京UFJ銀行がサブ・カストディアンである。

　＊日本のカストディアンの場合は、「日本マスタートラスト信託銀行（株）（信

託口）」、「日本トラスティ・サービス信託銀行（株）（信託口）」とカストディアンの名義で表記されたり、資産管理サービス信託銀行（株）のように「（株）○○銀行（常任代理人・資産管理サービス信託銀行〔株〕）」と表記されている。資産管理サービス信託銀行の場合は、預託者である銀行や保険会社の名義を明らかにして、その常任代理人となることが多い。

(4) 株式保有率を高めるカストディアン

　表3―3―2は、経団連役員企業の10大株主数を集計し内部構成を示したものである。1970年から1990年までは、経団連に役員を出している大企業の株主上位10社のなかにカストディアンの姿はまったく見られず、銀行・保険・証券の比率が8割前後と圧倒的な地位を占めていた。
　しかし2000年以降には、カストディアンが急増している。
　日本のカストディアンは、表①のように2000年に220社中の22社で10.0％、2005年は270社中の83社で30.7％を占めるようになり、2010年は330社中113社で34.2％、2015年は330社中の113社で同じく34.2％となっている。また、グローバル・カストディアンは、2000年に220社中の26社で11.8％、2005年は270社中の62社で23.0％、2010年は330社中76社で23.0％、2015年には330社中99社で30.0％を占めるようになった。
　日本のカストディアンとグローバル・カストディアンをあわせると、2000年の48社（21.8％）から2015年の212社（64.2％）へと飛躍的に増大している。このように、2000年代後半から、経団連役員企業のなかでカストディアンは10大株主の上位に食い込み、圧倒的な保有力をみせるようになった。
　以上は、カストディアンの会社数でみたものであるが、株式数でみても表②のようにほぼ同様の結果が得られる。ただし、発行済み株式総数に占める10大株主の比率をみると、2005年の34.40％をピークに、2010年の28.63％、2015年の26.32％と相対的に地位を低下させている。それにともなって、日本のカストディアン保有の株式数の比率も、それぞれ14.40％、12.92％、

〈表3―3―2〉
①経団連役員企業大株主10位の内部構成の推移（会社数）

年	役員企業数（集計対象）	日本のカストディアン		銀行・保険・証券		グローバル・カストディアン		その他		合計	
		社数	比率	社数	比率	社数	比率	社数	比率	社数	比率
1970年	11社	0	0.0%	85	77.3%	0	0.0%	25	22.7%	110	100.0%
1980年	15社	0	0.0%	129	83.2%	0	0.0%	26	16.8%	155	100.0%
1990年	20社	0	0.0%	173	86.5%	0	0.0%	27	13.5%	200	100.0%
2000年	22社	22	10.0%	147	66.8%	26	11.8%	25	11.4%	220	100.0%
2005年	27社	83	30.7%	98	36.3%	62	23.0%	27	10.0%	270	100.0%
2010年	33社	113	34.2%	110	33.3%	76	23.0%	31	9.4%	330	100.0%
2015年	33社	113	34.2%	84	25.5%	99	30.0%	34	10.3%	330	100.0%

≪出所≫各社「有価証券報告書」より集計

②経団連役員企業大株主10位の内部構成の推移（株式数）

年	大株主10位内での比率					発行済み株式総額に占める比率				
	日本のカストディアン	銀行・保険・証券	グローバル・カストディアン	事業会社、その他	合計	日本のカストディアン	銀行・保険・証券	グローバル・カストディアン	事業会社、その他	10大株主の占める比率
1970	0.00%	75.21%	0.00%	22.41%	100.00%	0.00%	18.93%	0.00%	5.64%	25.17%
1980	0.00%	84.16%	0.00%	15.68%	100.00%	0.00%	23.77%	0.00%	4.43%	28.24%
1990	0.00%	82.79%	0.00%	10.79%	100.00%	0.00%	26.08%	0.00%	3.40%	31.50%
2000	8.02%	66.83%	13.95%	11.13%	100.00%	2.32%	20.51%	5.02%	3.28%	31.16%
2005	43.30%	28.69%	16.86%	11.39%	100.00%	14.40%	9.49%	5.87%	4.69%	34.40%
2010	45.71%	29.35%	15.59%	9.30%	100.00%	12.92%	8.22%	4.37%	3.11%	28.63%
2015	44.65%	22.46%	19.24%	13.65%	100.00%	11.75%	5.91%	5.06%	3.59%	26.32%

≪出所≫各社「有価証券報告書」より集計
※四捨五入のため合計が一致しない場合がある

11.75％となり、グローバル・カストディアンが保有する株式の比率も、それぞれ5.87％、4.37％、5.06％と次第に比重を下げる傾向にある。これは、株主の裾野が広がっていること、それにともなって10大株主の比重が相対的に低下していることを示している。

日本経団連役員企業の大株主の実に3分の2が、内外のカストディアンによって占められるようになったのは、わずか10数年のあいだに生じた劇的な変化である。株主総会における議決権の行使についても、名義人であるカストディアンが一括して行使することができるのであるから、大株主として大きな権限を持つこととなる。
　日本の銀行・保険・証券会社は、2015年の10大株主のなかで22.46％を占めているが、これら金融機関の大株主もまた日米のカストディアンであるから、日本経団連の役員企業は、日米カストディアンの圧倒的な保有下に置かれていると言っても過言ではない。
　カストディアンが株主の上位を占めるようになった経緯を、個別企業に触れながらみることにしよう。1970年は表3—3—3、1980年は表3—3—4、1990年は表3—3—5、2000年は表3—3—6、2005年は表3—3—7、2010年は表3—3—8に示している。

2000年——カストディアンの進出

　1970年から1990年の10大株主一覧表には、すでにみたようにカストディアンの姿はまったくみられなかった。グローバル・カストディアンが顔を出すのは、2000年からである。この年には、米国最大のグローバル・カストディアンであるステート・ストリート・バンク・アンド・トラスト・カンパニーが、日産自動車の大株主3位、日立製作所の4位、イトーヨーカ堂の8位、ソニーの2位、小松製作所の9位、松下電器の10位、富士銀行の4位、アサヒビールの6位、日石三菱の9位、東芝の5位に入っている。また、ザ・チェース・マンハッタン・バンク・エヌ・エイ・ロンドンは、三井物産の大株主9位、日立製作所の3位、イトーヨーカ堂の9位、ソニーの3位と8位、富士銀行の7位、東芝の3位に入っている。また、モクスレイ・アンド・カンパニーが、ソニーの大株主1位、松下電器の8位に、バンカース・トラスト・カンパニーが、日産自動車の大株主7位に入っている。
　日本のカストディアンが創設されるのは2000年5月以降であるから、

2000年3月時点の大株主のなかに3大カストディアンの名前はまだ出てこない。しかし、その機能を果たす住友信託銀行（信託口）、三菱信託銀行（信託口）、野村信託銀行（信託口）、中央信託銀行（信託口）が、すでに株主10位以内に顔を出している。

住友信託銀行（信託口）は、三井物産の大株主第10位、三菱化学の第6位、東レの第5位、イトーヨーカ堂の第6位、東京三菱銀行の第5位、東京電力の第9位、松下電器産業の第4位、伊藤忠商事の第1位、アサヒビールの第5位、清水建設の第4位、日石三菱の第5位、住友銀行の第4位、東芝の第7位に入っている。このように、住友信託銀行（信託口）は、経団連役員の各企業の大株主として地位を固めている。この住友信託銀行が、2000年6月20日に日本トラスティ・サービス信託銀行を設立する中核となるのである。

三菱信託銀行（信託口）は、三井物産の大株主第8位、東レの第10位、東京三菱銀行の第7位、東京電力の第7位、住友銀行の第6位に入っている。この三菱信託銀行（信託口）が中心になり、2000年5月9日に日本マスタートラスト信託銀行が営業を開始することとなる。

この2つのカストディアンに比べ、後れをとったのが資産管理サービス信託銀行である。2001年1月22日に設立されたが、中心のひとつとなったみずほ信託銀行は、カストディアンとしては10位以内にまだその姿をみせていなかった。

2005年——役員企業の株主上位を独占

2005年の10大株主一覧表をみると、すべての役員企業の10大株主のなかに、日本のカストディアンが入っている。日本トラスティ・サービス信託銀行（信託口）、日本マスタートラスト信託銀行（信託口）、資産管理サービス信託銀行（信託口）の3つが、1位から3位をほぼ独占している。とりわけ、日本トラスティ・サービス信託銀行（信託口）、日本マスタートラスト信託銀行（信託口）の2つは、圧倒的な資産管理力をみせている。

〈表3—3—3〉1970年　経団連役員企業の大株主（1970年3月現在の経団連役員）

役員	企業名（3月決算）	大株主1位	比率	大株主2位	比率	大株主3位	比率	大株主4位	比率
副会長	住友化学工業	住友生命保険（相互）	7.25	日本生命保険（相互）	6.88	（株）住友銀行	4.84	住友信託銀行（株）	2.68
副会長	丸紅飯田	（株）富士銀行	8.7	（株）住友銀行	5.7	安田火災海上保険（株）	5.5	（株）神戸銀行	3.9
副会長	東京芝浦電気	ゼネラル エレクトリック カンパニー（米）	10.71	第一生命保険（相互）	4.45	アイアイティー マネージメント カンパニー エス エー（ルクセンブルグ）	3.24	日本生命保険（相互）	2.76
副会長	三菱重工業	（株）三菱銀行	3.72	明治生命保険（相互）	3.54	日本生命保険（相互）	2.22	東京海上火災保険（株）	2.14
副会長	新日本製鐵（八幡製鐵）	（株）日本興業銀行	2.7	日本生命保険（相互）	2.3	（株）富士銀行	2.0	明治生命保険（相互）	1.9
副会長	富士銀行	日本鋼管（株）	3.47	新日本製鐵（株）	3.38	安田生命保険（相互）	2.42	久保田鉄工（株）	2.08
議長	三井銀行	三井生命保険（相互）	3.96	第一生命保険（相互）	3.57	日本生命保険（相互）	3.6	三井物産（株）	3.01
副議長	神戸製鋼所	（株）三和銀行	3.97	（株）第一銀行	3.93	日本生命保険（相互）	3.33	（株）神戸銀行	2.99
副議長	松坂屋	松和会	3.8	（株）東海銀行	3.6	伊藤次郎左衛門	3.1	日本生命保険（相互）	3.0
副議長	東洋紡績	日本生命保険（相互）	3.74	豊島（株）	2.82	（株）大和銀行	2.43	（株）住友銀行	2.42
副議長	野村證券	（株）大和銀行	2.08	（株）三和銀行	2.02	（株）日本興業銀行	1.96	（株）日本長期信用銀行	1.83
会長	経団連会長（専任）								
副会長	経団連事務総長（専任）								

≪資料≫経団連役員企業の各有価証券報告書により作成
注　住友化学工業は1969年12月決算、松坂屋は1970年2月決算、東洋紡績は1970年4月決算、野村證券は

■ =銀行・保険・証券、 □ =外資

大株主5位	比率	大株主6位	比率	大株主7位	比率	大株主8位	比率	大株主9位	比率	大株主10位	比率	大株主比率
(株)日本興業銀行	2.38	(株)日本長期信用銀行	2.38	第一生命保険(相互)	1.96	住友商事(株)	1.64	住友海上火災保険(株)	1.19	三井信託銀行(株)	0.83	32.03
東京海上火災保険(株)	3.9	日本火災海上保険(株)	3.2	(株)大和銀行	2.8	(株)東京銀行	2.6	安田生命保険(相互)	2.4	日本生命保険(相互)	2.4	41.10
(株)三井銀行	1.86	オッティウェル アンド カンパニー(米)	1.75	三井生命保険(相互)	1.60	住友生命保険(相互)	1.02	朝日生命保険(相互)	0.89	千代田生命保険(相互)	0.75	29.03
住友生命保険(相互)	1.39	第一生命保険(相互)	1.31	第百生命保険(相互)	1.10	(株)日本興業銀行	1.09	三菱商事	1.00	三菱信託銀行(株)	0.98	18.49
(株)住友銀行	1.9	(株)三和銀行	1.9	東京海上火災保険(株)	1.7	(株)三菱銀行	1.7	第一生命保険(相互)	1.7	(株)東海銀行	1.3	19.10
丸紅飯田(株)	2.00	昭和電工(株)	1.96	日本セメント(株)	1.94	安田火災海上保険(株)	1.81	三井物産(株)	1.81	日産自動車(株)	1.81	24.49
トヨタ自動車工業(株)	2.68	三井不動産(株)	1.80	東京芝浦電気(株)	1.80	フオンドウイタリヤ マネジメント コーポレーション(瑞)	1.78	新日本製鐵(株)	1.73	大正海上火災保険(株)	1.62	25.52
朝日生命保険(相互)	2.30	日商岩井(株)	1.95	安田信託銀行(株)	1.71	(株)日本興業銀行	1.71	同和火災海上保険(株)	1.12	(株)東京銀行	0.95	23.96
千代田生命保険(相互)	2.4	明治生命保険(相互)	2.2	(株)協和銀行	1.8	(株)富士銀行	1.8	東邦生命保険(相互)	1.6	竹中工務店	1.5	27.80
(株)第一銀行	2.25	(株)三菱銀行	2.18	(株)富士銀行	1.44	住友生命保険(相互)	1.34	(株)三和銀行	0.97	日本証券金融(株)	0.86	20.45
(株)三井銀行	1.46	東洋信託銀行(株)	1.33	三井信託銀行(株)	1.25	新日本製鉄(株)	1.05	東京生命保険(相互)	1.00	(株)神戸銀行	0.88	14.85

1970年9月決算

〈表3—3—4〉1980年 経団連役員企業の大株主（1980年3月現在の経団連役員）

役員	企業名（3月決算）	大株主1位	比率	大株主2位	比率	大株主3位	比率	大株主4位	比率
会長	東京芝浦電気	ゼネラル エレクトリック カンパニー(米)	10.36	第一生命保険(相互)	5.06	日本生命保険(相互)	3.77	(株)三井銀行	3.12
副会長	新日本製鐵	(株)日本興業銀行	3.0	日本生命保険(相互)	2.8	明治生命保険(相互)	2.0	(株)富士銀行	1.8
副会長	富士銀行	安田生命保険(相互)	4.41	第一生命保険(相互)	2.84	日本鋼管(株)	2.74	日本生命保険(相互)	2.63
副会長	日産自動車	(株)日本興業銀行	6.93	(株)富士銀行	5.45	第一生命保険(相互)	5.27	日本生命保険(相互)	3.84
副会長	東レ	第一生命保険(相互)	4.72	日本生命保険(相互)	4.22	三井生命保険(相互)	3.35	三井信託銀行(株)	2.87
副会長	近畿日本鉄道	日本生命保険(相互)	5.43	(株)三菱銀行	3.70	三菱信託銀行(株)	3.00	(株)大和銀行	2.75
副会長	三菱鉱業セメント	明治生命保険(相互)	8.91	(株)三菱銀行	4.72	三菱化成工業(株)	4.03	太陽生命保険(相互)	3.97
副会長	住友化学工業	住友生命保険(相互)	8.65	日本生命保険(相互)	7.29	(株)住友銀行	4.43	住友信託銀行(株)	3.88
副会長	東京電力	第一生命保険(相互)	5.36	日本生命保険(相互)	4.19	東京都	3.29	朝日生命保険(相互)	2.32
議長	三菱重工業	(株)三菱銀行	5.3	三菱信託銀行(株)	4.0	明治生命保険(相互)	3.9	東京海上火災保険(株)	3.0
副議長	松坂屋	(株)東海銀行	5.1	第一生命保険(相互)	4.1	日本生命保険(相互)	4.1	(株)協和銀行	3.1
副議長	東洋紡績	(株)第一勧業銀行	3.73	(株)住友銀行	3.73	(株)三菱銀行	3.73	日本生命保険(相互)	2.80
副議長	野村證券	(株)大和銀行	2.51	(株)三和銀行	2.26	(株)三井銀行	2.26	(株)日本興業銀行	2.24
副議長	神戸製鋼所	(株)三和銀行	4.53	(株)第一勧業銀行	4.53	日本生命保険(相互)	4.18	(株)太陽神戸銀行	3.12
副議長	三井物産	(株)三井銀行	5.94	(株)富士銀行	4.69	(株)東京銀行	4.00	三井生命保険(相互)	3.74
副会長	経団連事務総長（専任）								

≪資料≫経団連役員企業の各有価証券報告書により作成

注　富士銀行は1980年6月決算、住友化学は1979年12月決算、松坂屋は1980年2月決算、東洋紡績は

▓ ＝銀行・保険・証券、 □ ＝外資

大株主5位	比率	大株主6位	比率	大株主7位	比率	大株主8位	比率	大株主9位	比率	大株主10位	比率	大株主比率
三井生命保険(相互)	2.16	日本火災海上保険(株)	1.96	(株)日本長期信用銀行	1.95	三井信託銀行(株)	1.75	東芝社員持株会	1.72	大正海上火災保険(株)	1.47	33.32
第一生命保険(相互)	1.8	住友信託銀行(株)	1.8	(株)住友銀行	1.7	(株)三和銀行	1.7	東京海上火災保険(株)	1.7	(株)第一勧業銀行	1.6	19.89
久保田鉄工(株)	2.57	新日本製鐵(株)	2.41	安田火災海上保険(株)	2.27	日産自動車(株)	2.01	日本セメント(株)	1.93	丸紅(株)	1.70	25.51
(株)住友銀行	3.34	(株)協和銀行	2.82	丸紅(株)	2.45	安田信託銀行(株)	2.42	日本火災海上保険(株)	2.34	安田火災海上保険(株)	2.29	37.15
(株)三井銀行	2.45	(株)日本長期信用銀行	1.79	東レ従業員持株会	1.68	三井物産(株)	1.50	朝日生命保険(相互)	1.46	富国生命保険(相互)	1.22	25.26
(株)三和銀行	2.24	三重交通(株)	1.95	(株)南都銀行	1.42	第一生命保険(相互)	1.40	住友生命保険(相互)	1.39	(株)日本興業銀行	1.07	24.35
三菱信託銀行(株)	3.81	旭硝子(株)	2.59	三菱地所(株)	2.36	三菱重工業(株)	2.28	東京海上火災保険(株)	2.04	野村證券(株)	1.73	36.44
(株)日本興業銀行	2.41	(株)日本長期信用銀行	2.41	第一生命保険(相互)	2.29	住友商事(株)	1.38	住友海上火災保険(株)	1.26	(株)日本債権信用銀行	1.09	35.09
(株)日本興業銀行	2.00	住友生命保険(相互)	1.84	(株)三井銀行	1.77	(株)第一勧業銀行	1.69	(株)常陽銀行	1.62	太陽生命保険(相互)	1.42	25.50
三菱重工持株会	2.9	日本生命保険(相互)	2.5	三菱商事(株)	2.4	太陽生命保険(相互)	1.7	住友生命保険(相互)	1.5	(株)日本興業銀行	1.5	28.7
(株)富士銀行	3.1	松和会	2.9	伊藤次郎左衛門	2.3	カトレヤ投資会	2.2	千代田生命保険(相互)	2.1	明治生命保険(相互)	2.1	31.1
(株)大和銀行	1.92	三菱信託銀行(株)	1.75	住友信託銀行(株)	1.21	(株)富士銀行	1.18	(株)三和銀行	1.15	日本証券金融	1.10	22.30
(株)日本長期信用銀行	2.24	日本生命保険(相互)	1.86	(株)第一勧業銀行	1.66	東洋信託銀行(株)	1.59	三井信託銀行(株)	1.43	東京生命保険(相互)	1.30	19.35
(株)日本興業銀行	2.87	朝日生命保険(相互)	2.59	安田信託銀行(株)	2.13	日商岩井(株)	1.85	島文工業(株)	1.54	同和火災海上保険(株)	1.51	28.85
大正海上火災保険(株)	3.23	日本生命保険(相互)	2.37	三井物産従業員持株信託	2.06	三井信託銀行(株)	2.02	第一生命保険(相互)	1.42	安田生命保険(相互)	1.33	30.80

1980年4月決算、野村證券は1980年9月決算

〈表3―3―5〉1990年 経団連役員企業の大株主（1990年3月現在の経団連役員）

役員	企業名（3月決算）	大株主1位	比率	大株主2位	比率	大株主3位	比率	大株主4位	比率
会長	新日本製鐵	三菱信託銀行（株）	4.4	（株）日本興業銀行	3.3	日本生命保険（相互）	2.9	三井信託銀行（株）	2.2
副会長	東京電力	第一生命保険（相互）	4.97	日本生命保険（相互）	3.99	東京都	3.15	（株）日本興業銀行	2.37
副会長	トヨタ自動車	（株）三和銀行	4.98	（株）太陽神戸三井銀行	4.98	（株）東海銀行	4.98	（株）豊田自動織機製作所	4.62
副会長	三菱重工業	三菱信託銀行（株）（信託含）	6.8	（株）三菱銀行	3.6	明治生命保険（相互）	3.0	住友信託銀行（株）（信託含）	2.5
副会長	昭和シェル石油	ザ シェル ペトロリウム カンパニー リミテッド（英）	34.38	ザ アングロサクソン ペトロリウム カンパニー リミテッド（英）	12.36	（株）第一勧業銀行	4.03	住友信託銀行（株）（うち信託業務1.79%）	3.73
副会長	住友銀行	住友生命保険（相互）	6.08	日本生命保険（相互）	4.45	松下電器産業（株）	3.45	住友信託銀行（株）	2.48
副会長	富士銀行	安田生命保険（相互）	4.85	第一生命保険（相互）	2.97	日本生命保険（相互）	2.92	安田火災海上保険（株）	2.28
副会長	三井物産	（株）三井銀行	4.25	三井生命保険（相互）	4.22	三井信託銀行（株）	3.97	（株）富士銀行	3.68
副会長	住友化学工業	住友生命保険（相互）	8.78	日本生命保険（相互）	7.39	住友信託銀行（株）（うち信託業務0.96%）	4.67	（株）住友銀行	4.15
副会長	東芝	第一生命保険（相互）	4.19	日本生命保険（相互）	3.62	（株）三井銀行	3.11	三菱信託銀行（株）	2.51
副会長	ソニー	レイケイ（株）	5.50	住友信託銀行（株）（信託業務含）	4.99	三井信託銀行（株）（信託業務含）	4.43	三菱信託銀行（株）（信託業務含）	4.09
副会長	小松製作所	太陽生命保険（相互）	5.1	第百生命保険（相互）	4.6	（株）住友銀行	4.2	三菱信託銀行（株）	3.1
議長	三井造船	日本証券決済（株）	4.82	三井生命保険（相互）	4.16	三井信託銀行（株）	3.74	（株）百十四銀行	3.58
副議長	九州電力	明治生命保険（相互）	6.68	日本生命保険（相互）	4.90	第一生命保険（相互）	2.91	（株）日本興業銀行	2.86
副議長	太陽神戸三井銀行（太陽神戸銀行）	太陽生命保険（相互）	4.79	日本生命保険（相互）	3.14	第一生命保険（相互）	2.69	明治生命保険（相互）	2.31
副議長	ワコール	三菱信託銀行（株）（うち信託業務3.30%）	7.65	（株）三菱銀行	4.98	（株）第一勧業銀行	4.75	日本生命保険（相互）	4.51
副議長	大和証券	住友信託銀行（株）	4.18	（株）住友銀行	3.45	（株）日本興業銀行	3.41	（株）日本長期信用銀行	3.41
副議長	住友商事	住友信託銀行（株）（信託含）	6.87	住友生命保険（相互）	4.83	（株）住友銀行	4.39	（株）東京銀行	3.78
副議長	川崎製鐵	（株）第一勧業銀行	4.20	日本生命保険（相互）	3.75	（株）日本長期信用銀行	3.57	（株）大和銀行	3.51
副議長	日本長期信用銀行	（株）第一勧業銀行	3.52	（株）北海道拓殖銀行	2.49	第一生命保険（相互）	1.94	日本生命保険（相互）	1.68
副議長	サントリー（非上場）								

≪資料≫経団連役員企業の各有価証券報告書により作成

注　トヨタ自動車は1990年6月決算、昭和シェル石油は1989年12月決

■ = 銀行・保険・証券、□ = 外資

大株主5位	比率	大株主6位	比率	大株主7位	比率	大株主8位	比率	大株主9位	比率	大株主10位	比率	大株主比率
明治生命保険(相互)	2.0	第一生命保険(相互)	1.9	安田信託銀行	1.8	(株)富士銀行	1.7	住友生命保険(相互)	1.6	(株)住友銀行	1.6	23.4
(株)三井銀行	2.29	住友生命保険(相互)	1.76	朝日生命保険(相互)	1.76	(株)第一勧業銀行	1.53	太陽生命保険(相互)	1.46	東洋信託銀行(株)	1.30	24.60
日本生命保険(相互)	3.68	(株)日本長期信用銀行	3.12	大正海上火災保険(株)	2.46	(株)大和銀行	2.44	第一生命保険(相互)	2.24	三井信託銀行(株)	2.17	35.66
東京海上火災保険(株)	2.1	日本生命保険(相互)	2.0	東洋信託銀行(株)(信託含)	1.8	三菱商事(株)	1.6	住友生命保険(相互)	1.4	三井信託銀行(株)(信託含)	1.3	26.1
ザ メキシカン イーグル オイル カンパニー リミテッド(英)	3.26	三菱信託銀行(株)(うち信託業務1.30%)	2.57	(株)日本長期信用銀行	2.56	東洋信託銀行(株)(うち信託業務1.20%)	1.89	(株)三和銀行	1.46	(株)東京銀行	1.46	70.62
三洋電機(株)	2.05	第一生命保険(相互)	1.97	鹿島建設(株)	1.79	住友海上火災保険(株)	1.77	住友商事(株)	1.76	新日本製鐵(株)	1.65	27.48
新日本製鐵(株)	2.00	日産自動車(株)	1.85	日本鋼管(株)	1.78	日本セメント(株)	1.68	大成建設(株)	1.61	久保田鉄工(株)	1.53	23.51
(株)東京銀行	3.01	日本生命保険(相互)	2.77	大正海上火災保険(株)	2.75	住友信託銀行(株)(信託勘定保有株含)	2.58	東洋信託銀行(株)(信託勘定保有株含)	1.98	三井信託銀行(株)(信託勘定保有株含)	1.72	30.98
(株)日本興業銀行	2.51	(株)日本長期信用銀行	2.25	第一生命保険(相互)	2.11	農林中央金庫	1.95	三井信託銀行(株)(信託業務0.94%)	1.54	安田信託銀行(株)(信託業務0.62%)	1.50	36.84
住友信託銀行(株)	2.36	三井生命保険(相互)	2.11	三井信託銀行(株)	2.08	東洋信託銀行(株)	2.06	日本火災海上保険(株)	1.87	(株)日本長期信用銀行	1.73	25.69
東洋信託銀行(株)(信託業務含)	3.53	(株)三井銀行	3.48	安田信託銀行(株)(信託業務含)	3.42	中央信託銀行(株)(信託業務含)	2.37	日本証券決済(株)	2.00	(株)大和銀行(信託業務含)	1.85	35.65
(株)富士銀行	3.1	(株)日本興業銀行	3.1	日本生命保険(相互)	2.9	小松製作所従業員持株会	2.6	住友信託銀行(株)	2.6	東洋信託銀行(株)	2.5	33.9
住友信託銀行(株)	3.13	三菱信託銀行(株)	3.03	(株)三井銀行	2.55	東洋信託銀行(株)	2.54	三井物産(株)	2.36	大正海上火災保険(株)	2.27	32.24
(株)第一勧業銀行	2.67	朝日生命保険(相互)	2.44	住友生命保険(相互)	2.43	(株)住友銀行	2.35	(株)福岡銀行	1.83	(株)三菱銀行	1.51	30.57
安田生命保険(相互)	1.89	川崎製鉄(株)	1.72	丸紅(株)	1.37	東洋信託銀行(株)	1.36	(株)第一勧業銀行	1.34	同和火災海上保険(株)	1.32	21.97
明治生命保険(相互)	4.28	(株)三和銀行	4.06	東洋信託銀行(株)	2.44	(株)良幸	2.33	第一生命保険(相互)	2.32	(株)京都銀行	2.28	39.61
安田信託銀行(株)	3.24	農林中央金庫	3.11	日本生命保険(相互)	2.93	太陽生命保険(相互)	2.92	千代田生命保険(相互)	1.79	(株)富士銀行	1.79	30.23
日本電気(株)	3.74	住友金属工業(株)	2.73	住友海上火災保険(株)	2.66	三菱信託銀行(株)(信託含)	2.61	(株)日本興業銀行	1.99	東洋信託銀行(株)(信託含)	1.79	35.40
(株)太陽神戸銀行	2.50	朝日生命保険(相互)	2.44	東京海上火災保険(株)	2.27	住友信託銀行(株)	2.15	三井信託銀行(株)	1.97	三菱信託銀行(株)	1.92	28.28
川崎製鉄(株)	1.51	(株)三和銀行	1.45	朝日生命保険(相互)	1.30	日動火災海上保険(株)	1.16	トヨタ自動車(株)	1.08	(株)大和銀行	1.08	17.26

算、住友化学は1989年12月決算

〈表3―3―6〉 2000年 経団連役員企業の大株主（1999年5月25日就任の経団連役員）

役員	企業名（3月決算）	大株主1位	比率	大株主2位	比率	大株主3位	比率	大株主4位	比率
会長	新日本製鐵	日本生命保険（相互）	4.1	住友信託銀行㈱（うち信託業務 3.4%）	4.0	三井信託銀行㈱（うち信託業務 2.5%）	3.6	三菱信託銀行㈱（うち信託業務 2.7%）	3.3
副会長	三井物産	㈱さくら銀行	4.83	三井信託銀行㈱	3.88	三井生命保険（相互）	3.62	㈱富士銀行	3.56
副会長	三菱化学	明治生命保険（相互）	6.42	㈱東京三菱銀行	4.83	日本生命保険（相互）	4.70	東京海上火災保険㈱	3.21
副会長	日産自動車	ルノー（常任代理人㈱東京三菱銀行）（仏）	36.82	㈱富士銀行	2.72	SSBT（常任代理人㈱富士銀行）（米）	2.70	第一生命保険（相互）	2.62
副会長	日立製作所	住友信託銀行㈱	4.27	日本生命保険（相互）	3.93	CMB エヌ エイ ロンドン（英）	3.55	SSBT（米）	3.27
副会長	東レ	日本生命保険（相互）	5.08	㈱さくら銀行	4.67	第一生命保険（相互）	3.85	三井信託銀行㈱	3.42
副会長	イトーヨーカ堂	伊藤興業（有）	13.15	第一生命保険（相互）	4.84	三井生命保険（相互）	3.81	㈱さくら銀行	2.92
副会長	ソニー	モクスレイ アンド カンパニー（常任代理人㈱東京三菱銀行）（米）	6.98	SSBT（常任代理人㈱富士銀行）（米）	4.39	CMB エヌ エイ ロンドン（常任代理人㈱富士銀行）（英）	3.79	㈱さくら銀行	3.04
副会長	東京三菱銀行	明治生命保険（相互）	4.98	日本生命保険（相互）	3.60	第一生命保険（相互）	2.89	東京海上火災保険㈱	2.65
副会長	東京電力	第一生命保険（相互）	3.47	日本生命保険（相互）	3.32	東京都	3.15	㈱さくら銀行	2.68
副会長	小松製作所	太陽生命保険（相互）	5.7	ナッツ クムコ（常任代理人㈱富士銀行兜町カストディ業務室）（米）	4.8	第百生命保険（相互）	3.6	㈱住友銀行	3.1
副会長	松下電器産業	㈱住友銀行	4.73	住友生命保険（相互）	3.98	日本生命保険（相互）	3.98	住友信託銀行㈱（信託口）	2.94
副議長	伊藤忠商事	住友信託銀行㈱（信託口）	5.24	㈱第一勧業銀行	4.86	㈱住友銀行	3.31	日本生命保険（相互）	3.10
副議長	資生堂	朝日生命保険（相互）	4.83	㈱第一勧業銀行	4.72	日本火災海上保険㈱	3.62	㈱富士銀行	3.13
副議長	富士銀行	安田生命保険（相互）	5.43	安田火災海上保険㈱	2.74	第一生命保険（相互）	2.69	SSBT（常任代理人㈱富士銀行兜町カストディ業務室）（米）	2.16
副議長	アサヒビール	第一生命保険（相互）	5.70	旭化成工業㈱	4.69	㈱住友銀行	3.97	富国生命保険（相互）	3.38
副議長	清水建設	清水地所㈱	7.63	（社会福祉法人）清水基金	4.83	㈱第一勧業銀行	4.28	住友信託銀行㈱（信託口）	2.94
副議長	住友化学工業	㈱住友銀行	7.84	日本生命保険（相互）	7.30	住友信託銀行㈱（うち信託業務 0.79%）	5.01	㈱住友銀行	4.70
副議長	日石三菱	㈱さくら銀行	3.00	三菱商事㈱	2.99	㈱第一勧業銀行	2.94	㈱富士銀行	2.92
副議長	住友銀行	住友生命保険（相互）	4.74	日本生命保険（相互）	3.97	松下電器産業㈱	3.29	住友信託銀行㈱（信託口）	2.24
副議長	東芝	第一生命保険（相互）	3.94	㈱さくら銀行	3.88	CMB エヌ エイ ロンドン（常任代理人㈱富士銀行）（英）	3.85	日本生命保険（相互）	3.36
副議長	本田技研工業	三菱信託銀行㈱（信託業務 1.91%）	5.82	㈱東京三菱銀行	4.98	東京海上火災保険㈱	4.03	㈱東海銀行	3.87
議長	東京電力（重複）								
副議長	日本生命保険（相互）								

《資料》経団連役員企業の各有価証券報告書より作成

注1　イトーヨーカ堂は2000年2月決算、アサヒビールは1999年12月決算
注2　SSBT＝ステート ストリート バンク アンド トラスト カンパニー、

90

■ =グローバル・カストディアン、■ =日本のカストディアン、■ =銀行・保険・証券

大株主5位	比率	大株主6位	比率	大株主7位	比率	大株主8位	比率	大株主9位	比率	大株主10位	比率	大株主比率
㈱日本興業銀行	3.1	明治生命保険(相互)	2.6	第一生命保険(相互)	2.5	㈱東京三菱銀行	2.2	第一勧業富士信託銀行㈱(うち信託業務1.9%)	1.9	中央信託銀行㈱(信託業務1.7%)	1.9	29.2
㈱東京三菱銀行	3.19	日本生命保険(相互)	2.45	三井海上火災保険	2.38	三菱信託銀行㈱(信託口)	2.26	CMBエヌエイロンドン(常任代理人㈱富士銀行兜町カストディ業務室)(英)	2.19	住友信託銀行㈱(信託口)	2.17	30.58
三菱信託銀行㈱	3.03	住友信託銀行㈱(信託口)	3.03	モルガン信託銀行(非課税口)	2.82	㈱日本興業銀行	2.51	太陽生命保険(相互)	2.16	三菱化学従業員持株会	1.70	34.45
日本生命保険(相互)	2.40	㈱日本興業銀行	2.18	バンカーストラストカンパニー(常任代理人住友銀行)(米)	1.94	㈱あさひ銀行	1.87	日産火災海上保険㈱	1.26	東京海上火災保険㈱	1.16	55.67
ナッツ クムコ(米)	3.26	第一生命保険(相互)	2.77	日立グループ社員持株会	2.66	東洋信託銀行㈱	2.10	㈱日本興業銀行	2.04	三井信託銀行㈱	2.03	29.88
住友信託銀行㈱(信託口)	3.28	三井信託銀行㈱	2.16	㈱日本長期信用銀行	1.95	中央信託銀行㈱	1.79	モルガンスタンレーディーン ウィッター証券	1.73	三菱信託銀行㈱	1.47	29.43
㈱あさひ銀行	2.92	住友信託銀行㈱(信託口)	2.68	日本生命保険(相互)	2.34	SSBT(常任代理人㈱富士銀行兜町カストディ業務室)(米)	2.15	CMBエヌエイロンドン(常任代理人㈱富士銀行兜町カストディ業務室)(英)	1.95	三井海上火災保険㈱	1.86	38.66
住友信託銀行㈱(うち信託業務2.60%)	3.00	三井信託銀行㈱(信託業務1.85%)	2.48	レイケイ㈱	2.20	CMBエヌエイロンドン・エス・エル・オムニバス・アカウント(常任代理人㈱富士銀行)(英)	2.05	三菱信託銀行㈱(信託業務1.89%)	1.98	㈱東京三菱銀行	1.78	31.68
住友信託銀行㈱(信託口)	2.25	三菱重工業㈱	2.00	三菱信託銀行㈱	1.50	太陽生命保険(相互)	1.34	ヒーロー・アンド・カンパニー(常任代理人東京三菱銀行)(米)	1.29	三菱信託銀行㈱	1.29	23.84
㈱日本興業銀行	2.00	㈱第一勧業銀行	1.53	三井信託銀行㈱	1.46	㈱東京三菱銀行	1.37	住友信託銀行㈱(信託口)	1.36	㈱日本長期信用銀行	1.26	21.60
日本生命保険(相互)	3.0	小松製作所従業員持株会	2.8	㈱富士銀行	2.4	㈱日本興業銀行	2.2	SSBT(常任代理人㈱富士銀行兜町カストディ業務室)(米)	2.0	住友信託銀行㈱(信託口)	1.9	31.5
松下興産㈱	2.74	㈱あさひ銀行	2.52	三菱信託銀行㈱(信託口)	1.97	モクスレイアンドカンパニー(常任代理人㈱住友銀行)(米)	1.93	住友海上火災保険㈱	1.76	SSBT(常任代理人㈱富士銀行)(米)	1.65	28.25
東京海上火災保険㈱	2.96	朝日生命保険(相互)	2.76	野村信託銀行㈱	2.57	㈱日本長期信用銀行	2.41	日本火災海上保険㈱	2.38	住友海上火災保険㈱	2.34	31.93
住友生命保険(相互)	2.93	東京海上火災保険㈱	2.77	三井信託銀行㈱	2.68	資生堂従業員持株会	2.66	住友海上火災保険㈱	2.63	日本生命保険(相互)	2.42	32.43
住友信託銀行㈱	1.91	日本生命保険(相互)	1.90	CMBエヌエイロンドン(常任代理人㈱富士銀行兜町カストディ業務室)(英)	1.76	日産自動車㈱	1.50	日動火災海上保険㈱	1.41	太平洋セメント㈱	1.38	22.91
住友信託銀行㈱(信託口)	3.16	SSBT(常任代理人㈱富士銀行兜町カストディ業務室)(米)	2.64	住友生命保険(相互)	2.47	農林中央金庫	1.87	CMBエヌエイロンドン(常任代理人㈱富士銀行兜町カストディ業務室)(英)	1.82	㈱日本興業銀行	1.81	31.56
三菱信託銀行㈱(清水建設持株会)	2.58	三菱信託銀行㈱	2.55	㈶住宅総合研究財団	2.21	清水満昭	2.00	㈱日本債券信用銀行	1.46	第一生命保険㈱	1.34	31.82
㈱日本興業銀行	2.62	三井信託銀行㈱(うち信託業務1.32%)	2.57	三菱信託銀行㈱(うち信託業務0.88%)	2.22	東洋信託銀行㈱(うち信託業務1.26%)	2.04	農林中央金庫	1.84	㈱大和銀行(うち信託業務0.90%)	1.73	37.88
住友信託銀行㈱(信託口)	2.53	モルガンギャランティラッセル(常任代理人㈱日本興業銀行)(白)	2.49	㈱東京三菱銀行	2.00	東京海上火災保険㈱	2.00	SSBT(常任代理人㈱富士銀行)(米)	1.79	モルガンスタンレー・ディーン・ウィッター証券会社	1.57	24.24
三洋電機㈱	1.98	三菱信託銀行㈱(信託口)	1.83	住友商事㈱	1.80	住友信託銀行㈱	1.63	住友海上火災保険㈱	1.50	㈱クボタ	1.46	24.49
SSBT(常任代理人㈱富士銀行)(米)	2.63	三井生命保険(相互)(信託口)	2.22	住友信託銀行㈱	2.01	東芝持株会	1.86	日本火災海上保険㈱	1.84	㈱日本長期信用銀行	1.52	27.15
㈱あさひ銀行	3.39	㈱三和銀行	3.39	日本生命保険(相互)	3.16	明治生命保険(相互)	2.95	安田火災海上保険㈱	2.45	㈱日本興業銀行	2.31	36.34

CMB=ザ チェース マンハッタン バンク

〈表3―3―7〉2005年　日本経団連役員企業の大株主（2004年5月27日就任の経団連役員）

役員	企業名（3月決算）	大株主1位	比率	大株主2位	比率	大株主3位	比率	大株主4位	比率
会長	トヨタ自動車	日本トラスティ・サービス信託銀行㈱（信託業務 うち信託口 6.18%）	7.71	日本マスタートラスト信託銀行㈱（信託業務 うち信託口 5.25%）	6.74	㈱豊田自動織機	5.45	日本生命保険（相互）	3.62
副会長	新日本製鐵	日本トラスティ・サービス信託銀行㈱（信託業務）	9.0	日本マスタートラスト信託銀行㈱（信託業務）	5.9	SSBT（常任代理人 ㈱みずほコーポレート銀行兜町証券決済業務室）（米）	5.1	日本生命保険（相互）	3.3
副会長	東芝	日本マスタートラスト信託銀行㈱（信託口）	6.81	日本トラスティ・サービス信託銀行㈱（信託口）	4.65	第一生命保険（相互）	3.38	日本生命保険（相互）	3.19
副会長	本田技研工業	日本トラスティ・サービス信託銀行㈱（信託口）	7.11	日本マスタートラスト信託銀行㈱（信託口）	5.69	モクスレイ アンド カンパニー（常任代理人 ㈱東京三菱銀行）（米）	3.94	東京海上日動火災保険㈱	3.93
副会長	キヤノン	第一生命保険（相互）	6.66	日本トラスティ・サービス信託銀行㈱（信託口）	5.67	日本マスタートラスト信託銀行㈱（信託口）	4.65	モクスレイ アンド カンパニー（常任代理人 ㈱みずほコーポレート銀行）（米）	4.19
副会長	日本ガイシ（碍子）	日本マスタートラスト信託銀行㈱（信託口）	9.14	第一生命保険（相互）	7.70	日本トラスティ・サービス信託銀行㈱（信託口）	5.81	明治安田生命保険（相互）	5.24
副会長	東京三菱銀行	㈱三菱東京フィナンシャル・グループ	100						
	（持株会社）三菱東京フィナンシャル・グループ	日本トラスティ・サービス信託銀行㈱（信託口）	5.29	日本マスタートラスト信託銀行㈱（信託口）	5.11	ヒーロー アンド カンパニー（常任代理人 ㈱東京三菱銀行）（米）	3.39	日本マスタートラスト信託銀行㈱・明治安田生命保険（相互）・退職給付信託口	2.67
副会長	住友商事	日本マスタートラスト信託銀行㈱（信託口）	7.69	日本トラスティ・サービス信託銀行㈱（信託口）	7.05	三井住友海上火災保険	2.76	住友生命保険	2.56
副会長	日立製作所	ナッツ クムコ（米）	6.41	日本マスタートラスト信託銀行㈱	5.77	日本トラスティ・サービス信託銀行㈱	5.12	CMB エヌ エイ ロンドン（英）	4.43
副会長	三菱重工業	日本トラスティ・サービス信託銀行㈱（信託口）	4.8	日本マスタートラスト信託銀行㈱（信託口）	4.1	日本マスタートラスト信託銀行㈱（退職給付信託東京三菱銀行口）	3.7	明治安田生命保険（相互）（常任代理人 資産管理サービス信託銀行㈱）	2.4
副会長	ソニー	モクスレイ アンド カンパニー（常任代理人 ㈱三菱東京UFJ銀行）（米）	13.63	日本マスタートラスト信託銀行㈱（信託口）	4.06	日本トラスティ・サービス信託銀行㈱	3.83	CMB エヌ エイ ロンドン（常任代理人 ㈱みずほコーポレート銀行）（英）	3.45
副会長	武田薬品工業	日本トラスティ・サービス信託銀行㈱（信託口）	6.57	日本生命保険（相互）	6.34	日本マスタートラスト信託銀行㈱（信託口）	5.24	SSBT505103（常任代理人 ㈱みずほコーポレート銀行兜町証券決済業務室）（米）	2.66
副会長	日本電信電話	財務大臣	40.86	日本トラスティ・サービス信託銀行㈱（信託口）	3.78	日本マスタートラスト信託銀行㈱（信託口）	3.11	モクスレイ アンド カンパニー（常任代理人 ㈱東京三菱銀行）（米）	1.91
副会長	住友化学	日本トラスティ・サービス信託銀行㈱（信託口）	5.85	日本マスタートラスト信託銀行㈱（信託口）	5.54	住友生命保険（相互）	4.89	日本生命保険（相互）	4.37

　　　　■=グローバル・カストディアン、■=日本のカストディアン、■=銀行・保険・証券

大株主5位	比率	大株主6位	比率	大株主7位	比率	大株主8位	比率	大株主9位	比率	大株主10位	比率	大株主比率
資産管理サービス信託銀行㈱（信託業務うち信託BI口0.73%）	2.97	㈱新生銀行	2.78	SSBT（常任代理人㈱みずほコーポレート銀行兜町証券決済業務部）（米）	2.71	東京海上日動火災保険㈱	2.32	三井住友海上火災保険㈱	1.97	ヒーロー アンド カンパニー（常任代理人三井住友銀行国債投資サービス部）（米）	1.94	38.22
資産管理サービス信託銀行㈱（信託業務）	2.9	㈱みずほコーポレート銀行（常任代理人資産管理サービス信託銀行㈱）	2.7	明治安田生命保険（相互）（常任代理人資産管理サービス信託銀行㈱）	2.1	CMB エヌ エイ ロンドン（常任代理人㈱みずほコーポレート銀行兜町証券決済業務室）（英）	1.8	インベスターズバンク（常任代理人 スタンダードチャータード銀行）（米）	1.4	東京海上日動火災保険㈱	1.4	35.7
東芝持株会	1.77	三井住友銀行	1.55	㈱新生銀行	1.52	日本興亜損害保険㈱	1.44	㈱みずほコーポレート銀行	1.29	三井住友海上火災保険㈱	1.15	26.74
㈱東京三菱銀行	3.29	明治安田生命保険（相互）（常任代理人資産管理サービス信託銀行㈱）	3.06	CMB エヌ エイ ロンドン（常任代理人㈱みずほコーポレート銀行）（英）	2.39	㈱損害保険ジャパン	2.35	SSBT505103（常任代理人㈱みずほコーポレート銀行）（米）	2.08	日本生命保険（相互）	2.01	35.85
SSBT505103（常任代理人㈱みずほコーポレート銀行）（米）	3.83	㈱みずほコーポレート銀行	3.26	野村證券㈱	2.20	CMB エヌ エイ ロンドン（常任代理人㈱みずほコーポレート銀行）（英）	2.16	SSBT（常任代理人㈱みずほコーポレート銀行）（米）	1.95	㈱損害保険ジャパン	1.72	36.29
㈱UFJ銀行	3.00	㈱東京三菱銀行	2.42	日本生命保険（相互）	1.59	三菱信託銀行㈱	1.58	野村信託銀行㈱（投信口）	1.53	全国共済農業協同組合連合会	1.32	39.37
日本生命保険（相互）	1.91	日本マスタートラスト信託銀行㈱（三菱重工業㈱口・退職給付信託口）	1.81	SSBT505103（常任代理人㈱みずほコーポレート銀行兜町証券決済業務部）（米）	1.75	東京海上日動火災保険㈱	1.71	SSBT（常任代理人㈱みずほコーポレート銀行兜町証券決済業務部）（米）	1.10	第一生命保険（相互）	0.93	25.70
第一生命保険	1.48	SSBT505103（常任代理人㈱みずほコーポレート銀行）（米）	1.45	CMB エヌ エイ ロンドン エス エル オムニバス アカウント（常任代理人㈱みずほコーポレート銀行）（英）	1.35	日本生命保険	1.26	住友化学	1.14	日本トラスティ・サービス信託銀行㈱（信託口4）	1.08	27.82
SSBT（米）	4.36	日本生命保険（相互）	2.99	日立グループ社員持株会	2.72	第一生命保険（相互）	2.26	資産管理サービス信託銀行㈱	1.77	明治安田生命保険（相互）	1.47	37.29
東京海上日動火災保険㈱	1.9	SSBT505103（常任代理人㈱みずほコーポレート銀行兜町証券決済業務部）（米）	1.8	日本マスタートラスト信託銀行㈱（退職給付信託三菱信託銀行口）	1.4	BNY トリーティー ジャスデック アカウント（常任代理人㈱東京三菱銀行カストディ業務部）（白）	1.0	三菱重工持株会	1.0	ビー・エヌ・ビー パリバ セキュリティーズ（ジャパン）リミテッド	0.9	22.9
SSBT 505103（常任代理人㈱みずほコーポレート銀行）（米）	1.68	SSBT（常任代理人㈱みずほコーポレート銀行）（米）	1.57	東京海上日動火災保険㈱	0.88	Societe Generale Paris SGOP/DAI Paris 62（常任代理人 ソシエテジェネラル証券会社）（仏）	0.87	Goldman Sachs International（常任代理人 ゴールドマン・サックス証券会社）（米）	0.84	三井住友銀行	0.84	31.65
CMB エヌ エイ ロンドン（常任代理人㈱みずほコーポレート銀行兜町証券決済業務室）（英）	2.25	第一生命保険（相互）（常任代理人 資産管理サービス信託銀行㈱）	2.14	（財）武田科学振興財団	2.01	CMB エヌ エイ ロンドン エス エル オムニバス アカウント（常任代理人㈱みずほコーポレート銀行兜町証券決済業務室）（英）	1.54	ビー エヌ ピー パリバ セキュリティーズ（ジャパン）リミテッド（ビー エヌ ピー パリバ証券会社）	1.31	野村證券㈱	1.11	31.2
CMB エヌ エイ ロンドン（常任代理人㈱みずほコーポレート銀行兜町証券決済業務室）（英）	1.75	SSBT505103（常任代理人㈱みずほコーポレート銀行）（米）	1.12	NTT社員持株会	0.90	日本生命保険（相互）	0.61	SSB アンド トラスト クライアント オムニバス アカウント オーエムゼロツー（常任代理人㈱みずほコーポレート銀行）（加）	0.57	住友信託銀行㈱（信託BI口）	0.52	55.09
㈱三井住友銀行	2.32	CMB エヌ エイ ロンドン（常任代理人㈱みずほコーポレート銀行兜町証券決済業務室）（英）	2.26	住友信託銀行㈱	1.87	SSBT505041（常任代理人㈱みずほコーポレート銀行兜町証券決済業務室）（英）	1.66	SSBT505103（常任代理人㈱みずほコーポレート銀行兜町証券決済業務室）（米）	1.59	農林中央金庫	1.32	31.68

(続き)

副会長	日本郵船	日本トラスティ・サービス信託銀行㈱(信託口)	9.13	日本マスタートラスト信託銀行㈱(信託口)	8.49	東京海上日動火災保険㈱	4.66	日本マスタートラスト信託銀行㈱(三菱重工業㈱退職給付信託口)	4.45
副会長	東京電力	日本トラスティ・サービス信託銀行㈱(信託口)	4.51	第一生命保険(相互)	4.07	日本マスタートラスト信託銀行㈱(信託口)	3.92	日本生命保険(相互)	3.84
議長	松下電器産業	日本トラスティ・サービス信託銀行㈱(信託口)	5.88	日本マスタートラスト信託銀行㈱(信託口)	5.70	モクスレイ アンド カンパニー(常任代理人 ㈱三井住友銀行)(米)	4.92	㈱三井住友銀行	4.05
副議長	イトーヨーカ堂	伊藤興業(有)	13.05	日本トラスティ・サービス信託銀行㈱(信託口)	6.43	日本マスタートラスト信託銀行㈱(信託口)	5.76	第一生命保険(相互)	2.68
副議長	ユニ・チャーム	ユニテック㈱	17.64	日本マスタートラスト信託銀行㈱(信託口)	5.98	CMB エヌ エイ ロンドン(常任代理人 ㈱みずほコーポレート銀行)(英)	5.25	㈱高原興産	4.96
副議長	大成建設	日本トラスティ・サービス信託銀行㈱(信託口)	6.81	日本マスタートラスト信託銀行㈱(信託口)	3.81	大成建設社員持株会	2.87	みずほ信託(退職給付信託みずほコーポレート銀行口)	2.18
副議長	石川島播磨重工業	日本トラスティ・サービス信託銀行㈱(三井アセット信託銀行再信託分・㈱東芝退職給付信託口)	4.26	第一生命保険(相互)	4.15	日本トラスティ・サービス信託銀行㈱(信託口)	3.59	みずほ信託(退職給付信託みずほ信託銀行口)(再信託受託社 資産管理サービス信託)	3.36
副議長	資生堂	日本マスタートラスト信託銀行㈱(信託口)	5.06	㈱みずほ銀行(常任代理人 資産管理サービス信託銀行㈱)	4.05	日本興亜損害保険㈱	3.43	SSBT(常任代理人 ㈱みずほコーポレート銀行兜町証券決済業務室)(米)	3.20
副議長	オリックス	日本トラスティ・サービス信託銀行㈱(信託口)	11.70	日本マスタートラスト信託銀行㈱(信託口)	8.38	SSBT(常任代理人 ㈱みずほコーポレート銀行兜町証券決済業務室)(米)	6.33	SSBT505103(常任代理人 ㈱みずほコーポレート銀行兜町証券決済業務室)(米)	4.68
副議長	新日本石油	日本トラスティ・サービス信託銀行㈱(信託業務)	6.72	日本マスタートラスト信託銀行㈱(信託業務)	6.51	㈱みずほ銀行(常任代理人 資産管理サービス信託銀行㈱)	4.88	三菱商事	3.00
副議長	三菱電機	日本マスタートラスト信託銀行㈱(信託口)	6.70	日本トラスティ・サービス信託銀行㈱(信託口)	5.29	明治安田生命保険(相互)	3.95	日本生命保険(相互)	3.64
副議長	味の素	日本マスタートラスト信託銀行㈱(信託口)	8.01	日本トラスティ・サービス信託銀行㈱(信託口)	7.83	第一生命保険(相互)	3.93	日本生命保険(相互)	3.60
副議長	三井不動産	日本マスタートラスト信託銀行㈱(信託口)	9.67	日本トラスティ・サービス信託銀行㈱(信託口)	8.42	㈱三井住友銀行	3.38	中央三井信託銀行㈱(常任代理人 日本トラスティ・サービス信託銀行㈱)	2.67
副議長	第一生命保険(相互)								

≪資料≫日本経団連役員企業の各有価証券報告書より作成
注1　キヤノンは2004年12月決算、イトーヨーカ堂は2005年2月決算
注2　SSBT＝ステート ストリートバンク アンド トラスト カンパニー、SSB＝ステート ストリート バンク

株主1	%	株主2	%	株主3	%	株主4	%	株主5	%	株主6	%	株主7	%	計
明治安田生命保険(相互)資産管理サービス信託銀行㈱	3.16	㈱東京三菱銀行	3.01	㈱みずほコーポレート銀行(常任代理人 資産管理サービス信託銀行㈱)	2.39	資産管理サービス信託銀行㈱(信託B口)	1.54	SSBT505103(常任代理人㈱みずほコーポレート銀行兜町証券決済業務室)(米)	1.48			日本トラスティ・サービス信託銀行㈱(信託口4)	1.05	39.35
東京都	3.15	㈱三井住友銀行	2.66	㈱みずほコーポレート銀行	2.60	㈱新生銀行	1.21	SSBT505103(常任代理人㈱みずほコーポレート銀行)(米)	1.15			東京電力従業員持株会	0.99	28.10
日本生命保険(相互)	2.70	住友生命保険(相互)	2.04	SSBT505103(常任代理人㈱みずほコーポレート銀行)(米)	1.67	松下電器従業員持株会	1.56	三井住友海上火災保険㈱	1.43			ユーロクリアー バンク エス エイ エヌブイ(常任代理人㈱東京三菱銀行)(白)	1.08	31.07
野村證券㈱	2.53	日本生命保険(相互)	2.06	三井住友海上火災保険㈱	1.85	ドイッチェバンク アーゲーフランクフルト(常任代理人㈱みずほコーポレート銀行兜町証券決済業務室)(独)	1.55	SSBT505103(常任代理人㈱みずほコーポレート銀行兜町証券決済業務室)(米)	1.52			㈲イトークリエイト	1.48	38.96
高原基金(有)	4.52	日本トラスティ・サービス信託銀行㈱(信託口)	3.59	㈱広島銀行	2.90	日本生命保険(相互)	2.80	㈱伊予銀行	2.46			インベスターズ バンク(常任代理人㈱みずほコーポレート銀行)(米)	1.83	51.94
大成建設取引先持株会	2.03	モルガン スタンレー アンド カンパニー インターナショナル リミテッド(常任代理人 モルガン・スタンレー証券会社東京支店)(英)	1.73	三菱地所㈱	1.65	みずほ信託(退職給付信託みずほ銀行口)	1.51	明治安田生命保険(相互)	1.48			みずほ信託銀行㈱	1.11	25.19
日本生命保険(相互)	2.65	モルガン・スタンレー・アンド・カンパニー・インターナショナル・リミテッド	2.40	日本マスタートラスト信託銀行㈱(信託口)	2.29	住友生命保険(相互)	2.04	石川島播磨重工業従業員持株会	1.80			石川島播磨重工業共栄会	1.75	28.33
日本トラスティ・サービス信託銀行㈱(信託口)	2.91	朝日生命保険(相互)(常任代理人 資産管理サービス信託銀行㈱)	2.84	㈱みずほコーポレート銀行(常任代理人 資産管理サービス信託銀行㈱)	2.68	東京海上日動火災保険㈱	2.54	ヒーロー アンド カンパニー(常任代理人㈱みずほコーポレート銀行兜町証券決済業務室)(米)	2.51			日本生命保険(相互)	2.49	31.74
CMB エヌ エイ ロンドン(常任代理人㈱みずほコーポレート銀行兜町証券決済業務室)(英)	3.24	CMB385036(常任代理人㈱みずほコーポレート銀行兜町証券決済業務室)(米)	2.00	CMB エヌ エイ ロン ドン エス エル オムニバス アカウント(常任代理人㈱みずほコーポレート銀行兜町証券決済業務室)(英)	1.89	ジェー ピー エム シー デックスレンド 385051(常任代理人㈱みずほコーポレート銀行兜町証券決済業務室)(米)	1.59	日本生命保険(相互)	1.57			資産管理サービス信託銀行㈱(信託B口)	1.57	42.96
㈱三井住友銀行	2.67	㈱東京三菱銀行	1.94	東京海上日動火災保険㈱	1.94	SSBT505103(常任代理人㈱みずほコーポレート銀行兜町証券決済業務室)(米)	1.67	三井住友海上火災保険㈱	1.57			㈱損害保険ジャパン	1.37	32.25
三菱電機グループ社員持株会	3.47	㈱東京三菱銀行	2.86	第一生命保険(相互)	1.74	SSBT505103(常任代理人㈱みずほコーポレート銀行)(米)	1.43	㈱新生銀行	1.36			東京海上日動火災保険㈱	1.23	31.67
㈱東京三菱銀行	3.10	㈱みずほコーポレート銀行	2.62	日本興亜損害保険㈱	2.48	明治安田生命保険(相互)	2.25	三菱信託銀行㈱	1.65			富国生命保険(相互)	1.54	37.00
SSBT505103(常任代理人㈱みずほコーポレート銀行兜町証券決済業務室)	2.39	三井生命保険㈱(常任代理人 日本トラスティ・サービス信託銀行㈱)	2.20	鹿島建設㈱	1.62	三井住友海上火災保険㈱	1.55	住友信託銀行㈱(信託B口)(常任代理人 日本トラスティ・サービス信託銀行㈱)	1.53			全国共済農業協同組合連合会	1.45	34.87

BNY = ザ バンク オブ ニューヨーク、CMB = ザ チェース マンハッタン バンク

〈表3—3—8〉2010年　日本経団連役員企業の大株主（2009年7月現在の役員）

役員	企業名（3月決算）	大株主1位	比率	大株主2位	比率	大株主3位	比率	大株主4位	比率
会長	キヤノン	第一生命保険（相互）	5.60	日本トラスティ・サービス信託銀行㈱（信託口）	5.09	日本マスタートラスト信託銀行㈱（信託口）	3.87	モクスレイ アンド カンパニー エルエルシー（常任代理人 ㈱三菱東京UFJ銀行）（米）	3.78
副会長	新日本石油	日本トラスティ・サービス信託銀行㈱（信託口）	5.26	日本マスタートラスト信託銀行㈱（信託口）	5.13	㈱みずほコーポレート銀行（常任代理人 資産管理サービス信託銀行㈱）	3.23	三菱商事㈱	3.10
副会長	三菱商事	日本トラスティ・サービス信託銀行㈱（信託口）	6.66	東京海上日動火災保険㈱	5.30	明治安田生命保険（相互）	4.24	日本マスタートラスト信託銀行㈱（信託口）	4.04
副会長	パナソニック	日本マスタートラスト信託銀行㈱（信託口）	4.60	モックスレイ アンド カンパニー エルエルシー（常任代理人 ㈱三菱住友銀行）（米）	4.23	日本トラスティ・サービス信託銀行㈱（信託口）	3.89	日本生命保険（相）	2.73
副会長	第一生命保険	㈱みずほコーポレート銀行	4.50	㈱損害保険ジャパン	4.00	㈱三菱東京UFJ銀行	2.20	日本マスタートラスト信託銀行㈱（信託口）	1.63
副会長	三井物産	日本マスタートラスト信託銀行㈱（信託口）	8.68	日本トラスティ・サービス信託銀行㈱（信託口）	7.40	㈱三井住友銀行	2.10	CMB エヌ エイ ロンドン エス イー シー エス レンディング オムニバス アカウント（常任代理人 ㈱みずほコーポレート銀行）（英）	1.95
副会長	東レ	日本マスタートラスト信託銀行㈱（信託口）	4.99	日本生命保険（相互）	4.64	三井生命保険（相互）	3.42	日本トラスティ・サービス信託銀行㈱（信託口）	3.21
副会長	みずほフィナンシャルグループ	日本トラスティ・サービス信託銀行㈱（信託口）	4.88	日本マスタートラスト信託銀行㈱（信託口）	3.00	第一生命保険（相互）	1.27	オーディー 05 オムニバス チャイナ トリーティー 808150（常任代理人 香港上海銀行）（英）	1.04
副会長	三菱重工業	日本トラスティ・サービス信託銀行㈱（信託口）	4.60	野村信託銀行㈱ 退職給付信託 三菱UFJ信託銀行㈱	3.91	日本マスタートラスト信託銀行㈱（信託口）	3.72	明治安田生命（相互）（常任代理人 資産管理サービス信託銀行㈱）	2.37
副会長	野村ホールディングス	日本トラスティ・サービス信託銀行㈱（信託口）	5.50	日本マスタートラスト信託銀行㈱（信託口）	4.55	JP モルガン チェース バンク 380055（常任代理人 ㈱みずほコーポレート銀行）（米）	2.28	CMB エヌ エイ ロンドン エス エル オムニバス アカウント（常任代理人 ㈱みずほコーポレート銀行）（英）	2.15
副会長	全日本空輸	名古屋鉄道㈱	3.19	日本トラスティ・サービス信託銀行㈱（信託口）	2.96	日本マスタートラスト信託銀行㈱（信託口）		東京海上日動火災保険㈱	1.60
副会長	三井不動産	日本マスタートラスト信託銀行㈱（信託口）	7.02	日本トラスティ・サービス信託銀行㈱（信託口）	5.91	CBLDN STICHTING PGGM DEPOSITARY（常任代理人 シティバンク銀行㈱）（蘭）	3.17	中央三井信託銀行㈱（常任代理人 日本トラスティ・サービス信託銀行㈱）	2.49
副会長	東京電力	日本トラスティ・サービス信託銀行㈱（信託口）	4.47	第一生命保険（相互）	4.07	日本生命保険（相互）	3.90	日本マスタートラスト信託銀行㈱（信託口）	3.81
副会長	トヨタ自動車	日本トラスティ・サービス信託銀行㈱	10.31	㈱豊田自動織機	5.84	日本マスタートラスト信託銀行㈱	5.55	日本生命保険（相）	3.78
副会長	東芝	日本マスタートラスト信託銀行㈱（信託口）	6.49	日本トラスティ・サービス信託銀行㈱（信託口）	5.19	第一生命保険（相互）	2.72	日本生命保険（相互）	2.60
副会長	新日本製鐵	日本トラスティ・サービス信託銀行㈱	10.1	住友金属工業㈱	4.2	シービーエイチケイ コリア セキュリティーズ デポジトリー（常任代理人 シティバンク銀行㈱）（韓）	3.5	日本生命保険（相互）	3.3
議長	住友化学	日本マスタートラスト信託銀行㈱（信託口）	7.09	日本トラスティ・サービス信託銀行㈱（信託口）	6.70	住友生命保険（相互）	4.29	日本生命保険（相互）	3.72

■ = グローバル・カストディアン、■ = 日本のカストディアン、■ = 銀行・保険・証券

大株主5位	比率	大株主6位	比率	大株主7位	比率	大株主8位	比率	大株主9位	比率	大株主10位	比率	大株主比率
JPモルガン チェース バンク380055（常任代理人 ㈱みずほコーポレート銀行）（米）	2.99	㈱みずほコーポレート銀行	1.94	㈱損害保険ジャパン	1.72	CMB エヌ エイ ロンドン エス エル オムニバス アカウント（常任代理人 ㈱みずほコーポレート銀行）（英）	1.64	SSBT505225（常任代理人 ㈱みずほコーポレート銀行）（米）	1.56	SSBT（常任代理人 香港上海銀行東京支店）	1.48	29.67
㈱三井住友銀行	2.76	㈱三菱東京UFJ銀行	2.09	東京海上日動火災保険㈱	1.94		1.22	国際石油開発帝石㈱	1.20	三井住友海上火災保険㈱	1.14	27.07
日本マスタートラスト信託銀行㈱（三菱重工業㈱口・退職給付信託口）	2.88	CMB エヌ エイ ロンドン エス エル オムニバス アカウント（常任代理人 ㈱みずほコーポレート銀行）（英）	1.94	SSBT505225（常任代理人 ㈱みずほコーポレート銀行）（米）	1.58	㈱三菱東京UFJ銀行	1.51	野村信託銀行㈱（退職給付信託・三菱UFJ信託銀行口）	1.30	MB エヌ エー アズ エージェント フォー イッツ クライアント オムニバス ユー エス ペンション（常任代理人 ㈱みずほコーポレート銀行）（米）	1.17	30.67
㈱三井住友銀行	2.32	パナソニック従業員持株会	1.63	SSBT（常任代理人 ㈱みずほコーポレート銀行）（米）	1.37	三井住友海上火災保険㈱	1.32	住友生命保険（相互）	1.27	ダイキン工業㈱	1.16	24.58
MORGAN STANLEY & CO. INTERNATIONAL PLC（常任代理人 モルガン・スタンレー証券㈱）（米）	1.60	SSBT（常任代理人 香港上海銀行東京支店）	1.31	日本トラスティ・サービス信託銀行㈱（信託口）	1.31	㈱三井住友銀行	1.30	UBS AC LONDON A/C IPB SEGREGATED CLIENT ACCOUNT（常任代理人 シティバンク銀行㈱）（英）	1.17	MB エヌ エー トリーティー クライアント オムニバス（常任代理人 ㈱三菱東京UFJ銀行）（米）	1.16	20.3
日本生命保険（相互）	1.91	中央三井信託銀行㈱（常任代理人 日本トラスティ・サービス信託銀行㈱）	1.68	日本トラスティ・サービス信託銀行㈱（信託口9）	1.64	SSBT（常任代理人 香港上海銀行東京支店）（米）	1.49	三井住友海上火災保険㈱	1.35	SSBT505225（常任代理人 ㈱みずほコーポレート銀行）（米）	1.24	29.49
㈱三井住友銀行	2.14	第一生命保険（相互）	1.89	日本トラスティ・サービス信託銀行㈱（信託口4）	1.40	三井不動産㈱		三井住友海上火災保険㈱	1.26	中央三井信託銀行㈱	1.08	25.42
日本トラスティ・サービス信託銀行㈱（信託口4）	0.97	日本トラスティ・サービス信託銀行㈱（信託口9）	0.92	みずほ信託銀行㈱ 退職給付信託 明治安田生命保険口 再信託受託者 資産管理サービス信託銀行㈱	0.83	日本生命保険（相互）	0.80	日本トラスティ・サービス信託銀行㈱（信託口1）	0.76	SSBT505225（常任代理人 ㈱みずほコーポレート銀行）（米）	0.73	15.24
東京海上日動火災保険㈱	1.49	野村信託銀行㈱（退職給付信託・三菱UFJ信託銀行口）	1.36	オーディー 05 オムニバス チャイナ トリーティー808150（常任代理人 香港上海銀行東京支店）（豪）	1.15	日本トラスティ・サービス信託銀行㈱（信託口）	1.13	三菱重工持株会	0.94	JFEスチール㈱	0.83	21.52
SSBT（常任代理人 香港上海銀行東京支店）	1.81	BNYメロン アズ デポジタリー バンク フォー デポジタリー レシート ホルダーズ（常任代理人 ㈱三菱東京UFJ銀行）（米）	1.54	オーディー 05 オムニバス チャイナ トリーティー 808150（常任代理人 香港上海銀行東京支店）（豪）	1.29	日本トラスティ・サービス信託銀行㈱	1.07	SSBT505225（常任代理人 ㈱みずほコーポレート銀行）（米）	1.06	BNY トリーティー ジヤスデック アカウント（常任代理人 ㈱三菱東京UFJ銀行）（白）	0.93	22.44
三井住友海上火災保険㈱	1.38	全日空社員持株会		日本生命保険（相互）	1.22	NCT信託銀行㈱（投信口）	1.11	㈱三井住友銀行	1.06	㈱みずほコーポレート銀行	1.06	17.07
㈱三井住友銀行	2.10	SSBT505225（常任代理人 ㈱みずほコーポレート銀行）（米）	1.62	SSBT（常任代理人 ㈱みずほコーポレート銀行決済営業部）（米）	1.60	MB エヌ エー アズ エージェント フォー イッツ クライアント メロン オムニバス ユー エス ペンション（常任代理人 ㈱みずほコーポレート銀行決済営業部）（米）	1.56	CMB エヌ エイ ロンドン エス エル オムニバス アカウント（常任代理人 ㈱みずほコーポレート銀行）（英）	1.54	鹿島建設㈱	1.52	28.53
東京都	3.15	㈱三井住友銀行	2.66	㈱みずほコーポレート銀行	1.76	東京電力従業員持株会	1.52	日本トラスティ・サービス信託銀行㈱（信託口4）	1.03	㈱三菱東京UFJ銀行	0.98	27.35
SSBT（常任代理人 ㈱みずほコーポレート銀行決済営業部）（米）	2.55	資産管理サービス信託銀行㈱	2.51	BNYメロン アズ デポジタリー バンク フォー デポジタリー レシート ホルダーズ（常任代理人 ㈱三菱東京UFJ銀行）（米）	2.32	東京海上日動火災保険㈱	2.25	三井住友海上火災保険㈱	1.89	㈱デンソー	1.70	38.69
日本トラスティ・サービス信託銀行㈱（信託口9）	1.63	東芝持株会	1.62	日本興亜損害保険㈱	1.21	㈱三井住友銀行	1.20	㈱みずほコーポレート銀行	1.20	日本トラスティ・サービス信託銀行㈱（信託口4）	1.17	25.04
日本マスタートラスト信託銀行㈱	3.0	㈱みずほコーポレート銀行・資産管理サービス信託銀行㈱	2.7	資産管理サービス信託銀行㈱	2.3	明治安田生命（相互）（常任代理人 資産管理サービス信託銀行㈱）	2.1	㈱三菱東京UFJ銀行	2.0	SSBT（常任代理人 ㈱みずほコーポレート銀行決済営業部）（米）	1.5	34.40
㈱三井住友銀行	2.32	住友信託銀行㈱	1.87	日本トラスティ・サービス信託銀行㈱（住友信託銀行再信託分 退職給付信託口）	1.75	日本トラスティ・サービス信託銀行㈱（信託口4）	1.74	日本トラスティ・サービス信託銀行㈱（信託口9）	1.68	SSBT505225（常任代理人 ㈱みずほコーポレート銀行）（米）	1.46	32.62

第3章　経団連を支配しているのは誰か

（続き）

副議長	日本ガイシ（碍子）	日本マスタートラスト信託銀行㈱（信託口）	8.37	第一生命保険（相互）	8.13	日本トラスティ・サービス信託銀行㈱（信託口）	7.24	明治安田生命（相互）	5.53
副議長	昭和電工	日本トラスティ・サービス信託銀行㈱（信託口）	5.35	富国生命保険（相互）	3.68	日本マスタートラスト信託銀行㈱（信託口）	3.54	第一生命保険（相互）	3.01
副議長	王子製紙	日本トラスティ・サービス信託銀行㈱（信託口）	5.0	日本マスタートラスト信託銀行㈱（信託口）	4.9	㈱三井住友銀行	3.0	日本トラスティ・サービス信託銀行㈱（信託口4）	2.9
副議長	J.フロント リテイリング	日本マスタートラスト信託銀行㈱（信託口）	6.54	日本トラスティ・サービス信託銀行㈱（信託口）	6.18	日本生命保険（相互）	5.39	㈱三菱東京UFJ銀行	2.66
副議長	アサヒビール	日本トラスティ・サービス信託銀行㈱（信託口）	4.50	日本マスタートラスト信託銀行㈱（信託口）	4.40	旭化成㈱	3.88	第一生命保険（相互）	3.50
副議長	三菱UFJフィナンシャル・グループ	日本トラスティ・サービス信託銀行㈱（信託口）	5.88	日本マスタートラスト信託銀行㈱（信託口）	4.36	日本生命保険（相互）		BNY メロン アズ デポジタリー バンク フォー デポジタリー レシート ホルダーズ（常任代理人 ㈱三菱東京UFJ銀行）（米）	1.91
副議長	住友商事	日本マスタートラスト信託銀行㈱（信託口）	6.43	日本トラスティ・サービス信託銀行㈱（信託口）	6.34	LIBERTY PROGRAMMING JAPAN, INC.（常任代理人 JPモルガン証券）（米）	3.65	三井住友海上火災保険㈱	2.66
副議長	武田薬品工業	日本生命保険（相互）	7.14	日本トラスティ・サービス信託銀行㈱（信託口）	5.40	日本マスタートラスト信託銀行㈱（信託口）	3.82	財団法人武田科学振興財団	2.27
副議長	ソニー	モクスレイ アンド カンパニー（常任代理人 ㈱三菱東京UFJ銀行）（米）	9.58	日本トラスティ・サービス信託銀行㈱（信託口）	6.21	日本マスタートラスト信託銀行㈱（信託口）	4.96	SSBT（常任代理人 香港上海銀行）（米）	2.03
副議長	三菱電機	日本マスタートラスト信託銀行㈱（信託口）	8.94	日本トラスティ・サービス信託銀行㈱（信託口）	5.38	SSBT（常任代理人 香港上海銀行東京支店）（米）	4.91	明治安田生命（相互）	3.95
副議長	小松製作所	日本トラスティ・サービス信託銀行㈱（信託口）	5.19	太陽生命保険㈱	4.20	日本マスタートラスト信託銀行㈱（信託口）	3.95	日本生命保険（相互）	3.33
副議長	大和証券グループ	SSBT505223（常任代理人 ㈱みずほコーポレート銀行 決済営業部）（米）	5.77	日本トラスティ・サービス信託銀行㈱（信託口）	4.43	日本マスタートラスト信託銀行㈱（信託口）	3.38	CBNY-ORBIS SICAV（常任代理人 シティバンク銀行㈱）（ルクセンブルグ）	1.77
副議長	日本電信電話	財務大臣	33.71	日本トラスティ・サービス信託銀行㈱（信託口）	3.51	日本マスタートラスト信託銀行㈱（信託口）	2.60	モックスレイ アンド カンパニー（常任代理人 ㈱三菱東京UFJ銀行）（米）	2.07
副議長	日本郵船	日本マスタートラスト信託銀行㈱（信託口）	5.46	日本トラスティ・サービス信託銀行㈱（信託口）	4.11	SSBT（常任代理人 ㈱みずほコーポレート銀行決済営業部）（米）	3.45	東京海上日動火災保険㈱	3.29
副議長	積水化学工業	旭化成㈱	5.75	日本トラスティ・サービス信託銀行㈱（信託口）	5.63	日本マスタートラスト信託銀行㈱（信託口）	4.96	第一生命保険（相互）	4.85
副議長	東日本旅客鉄道	日本トラスティ・サービス信託銀行㈱（信託口）	6.54	日本マスタートラスト信託銀行㈱（信託口）	5.15	㈱三菱東京UFJ銀行	3.13	JR東日本社員持株会	2.73

≪資料≫日本経団連役員企業の各有価証券報告書より作成

注1　キヤノンは2009年12月決算、昭和電工は2009年12月決算、J.フロントリテイリングは2010年2月
注2　SSB＝ステート ストリート バンク、SSBT＝ステート ストリート バンク アンド トラスト カンパニー、MB＝メロン バンク

株主1	%	株主2	%	株主3	%	株主4	%	株主5	%	株主6	%	計
㈱三菱東京UFJ銀行	3.04	三菱UFJ信託銀行㈱	1.67	日本生命保険(相互)	1.59	オーディー 05 オムニバス チャイナ トリーティー 808150 (常任代理人 香港上海銀行東京支店)(豪)	1.36	東京海上日動火災保険㈱	1.29	CMB385036 (常任代理人 ㈱みずほコーポレート銀行決済営業部)(英)	1.27	39.55
㈱損害保険ジャパン	2.80	㈱みずほコーポレート銀行	2.05	日本トラスティ・サービス信託銀行㈱(信託口9)	1.98	日本生命保険(相互)	1.92	明治安田生命保険(相互)	1.86	資産管理サービス信託銀行㈱(年金信託口)	1.41	27.59
㈱みずほコーポレート銀行	2.7	日本生命保険(相互)	2.6	王子製紙グループ従業員持株会	2.1	オーディー 05 オムニバス チャイナ トリーティー 808150 (常任代理人 香港上海銀行東京支店)(豪)	1.7	日本紙パルプ商事㈱	1.6	農林中央金庫	1.6	28.10
J.フロント リテイリング 共栄株式会	2.56	第一生命保険(相互)	2.15	東京海上日動火災保険㈱	1.56	J.フロント リテイリング 従業員持株会	1.47	日本トラスティ・サービス信託銀行 再信託分・㈱三井住友銀行 退職給付信託口)	1.19	住友生命保険(相互)	1.19	30.93
富国生命保険(相互)	3.49	㈱三井住友銀行	1.87	住友信託銀行㈱	1.68	住友生命保険(相互)	1.47	㈱みずほコーポレート銀行	1.17	農林中央金庫	1.15	27.11
明治安田生命㈱	1.52	SSBT(常任代理人 香港上海銀行東京支店)(米)	1.50	日本トラスティ・サービス信託銀行㈱(信託口9)	1.46	オーディー 05 オムニバス チャイナ トリーティー 808150 (常任代理人 香港上海銀行東京支店)(豪)	1.25	日本マスタートラスト信託銀行㈱(明治安田生命保険(相互)・退職給付信託口)	1.19	CMB エヌ エイ ロンドン エス エル オムニバス アカウント (常任代理人 ㈱みずほコーポレート銀行決済営業部)	1.12	22.65
住友生命保険(相互)	2.47	日本トラスティ・サービス信託銀行㈱(信託口9)	2.36	住友金属工業㈱	1.54	日本トラスティ・サービス信託銀行㈱(信託口4)	1.45	日本生命保険(相互)	1.32	第一生命保険(相互)	1.27	29.49
SSBT505225 (常任代理人 ㈱みずほコーポレート銀行決済営業部)(米)	1.48	JPモルガン チェース バンク 385147 (常任代理人 ㈱みずほコーポレート銀行決済営業部)(英)	1.17	ビー エヌ ピー パリバ セキュリティーズ (ジャパン) リミテッド (ビー エヌ ピー パリバ証券会社)	1.16	オーディー 05 オムニバス チャイナ トリーティー 808150 (常任代理人 香港上海銀行東京支店)(豪)	1.15	NTC (エイブイエフシー) サブ アカウント アメリカン クライアント (常任代理人 香港上海銀行東京支店)(米)	1.10	SSB ウエスト ペンション ファンド クライアンツ エグゼンプト (常任代理人 ㈱みずほコーポレート銀行決済営業部)(米)	1.05	25.73
日本トラスティ・サービス信託銀行㈱(信託口9)	1.58	JPモルガン チェース バンク 380055 (常任代理人 ㈱みずほコーポレート銀行)(米)	1.40	SSBT OD05 Omnibus Cina Treaty 808150 (常任代理人 香港上海銀行)(豪)	1.22	SSBT505225 (常任代理人 ㈱みずほコーポレート銀行)(米)	1.18	MB エヌ エー アズ エージェント フォー イッツ クライアント メロン オムニバス ユー エス ペンション (常任代理人 ㈱みずほコーポレート銀行)	1.03	SSB ウエスト ペンション ファンド クライアンツ エグゼンプト (常任代理人 ㈱みずほコーポレート銀行)(米)	0.89	30.04
日本生命保険(相互)	3.37	三菱電機グループ社員持株会	2.32	㈱三菱東京UFJ銀行	2.05	CMB エヌ エイ ロンドン エス エル オムニバス アカウント (常任代理人 ㈱みずほコーポレート銀行決済営業部)(英)	1.67	日本トラスティ・サービス信託銀行㈱(信託口4)	1.49	日本マスタートラスト信託銀行㈱(三菱重工業㈱口・退職給付信託口)	1.40	35.49
JPモルガン チェース バンク 380055 (常任代理人 ㈱みずほコーポレート銀行決済営業部)(米)	2.33	SSBT(常任代理人 香港上海銀行東京支店)(米)	2.29	シー ビー エヌ ワイ アイ ビー ファンド インクアセット ストラテジーファンド (常任代理人 シティバンク銀行㈱)	2.06	㈱三井住友銀行	1.78	BNY メロン アズ デポジタリ バンク フォー デポジタリ レシート ホールダーズ (常任代理人 ㈱三井住友銀行)	1.68	日本興亜損害保険㈱	1.39	28.26
㈱三井住友銀行	1.73	日本トラスティ・サービス信託銀行㈱(信託口9)	1.48	日本トラスティ・サービス信託銀行㈱(住友退給口)	1.42	SSBT(常任代理人 香港上海銀行東京支店)(米)	1.40	CBNY-ORBIS FUNDS (常任代理人 シティバンク銀行㈱)(バミューダ諸島)(英)	1.33	太陽生命保険㈱	1.21	23.92
日本トラスティ・サービス信託銀行㈱(信託口9)	1.08	CMB エヌ エイ ロンドン エス エル オムニバス アカウント (常任代理人 ㈱みずほコーポレート銀行)(英)	0.80	NTT 社員持株会	0.79	SSBT505225 (常任代理人 ㈱みずほコーポレート銀行)(米)	0.69	オーディー 05 オムニバス チャイナ トリーティー 808150 (常任代理人 香港上海銀行)(豪)	0.69	ガバメント オブ シンガポール インベストメント コーポレーション ピーティーイー リミテド フォー アカウント"シー"(代理人 香港上海銀行)(新)	0.61	46.52
日本マスタートラスト信託銀行㈱(三菱重工業㈱口・退職給付信託口)	3.21	明治安田生命(相互) 資産管理サービス信託銀行㈱	2.28	日本トラスティ・サービス信託銀行㈱(信託口9)	1.97	㈱三菱東京UFJ銀行	1.89	資産管理サービス信託銀行㈱(有価証券信託口4)	1.58	CMB エヌ エイ ロンドン エス エル オムニバス アカウント (常任代理人 ㈱みずほコーポレート銀行決済営業部)(英)	1.37	28.66
積水ハウス㈱	4.74	CMB エヌ エイ ロンドン エス エル オムニバス アカウント (常任代理人 ㈱みずほコーポレート銀行)(英)	3.75	日本トラスティ・サービス信託銀行㈱(信託口9)	3.46	東京海上日動火災保険㈱	2.95	SSBT505223 (常任代理人 ㈱みずほコーポレート銀行)(米)	1.77	積水化学グループ従業員持株会	1.76	39.66
㈱三井住友銀行	2.63	㈱みずほコーポレート銀行 資産管理サービス信託銀行	2.50	㈱みずほ銀行(常任代理人 ㈱みずほ資産管理サービス信託銀行)	2.50	日本トラスティ・サービス信託銀行㈱(信託口9)	2.14	日本生命保険(相互)	2.00	第一生命保険㈱(常任代理人 ㈱みずほ資産管理サービス信託銀行)	1.78	31.11

決算、アサヒビールは2009年12月決算

BNY=ザ バンク オブ ニューヨーク、CMB=チェース マンハッタン バンク、NTC=ノーザン トラスト カン

日本トラスティ・サービス信託銀行（信託口）が、2005年の経団連役員企業10大株主の1位を占めているのは、トヨタ自動車、新日本製鐵、本田技研工業、東京三菱フィナンシャル・グループ、三菱重工業、武田薬品工業、住友化学、日本郵船、東京電力、松下電器産業、大成建設、石川島播磨重工業、オリックス、新日本石油である。2位を占めているのは、東芝、キヤノン、住友商事、ソニー、日本電信電話、イトーヨーカ堂、三菱電機、味の素、三井不動産である。

　日本マスタートラスト信託銀行（信託口）が1位を占めているのは、東芝、日本ガイシ、住友商事、資生堂、三菱電機、味の素、三井不動産である。2位を占めているのは、トヨタ自動車、新日本製鐵、本田技研工業、東京三菱フィナンシャル・グループ、日立製作所、三菱重工業、住友化学、日本郵船、松下電器産業、ユニ・チャーム、大成建設、オリックス、新日本石油である。

　資産管理サービス信託銀行（信託口）は、みずほ銀行や保険会社等の常任代理人として登場している。資生堂の大株主2位に入り、新日本石油の3位、三菱重工業、石川島播磨重工業の4位に入っている。

　このように、すべての役員企業の株主上位10社に国内カストディアンが入るようになったことが、2005年の大きな特徴である。

　グローバル・カストディアンが大株主の1位に入っているのは、ソニーと日立製作所だけである。3位に入っているのは、新日本製鐵、本田技研工業、三菱東京フィナンシャル・グループ、松下電器産業、ユニチャーム、オリックスである。グローバル・カストディアンは、総じて大株主10位内の中位から下位に位置している。

2010年〜2015年――大株主の3分の2に
　2010年〜2015年になると、日本のカストディアンが日本経団連役員企業の大株主の1位〜2位をほぼ独占するようになった。2010年に日本のカストディアンが大株主1位となっているのは、会社数でみると役員企業33社中25社（75.8％）である。2015年には、33社中28社（84.8％）となってい

る。2位をみると、2010年は33社中23社（69.7％）、2015年になると33社中28社（84.8％）である。こうして現在では、日本のカストディアンが日本経団連役員企業の大株主1位〜2位の85％という圧倒的な保有率を確保しているのである。

さらに、大株主10位内の株式総数に占める日本のカストディアンの保有比率をみると、50％を超えている役員企業は、2010年ではみずほフィナンシャルグループ（74.5％）、東日本旅客鉄道（66.2％）、三井物産（65.8％）、日本郵船（64.9％）、新日本製鐵（58.1％）、住友化学（58.1％）、東芝（57.8％）、三菱UFJフィナンシャル・グループ（57.0％）、住友商事（56.2％）、三菱重工業（55.8％）、新日本石油（54.8％）、三井不動産（54.0％）であった。2010年の時点で、日本経団連の役員企業33社中12社が、大株主10位の株式総数の50％以上を日本のカストディアンによって握られる事態となっている。

2015年には、さらにエスカレートする。日本のカストディアンが大株主10位以内の株式総数に占める比率が50％を超える役員企業は、野村ホールディングス（84.7％）、三菱重工業（75.8％）、ANAホールディングス（70.2％）、JXホールディングス（60.2％）、三菱UFJフィナンシャル・グループ（57.7％）、東京ガス（57.3％）、東日本旅客鉄道（56.0％）、日本郵船（55.0％）、東京海上ホールディングス（54.4％）、三井物産（54.0％）、三菱商事（52.7％）、新日鐵住金（52.0％）、住友化学（51.9％）、東レ（50.8％）であった。2015年には、日本経団連の役員企業33社中14社が、大株主10位以内の株式総数の50％以上を日本のカストディアンによって握られているのである。

これに対して、グローバル・カストディアンはどうか。日本経団連役員企業33社の大株主3位から10位のなかに数多く入っている。2010年には、グローバル・カストディアンの社数は3位に6社、4位に8社、5位に6社、6位10社、7位8社、8位11社、9位10社、10位に14社入っている。3位から10位のなかに、グローバル・カストディアンが73社入っている。2015年になるとさらに増え、3位に入っているグローバル・カストディアンの社数は5社、4位には10社、5位に12社、6位9社、7位14社、8

位15社、9位20社、10位16社である。3位から10位のなかに、グローバル・カストディアンが101社も入っている。

日本経団連役員企業の大株主10位内の株式総数に占めるグローバル・カストディアンの保有比率をみると、2010年でいちばん比率が高いのはソニーの57.5％、ついで野村ホールディングスの50.4％、大和証券グループ42.9％、キヤノン38.6％、三井不動産33.3％、小松製作所29.6％、第一生命保険26.3％、三菱UFJフィナンシャル・グループ25.5％、武田薬品工業23.1％、パナソニック22.8％となっている。

2015年は、日立製作所48.1％、日本電信電話43.9％、アサヒグループホールディングス43.9％、トヨタ自動車35.6％、東レ35.6％、三菱電機31.4％、日本郵船26.9％、JXホールディングス22.7％、伊藤忠商事20.5％であった。

3　強まる株主の圧力

カストディアンの最大の目的は「保有資産（ポートフォリオ）の収益最大化を目指すこと」に置かれ、「運用収益を上げる（取引コストを下げる）こと」が「忠実義務」となっている。そのため、カストディアンの支配力の拡大は、企業に対して「投資収益の最大化（株主価値最大化）」を求める傾向をいっそう強めることになった。それは、第二次安倍晋三内閣の金融・経済政策に反映している。

そのひとつは、機関投資家の行動原則を定めた2014年2月の「日本版スチュワードシップ・コード」の制定、ふたつは、企業統治（コーポレートガバナンス）の強化策として社外取締役の設置等を求めた2014年6月の会社法改正（2015年4月施行）である。これらは「クルマの両輪」と言われており、企業にたいする株主の外圧を強めることにより、収益力向上と株主への利益還元を増進させるテコとなっている。

(1)「日本版スチュワードシップ・コード」――「もの言う」株主

「日本版スチュワードシップ・コード」(機関投資家の行動原則)は、第二次安倍内閣になって浮上した。内閣が発足した2012年12月に「日本経済再生本部」が設置され、2013年1月に同本部のもとに「産業競争力会議」がつくられた。この会議には日本経団連役員企業の代表が(当初は日本経団連会長も)参加している。その議論を踏まえ、本部長である安倍内閣総理大臣が「内閣府特命担当大臣(金融)は、関係大臣と連携し、企業の持続的な成長を促す観点から、幅広い範囲の機関投資家が適切に受託者責任を果たすための原則のあり方について検討すること」という指示を出した。

そのうえで、2013年6月に閣議決定された「日本再興戦略」には、「機関投資家が、対話を通じて企業の中長期的な成長を促すなど、受託者責任を果たすための原則、いわゆる日本版スチュワードシップ・コードについて検討し(年内に)取りまとめる」とされた。

その検討の場として、同年8月に金融庁に設置されたのが、「日本版スチュワードシップ・コードに関する有識者検討会」である。そのメンバーは、機関投資家の立場に立って助言や資産運用をおこなう人々が圧倒的多数を占めている[*1]。2013年8月から計6回にわたる検討会が開かれた後、2014年2月に「『責任ある機関投資家』の諸原則《日本版スチュワードシップ・コード》――投資と対話を通じて企業の持続的成長を促すために」が正式に決められた[*2]。

*1 大手の議決権行使助言会社であるインスティテューショナル・シェアホルダー・サービシーズ株式会社(ISS)のエグゼクティブ・ディレクター、資産運用会社である東京海上アセットマネジメント投資信託の社長、投資助言会社であるガバナンス・フォー・オーナーズ・ジャパン株式会社の代表取締役、資産の運用・管理等をおこなう三菱UFJ信託銀行の専務取締役、資産運用をおこなうDIAMアセットマネジメントの専務取締役、企業年金

連合会運用執行理事チーフ・インベストメント・オフィサー、日本生命保険副社長、大和証券投資信託委託株式会社の代表取締役などが参加している。

*2　7つの原則——①機関投資家は、スチュワードシップ責任を果たすための明確な方針を策定し、これを公表すべきである。②機関投資家は、スチュワードシップ責任を果たす上で管理すべき利益相反について、明確な方針を策定し、これを公表すべきである。③機関投資家は、投資先企業の持続的成長に向けてスチュワードシップ責任を適切に果たすため、当該企業の状況を的確に把握すべきである。④機関投資家は、投資先企業との建設的な「目的を持った対話」を通じて、投資先企業と認識の共有を図るとともに、問題の改善に努めるべきである。⑤機関投資家は、議決権の行使と行使結果の公表について明確な方針を持つとともに、議決権行使の方針については、単に形式的な判断基準にとどまるのではなく、投資先企業の持続的成長に資するものとなるよう工夫すべきである。⑥機関投資家は、議決権の行使も含め、スチュワードシップ責任をどのように果たしているのかについて、原則として、顧客・受益者に対して定期的に報告を行うべきである。⑦機関投資家は、投資先企業の持続的成長に資するよう、投資先企業やその事業環境等に関する深い理解に基づき、当該企業との対話やスチュワードシップ活動に伴う判断を適切に行うための実力を備えるべきである。

機関投資家に対して、この日本版スチュワードシップ・コードを受け入れるかどうかを迫り、受け入れた機関投資家に「受け入れ表明」をおこなわせたうえで、実施しない項目があれば、その理由を公表することを求めている[*]。こうして、投資先経営者との「対話」を促し、株主総会に諮る議案について賛否を公表する「もの言う株主」を増やそうというのである。

*2015年8月末現在、コード受け入れを表明した機関投資家は、197社となっている。その内訳は、投信・投資顧問会社等が139、年金基金等が23、生命保険会社が17、信託銀行等が7、損害保険会社が4、その他7である。

政府が、日本経団連の要望に応えてROE（株主資本利益率）を重視し投資家の利益につながる体制づくりを強調するようになったのは、この間の変化

を反映している。

＊第二次安倍内閣が打ち出した「新成長戦略」（『日本再興戦略改訂2014――未来への挑戦』）では、総論で「鍵となる施策」として「日本の『稼ぐ力』を取り戻す」ことが強調され、「経営者のマインドを変革し、グローバル水準のROEの達成等をひとつの目安に、グローバル競争に打ち勝つ攻めの経営判断を後押しする仕組みを強化していく」と書かれている。

(2) 配当額の増大に拍車をかけた会社法改正

　2005年の会社法改正によって、赤字企業であっても決算期末以降の株主総会の決議によって一定の範囲で、期中でも剰余金（内部留保）を原資に配当することができるとする改定がおこなわれた。また、定款の定めや取締役の任期等の条件を満たしていれば、取締役会の決議だけで剰余金の配当ができるようになった。利益処分案の承認権限を株主総会から取締役会に委譲したこと、また取締役および執行役の報酬決定の権限も株主総会から報酬委員会に委譲し取締役会の「お手盛り」にしたことは重大な変更であった。
　さらに、2014年の会社法改正によって社外取締役を置くことが求められ、置かない場合は株主総会でその説明をしなければならないという仕組みがつくられた。そのため、2015年4月施行を前に、大企業は社外取締役を増やし始め「東京証券取引所第1部の上場企業のうち社外取締役がいる企業は7割を超えた[*]」と指摘されている。内外の大株主に対する国を挙げた"総奉仕事業"が推進されているのである。

＊朝日新聞2014年8月2日付。

(3) 急増する株主への配当額

　このような株主至上主義とも言える動きを反映して、実際に株主への配当額が急速に増加している。表3―4（108～111ページ）で経団連役員企業

の1社平均の配当額の推移をみると、1970年59億4900万円、1980年106億2000万円、1990年207億5000万円と増大している。1970年から1990年の20年間で3.5倍であった。

それが2000年に170億3200万円となった後、2005年には350億800万円へと倍増し、2010年には424億6800万円、2015年に785億5500万円へと急増している。2000年から2015年の15年間で、1社平均4.61倍に増額している。

同時に、経団連役員企業の役員報酬額も増加しており、1億円を超える報酬を受け取っている役員は、2010年の56名から2015年の89人へと増加した。2015年3月期の国内上場企業全体でみると、1億円以上の報酬を受け取った役員は211社の計411人にのぼっている。したがって、上場企業で1億円以上の報酬を受け取った役員のうち、日本経団連役員企業の役員が22％も占めているのである。

しかし労働者の賃金はどうか。正規労働者だけみても、1人当たり「年平均給与」は2000年の734万1000円から2015年の952万9000円へと1.30倍しか増えていない（有価証券報告書に記載された正規労働者の賃金の場合。非正規労働者を入れるならいっそう低下する）。労働者の賃金が停滞しているなかで、株主配当と役員報酬だけが急速に膨らんでいるのは誰がみても明らかに異様である。

財界・大企業は、内外の大株主と経営者に利益をさらに優先配分するため、政権との癒着を深めながら、労働者に対する賃上げ抑制、下請中小企業の収奪強化をすすめ、内部留保を積み上げているのである。

(4) 東芝事件が意味するもの

2015年春、東芝の不適切な会計処理が発覚し大きな社会問題となった。その背景にも、株主利益を最優先した利益至上主義があった。東芝は、これまでに経団連会長を2人も出し、政府の経済政策の司令塔などにも深く関わ

ってきた巨大企業である。また、第5章でも触れるように、防衛省の調達受注額でも上位を占める軍需産業のひとつでもある。その東芝が、2015年7月に歴代3社長が辞任する事態をまねいたのである。*

 * 東芝副会長の佐々木則夫氏は、この事件の責任をとって副会長を辞任したほか、日本経団連の副会長を辞任した。また、安倍政権の経済財政諮問会議の民間議員のほか、政府税制調査会特別委員、内閣府の対日直接投資に関する有識者懇談会の委員など、すべての公職を辞任した。

　調査にあたった第三者委員会の委員長は、記者会見で「とにかくこの期間の利益を達成しなければならないという、利益至上主義が背景にある*」と述べ、会社ぐるみの不正であったことを強調している。第三者委員会が、15年7月に提出した報告書によると、インフラ、テレビ、半導体、パソコンなどの主力分野のすべてにおいて、過大な収益目標を設定し「利益の水増しや先取り」「費用・損失の先送り」という不適切な会計処理をおこなっていた。

 * 朝日新聞2015年7月24日付。

　東芝は、9月7日に2009年3月期から2014年4〜12月期の連結決算を訂正した。それによると、利益のかさ上げなどの是正で、下方修正前損益で累計2248億円、純損益で1552億円にのぼっている。期の連結決算は、粉飾発覚前に純損益で1200億円の黒字を見込378億2500万円の赤字へと転落した。赤字は5年ぶりのことである。

　この事件は、決して東芝1社の問題ではない。不祥事を引き起こした背景には、利益を膨らまし株価をつり上げるという株価至上主義がある。「経営の監督・監査」や「企業統治（コーポレートガバナンス）」をいくら唱えても、巨大企業の利益・株価至上主義の構造に抜本的なメスを入れない限り、別のかたちで何度も繰り返されることになるだろう。

げるため年金基金に手を伸ばす

　安倍内閣が打ち出した経済政策、アベノミクスは「株価が支える」とも言

〈表3―4〉経団連役員企業の株主配当総額の推移

1970年（3月決算）

役員	企業名	年間配当金総額（百万円）
副会長	住友化学工業	3,360
副会長	丸紅飯田	2,093
副会長	東京芝浦電気	10,175
副会長	三菱重工業	10,010
副会長	新日本製鐵（八幡製鐵）	22,936
副会長	富士銀行	3,240
議長	三井銀行	2,520
副議長	神戸製鋼所	5,858
副議長	松坂屋	675
副議長	東洋紡績	2,807
副議長	野村證券	1,765
	11社平均	5,949
会長	経団連会長（専任）	
副会長	経団連事務総長（専任）	

①住友化学工業は12月決算
②松坂屋は2月決算
③東洋紡績は4月決算
④野村證券は9月決算

1980年（3月決算）

役員	企業名	年間配当金総額（百万円）
会長	東京芝浦電気	12,902
副会長	新日本製鐵	32,424
副会長	富士銀行	8,910
副会長	日産自動車	18,349
副会長	東レ	6,120
副会長	近畿日本鉄道	5,005
副会長	三菱鉱業セメント	1,889
副会長	住友化学工業	5,866
副会長	東京電力	30,600
議長	三菱重工業	9,212
副会長	松坂屋	949
副会長	東洋紡績	1,822
副会長	野村證券	8,371
副会長	神戸製鋼所	10,128
副会長	三井物産	6,753
	15社平均	10,620
副会長	経団連事務総長（専任）	

①住友化学工業は12月決算
②松坂屋は2月決算
③東洋紡績は4月決算
④野村證券は9月決算

≪資料≫『経済団体連合会五十年史』および日本経済団体連合会ホームページ、各企業の有価証券報
注1　1970年3月、1980年3月、1990年3月、2000年3月、2005年3月、2010年3月、および
注2　12月決算の企業については、1970年、1980年、1990年、2000年は当該年のもの、2005年以降
注3　日本生命保険の2000年、2015年、第一生命保険の2005年は、相互会社であるため、有価証券
注4　新日本製鐵は、八幡製鐵・富士製鐵が合併し、1970年3月31日に発足。新日鐵住金は、2012
注5　イトーヨーカ堂は、2005年9月に持株会社セブン＆アイ・ホールディングスを設立し上場廃止
注6　日石三菱は、1999年4月に日本石油と三菱石油が合併し社名変更
注7　BTジャパンは日本では上場されていない

\	1990年（3月決算）			2000年（3月決算）		
役員	企業名		年間配当金総額(百万円)	役員	企業名	年間配当金総額(百万円)
会長	新日本製鐵		40,701	会長	新日本製鐵	10,210
副会長	東京電力		65,654	副会長	三井物産	12,668
副会長	トヨタ自動車		57,931	副会長	三菱化学	4,355
副会長	三菱重工業		23,391	副会長	日産自動車	0
副会長	昭和シェル石油		1,637	副会長	日立製作所	20,026
副会長	住友銀行		23,826	副会長	東レ	9,810
副会長	富士銀行		23,144	副会長	イトーヨーカ堂	14,132
副会長	三井物産		9,511	副会長	ソニー	21,664
副会長	住友化学工業		9,726	副会長	東京三菱銀行	46,455
副会長	東芝		31,597	副会長	東京電力	81,170
副会長	ソニー		16,373	副会長	小松製作所	5,800
副会長	小松製作所		7,850	副会長	松下電器産業	25,778
議長	三井造船		3,052	副議長	伊藤忠商事	0
副議長	九州電力		22,911	副議長	資生堂	6,659
副議長	太陽神戸三井銀行（太陽神戸銀行）		12,427	副議長	富士銀行	33,168
副議長	ワコール		2,311	副議長	アサヒビール	5,974
副議長	大和証券		18,223	副議長	清水建設	3,942
副議長	住友商事		7,839	副議長	住友化学工業	8,175
副議長	川崎製鐵		18,714	副議長	日石三菱	10,260
副議長	日本長期信用銀行		18,191	副議長	住友銀行	22,398
	20社平均		20,750	副議長	東芝	9,656
				副議長	本田技研工業	22,410
					22社平均	17,032
				議長	東京電力（重複）	
				副議長	日本生命保険（相互）	

①トヨタ自動車は1990年6月決算
②昭和シェル石油は12月決算
③住友化学工業は12月決算

①イトーヨーカ堂は2月決算
②アサヒビールは12月決算

（次ページに続く）

告書より作成
2015年7月末現在の役員企業
は前年のもの
報告書の提出義務がない
年10月に新日本製鐵と住友金属が合併し社名変更

第3章　経団連を支配しているのは誰か

〈表3—4〉経団連役員企業の株主配当総額の推移（続き）

2005年（3月決算）

役員	企業名	年間配当金総額(百万円)
会長	トヨタ自動車	212,772
副会長	新日本製鐵	33,752
副会長	東芝	16,078
副会長	本田技研工業	60,375
副会長	キヤノン	88,748
副会長	日本ガイシ（碍子）	3,754
副会長	東京三菱銀行	
	(株式会社)三菱東京フィナンシャル・グループ	44,995
副会長	住友商事	13,241
副会長	日立製作所	36,461
副会長	三菱重工業	13,420
副会長	ソニー	24,028
副会長	武田薬品工業	78,211
副会長	日本電信電話	92,041
副会長	住友化学	13,229
副会長	日本郵船	21,979
副会長	東京電力	81,066
議長	松下電器産業	34,222
副議長	イトーヨーカ堂	14,192
副議長	ユニ・チャーム	1,994
副議長	大成建設	5,072
副議長	石川島播磨重工業	0
副議長	資生堂	9,942
副議長	オリックス	3,496
副議長	新日本石油	15,100
副議長	三菱電機	12,876
副議長	味の素	8,427
副議長	三井不動産	5,754
	27社平均	35,008
副議長	第一生命保険（相互）	

①キヤノンは12月決算
②イトーヨーカ堂は2月決算
③東京三菱銀行は、持株会社の三菱東京フィナンシャル・グループを集計対象とした

2010年（3月決算）

役員	企業名	年間配当金総額(百万円)
会長	キヤノン	135,792
副会長	新日本石油	26,277
副会長	三菱商事	62,455
副会長	パナソニック	20,706
副会長	第一生命保険	10,000
副会長	三井物産	32,860
副会長	東レ	7,002
副会長	みずほフィナンシャルグループ	134,966
副会長	三菱重工業	13,424
副会長	野村ホールディング	25,810
副会長	全日本空輸	0
副会長	三井不動産	19,327
副会長	東京電力	81,003
副会長	トヨタ自動車	141,119
副会長	東芝	0
副会長	新日本製鐵	9,454
議長	住友化学	9,912
副議長	日本ガイシ（碍子）	5,225
副議長	昭和電工	4,490
副議長	王子製紙	10,025
副議長	J.フロント リテイリング	3,701
副議長	アサヒビール	9,529
副議長	三菱UFJフィナンシャル・グループ	178,718
副議長	住友商事	30,001
副議長	武田薬品工業	144,344
副議長	ソニー	25,088
副議長	三菱電機	8,580
副議長	小松製作所	15,496
副議長	大和証券グループ	22,729
副議長	日本電信電話	158,789
副議長	日本郵船	5,850
副議長	積水化学工業	5,256
副議長	東日本旅客鉄道	43,524
	33社平均	42,468

①キヤノンは12月決算
②昭和電工は12月決算
③J.フロント リテイリングは2月決算
④アサヒビールは12月決算

2015年（3月決算）

役員	企業名	年間配当金総額(百万円)
会長	東レ	17,591
副会長	アサヒグループホールディングス	114,053
副会長	東京海上日動火災保険	
	持株会社(東京海上ホールディングス)	72,196
副会長	新日鐵住金	50,272
副会長	トヨタ自動車	631,308
副会長	日立製作所	57,944
副会長	JXホールディングス	39,837
副会長	日本電信電話	195,138
副会長	野村證券	
	(持株会社)野村ホールディングス	68,648
副会長	三菱東京UFJ銀行	
	(持株会社)三菱UFJフィナンシャル・グループ	253,695
副会長	三菱重工業	36,913
副会長	住友化学	14,718
副会長	三井物産	114,738
副会長	日本郵船	11,872
議長	三井不動産	24,703
副議長	ANAホールディングス	14,045
副議長	旭化成	26,542
副議長	三菱電機	57,963
副議長	キヤノンマーケティングジャパン	
	(親会社)キヤノン	164,691
副議長	小松製作所	55,009
副議長	清水建設	6,286
副議長	味の素	6,203
副議長	東京ガス	24,402
副議長	昭和電工	4,285
副議長	大成建設	9,265
副議長	大和証券グループ本社	29,855
副議長	三井住友海上火災保険	
	(持株会社)MS&ADインシュアランスグループホールディングス(株)	19,900
副議長	三菱商事	113,404
副議長	三越伊勢丹ホールディングス	4,335
副議長	伊藤忠商事	74,364
副議長	東日本旅客鉄道	47,180
副議長	第一生命保険	33,542
	三井住友銀行	
	(持株会社)三井住友フィナンシャルグループ	197,408
	33社平均	78,555
副議長	BTジャパン（非上場）	
副会長	日本生命保険（相互）	
副議長	東レ（重複）	

①2015年7月末現在の役員企業
②東京海上日動火災保険、野村證券、三菱東京UFJ銀行、キヤノンマーケティングジャパン、三井住友海上火災保険、三井住友銀行については、それぞれ、持株会社・親会社である東京海上ホールディングス、野村ホールディングス、キヤノン、MS&ADインシュアランスグループホールディングスを集計対象とした
③BTジャパンは非上場の外資系企業、日本生命保険は相互会社のため有価証券報告書がない
④アサヒグループホールディングスは2014年12月決算。親会社（キヤノン）は2014年12月決算。昭和電工は2014年12月決算

第3章 経団連を支配しているのは誰か

われている。そのため、政府主導で株価をつり上げようと、国民の財産である年金基金にまで手をつけようとしている。2014年7月24日にひらかれた日本経団連の「夏季フォーラム2014／特別セッション『骨太方針と日本再興戦略』」で、甘利明経済再生担当大臣が講演をおこない「日本国債が中心となっているGPIF（年金積立金管理運用独立行政法人）の基本ポートフォリオを見直す」と断言した。

麻生太郎財務大臣は、2014年4月16日の財務金融融資委員会で「GPIFの動きが6月以降出てくる。そうした動きが出てくるとはっきりすれば、外国人投資家が動く可能性が高くなる」と述べた。GPIF（年金積立金管理運用独立行政法人）は、厚生年金と国民年金の積立金、約130兆円を有する世界一の公的年金資金運用機関である。財務大臣が、この資金が株式市場に「出てくる」と期待を表明したのである。

ほんらい、年金積立金運用の基本的な考え方については、厚生労働省の「年金積立金管理運用独立法人の運用の在り方に関する検討会報告」（2010年12月22日）で述べられているように、国民の大切な財産である年金基金は安全・確実に運用し、国民に損害を与えてはならないのである。しかし、安倍総理はそれを無視して、2014年2月24日の予算委員会で、「運用対象の多様化についても検討していく必要がある」と述べ、その年の「新成長戦略」に次のように書き込んだ。

「GPIFの基本ポートフォリオについては、本年6月に公表された『国民年金及び厚生年金に係る財政の現況及び見通し』を踏まえ、デフレからの脱却、適度なインフレ環境への移行など長期的な経済・運用環境の変化に即し、年金財政の長期的な健全性を確保するために、適切な見直しをできるだけ速やかに実施するとともに、GPIFは、受け入れを表明した日本版スチュワードシップ・コードを踏まえた対応を速やかに実施する」。

GPIFの基本ポートフォリオは、国内債券が6割を占めており基本的には国債中心の運用であって、国内外の株式は合わせて24％であった（これ自体も高すぎるが）。ところが2014年10月から、これまでの国内債券（国債中

心)から株式中心に大きく変わった。内外の株式が50％まで高まり、国内債券は35％に削減された。総資産130兆円のうち、何十兆円もの資金が株式市場に入ってくる計算である。仮に株価が下がれば国民に大きなつけが回る危険な運用である。

　外国で、年金運用基金を株式運用している国があるだろうか。たとえば、ノルウェー政府年金基金グローバルがある。しかしこれは、ノルウェーの石油収入の長期的運用を支える財政手段として1990年に設立されたものである。年金という名前がついているものの、年金とは直接関係はない。[*1] また、アメリカのカリフォルニア州職員退職制度（CALPERS）と、オランダ公務員総合年金基金（ABP）は、上乗せの「企業年金」的な部分であり、いずれも運用結果が公的年金の給付水準に直接的な影響を及ぼすことがない仕組みとなっている。[*2]

* 1　この基金は2006年に政府年金基金グローバルと改名されるまでは「石油基金」と呼ばれていた。改名は、将来予想される公的年金コストの増加に備えて政府収入を貯蓄する役割を反映したものではあるが、基金には公式の年金債務はなく、将来の年金コストを賄うためにこの基金をいつ使うかについての政治的決断もなされていない（ノルウェー大使館ホームページより）。
　　http://www.norway.or.jp/norwayandjapan/norge/pensionfund/#.VjR5mcLothg
* 2　西沢和彦「GPIF運用見直しは年金制度改革と一体で」『Research Focus』日本総研2014年5月29日参照。

　カナダのCPPIB（カナダ国民年金投資委員会）と、スウェーデンのAPファンド（公的年金基金）の2つの基金は、公的年金積立金の運用機関であるが、いずれも1階と2階で構成される公的年金制度のうち2階部分の積立金を運用している。運用の結果、最低保障機能を担う1階部分に影響を与えない仕組みになっている。アメリカの公的年金基金（OASDI）は、全額、非市場性国債で保有している。

　これら主要国では、日本のような本体そのものの株式運用はやっていない。[*]

安倍内閣が、国民の貴重な年金財産をいかに危険な道に導こうとしているか、もはや明らかである。

＊この事実は、2014年6月3日の財務金融委員会で厚労省も認めている。
　http://www.sasaki-kensho.jp/kokkai/140603-000000.html

第4章　経団連の税財政・金融要望

この章では、経団連と政府の税財政政策および金融問題との関わりについて検討したい。

1　経団連の税財政に関する要望
　　──法人税と消費税をめぐって

　経団連は、政府・与党に対して、法人税減税をはじめ大企業の負担軽減を繰り返し要望する一方、消費者・庶民が負担する消費税については、その導入と税率引き上げを執拗(しつよう)に求めてきた。しかも、単に提案するだけではなくそれを実行させるため、自民党の税制調査会、財務省（旧大蔵省を含む）、場合によっては総理大臣にも直接、露骨な働きかけをおこなってきた。経団連の税制に関するこれまでの要望・提言の一覧表は表4―1の通りである。
　その攻防は、経団連の50年史等に生々しく記述されている＊。この節では、法人税と消費税を中心に、これまでの経緯をふり返ってみたい。
　＊経済団体連合会編集・発行『経済団体連合会五十年史』（1999年1月）。

(1)　シャウプ勧告と経団連による批判──1949年

　1949年に結成されたカール・シャウプを団長とする日本税制使節団（シャウプ使節団）によって、日本の税制に関する2つの報告書（1949年8月27日の第1次、1950年9月21日の第2次報告書）が発表された。その内容は、国税については直接税を中心とし、所得税は総合課税とし最高税率を引き下げ富裕税を設ける、法人税は法人擬制説に則って35％の比例税のみとする、株式の配当分に課税すると同時に個人が配当所得を取得したとき配当控除を認めるなどとしていた。また、複雑化していた間接税は、酒税や関税等を除

〈表4―1〉 経団連の税制に関する要望・提言

1949年2月12日	税制審議会の資産再評価案に対する意見
1949年5月28日	税制改正の基本方針に関する意見
1949年11月15日	付加価値税の実施に関する意見
1950年2月23日	税制改正に関する要望意見
1953年8月20日	税制改正に関する意見
1954年6月30日	外国為替および外国貿易管理の改正並びに輸出振興のための税制改正に関する要望事項
1956年11月1日	税制改正に際し、特に航空工業の育成対策について要望す
1957年10月18日	法人税の軽減に関する意見
1957年12月10日	再び法人税の軽減を要望す
1958年11月19日	34年度税制改正に関する意見
1961年9月13日	自己資本充実のための税制改正に関する意見
1961年9月26日	明年度減税の基本方針と税制改正に関する意見
1962年11月24日	昭和38年度税制改正に関する意見
1963年8月13日	企業減税の基本方策に関する意見
1963年12月11日	昭和39年度税制改正「試案」に対する意見
1964年10月13日	税制改正の基本方向に関する意見
1964年10月27日	40年度税制改正に関する意見
1965年10月11日	税制改正に関する意見
1965年12月6日	固定資産税の改正に関する意見
1966年10月11日	政策減税等に関する42年度税制改正意見
1967年10月24日	国際化の進展と企業課税の改正に関する意見
1968年10月28日	昭和44年度税制改正に関する意見
1969年11月25日	昭和45年度税制改正に関する意見
1970年11月24日	昭和46年度税制改正に関する意見
1971年12月8日	昭和47年度税制改正に関する意見
1972年12月28日	昭和48年度税制改正に関する意見
1973年10月1日	法人関係税制の改正構想に対する基本的な考え方
1973年12月10日	昭和49年度税制改正に関する意見
1974年10月16日	50年度の税制改正に望む
1975年9月25日	財政危機と税制に関する基本的な考え方―自民党税制調査会における説明要旨―
1976年10月26日	今後の税財政運営に関する基本的考え方
1977年9月27日	今後の財政運営と税制のあり方に関する見解
1978年9月27日	今後の税制のあり方についての基本的な考え方
1979年12月3日	わが国経済の当面する課題と税制改正に関する意見
1979年12月10日	法人関係諸税増税反対に関する申合せ
1980年10月	財政再建と今後の財政運営に関する意見
1980年10月28日	企業活力の発揮と今後の税制のあり方に関する見解
1981年11月24日	行財政改革と今後の税制のあり方に関する意見
1982年11月24日	増税なき58年度予算編成を望む
1982年12月7日	当面の税制問題に関する基本的考え方

1982年12月21日	エネルギー課税に反対する
1983年10月12日	税制をめぐる当面の諸問題と今後の方向
1984年1月5日	法人課税、エネルギー課税の強化に反対する
1984年1月13日	あくまで「増税なき財政再建」の実行を求む
1984年9月24日	現行税制の諸問題と今後の方向
1985年9月24日	今後の租税政策と61年度税制改正に関する意見
1985年11月26日	われわれは一切の企業増税に反対する
1986年3月26日	行財政改革と税制の根本改革について―中間報告と提言
1986年9月24日	税制根本改革と62年度税制改正に関する意見
1987年10月13日	税制根本改革と昭和63年度税制改定に関する意見
1987年12月8日	石油税制についての見解
1988年9月13日	税制改革の国会審議を強く要望する（経済4団体）
1988年9月27日	税制抜本改革の推進と昭和64年度税制改正に関する意見
1989年4月5日	消費税の統計上の取り扱いに関する要望
1989年10月11日	税制抜本改革の定着と平成2年度税制改正に関する見解
1990年5月18日	土地税制に関する基本的な考え方
1990年9月5日	外国課税公平法案に対する意見
1990年9月20日	当面の土地税制に対する具体的提言
1991年10月8日	平成4年税制改正に関する見解―「人間、市場、地球」の時代を支える税制の構築を求めて―
1991年12月16日	国際貢献税の創設に関する見解
1992年9月22日	平成5年度税制改正に関する見解―新しい「共生」の時代における豊かな国民生活と企業活力をめざす税制のあり方について―
1993年5月10日	外国企業課税強化に関する財務省提案に対する意見
1993年10月9日	今後の税制改正に対する提言
1994年10月18日	来年度税・財政運営に関する見解
1995年10月11日	税制改正に関する提言
1995年11月13日	来年度税制改正に関する経済四団体共同提言
1996年3月26日	税制改革に関する提言
1996年3月26日	連結納税制度導入に関する提言
1996年9月17日	税制改正に関する提言
1996年12月9日	法人税の実質的減税を求める
1996年12月10日	財政民主主義の確立と納税に値する国家を目指して―財政構造改革に向けた提言―
1997年9月16日	法人税制改革に関する提言
1997年10月15日	法人実効税率の40％への引下げと実質減税の実現を求める経済5団体共同提言
1997年12月8日	平成10年度税制改正において法人実効税率大幅引下げの実現を求める
1998年6月11日	税制改革の早期実現を求める
1998年9月16日	平成11年度税制改正に関する提言
1998年11月24日	所得税・法人税減税の早期実施を求める
1999年7月27日	平成12年度税制改正中間提言「日本経済活性化のために税制改革を求める」

1999年9月14日	平成12年度税制改正提言「21世紀を展望した税制改革を求める」	
2000年2月16日	東京都の外形標準課税の導入について	
2000年6月20日	21世紀を展望した税制改革に向けて	
2000年7月6日	地方税財政改革についての経済5団体意見	
2000年9月12日	平成13年度税制改正提言―活力ある経済社会を築くために―	
2000年11月17日	外形標準課税導入反対総決起大会「決議」	
2000年11月22日	自治省外形標準課税案についての反対意見	
2001年7月11日	当面の税制をめぐる課題についての提言	
2001年9月18日	平成14年度税制改正提言―経済構造改革の実現を目指して―	
2001年11月28日	総務省による法人事業税への外形標準課税導入案に反対する	
2001年12月6日	連結納税制度に係る付加税導入案について	
2002年2月19日	税制抜本改革のあり方について	
2002年5月13日	第2次緊急提言「経済活力再生に向けた税制改革を求める」	
2002年6月10日	税制第3次提言「税制抜本改革の断行を求める」	
2002年9月17日	平成15年度税制改正に関する提言―経済社会の活力回復に向けて―	
2003年5月29日	「近い将来の税制改革」についての意見―政府税制調査会中期答申取りまとめに向けて―	
2003年9月16日	平成16年度税制改正に関する提言	
2004年9月21日	平成17年度税制改正に関する提言	
2004年10月19日	企業年金積立金にかかる特別法人税の撤廃を求める	
2005年9月20日	平成18年度税制改正に関する提言	
2006年9月13日	平成19年度税制改正に関する提言	
2007年9月18日	今後のわが国税制のあり方と平成20年度税制改正に関する提言	
2007年11月	日本の未来をささえるために今、みんなで考えよう―税、財政の一体改革に向けて―〈パンフレット〉	
2008年9月16日	平成21年度税制改正に関する提言	
2008年10月	安心で活力ある日本へ―税・財政・社会保障制度の一体改革―〈パンフレット〉	
2008年10月2日	税・財政・社会保障制度の一体改革に関する提言～安心で活力ある経済社会の実現に向けて～	
2009年7月29日	欠損金の繰越期間延長および繰戻還付の復活・延長の早急な実行を求める共同提言	
2009年10月2日	平成22年度税制改正に関する提言	
2010年9月14日	平成23年度税制改正に関する提言	
2011年3月11日	国民生活の安心基盤の確立に向けた提言―社会保障と税・財政の一体改革に向けて―	
2011年9月14日	平成24年度税制改正に関する提言	
2012年10月5日	平成25年度税制改正に関する提言	
2013年5月10日	地方法人課税のあり方	
2013年7月10日	日本再興戦略に基づく税制措置に関する提言	
2013年9月9日	平成26年度税制改正に関する提言	
2013年11月20日	消費税の複数税率導入に反対する意見	
2014年4月16日	「法人課税のあり方に関する意見」を政府税制調査会に提出	

2014年4月22日	「法人税改革の方向性について」を自由民主党税制調査会に提出
2014年4月25日	「地方法人課税のあり方に関する意見」を政府税制調査会に提出
2014年5月23日	「法人税改革の方向性について」を説明
2014年6月26日	「法人税の改革について」に関する意見を政府税制調査会に提出
2014年7月2日	消費税の複数税率導入に反対する意見（9団体連名）
2014年9月10日	平成27年度税制改正に関する提言
2015年9月8日	平成28年度税制改正に関する提言

≪出所≫経済団体連合会『経済団体連合会五十年史』、日本経団連ホームページ等により作成。

き廃止を基本とするというものであった。

　これに対して経団連は、1949年5月に「税制改正の基本方針に関する意見」を提出している。そこでは「税率の軽減は特に直接税について速やかに行われたい」と主張し、なかでも「法人税率は国税と地方税たる事業税とを併せれば53％見当となり、その上超過所得税その他の課税があるので、企業の経理改善意欲を阻害している」と述べ「法人税率の引き下げ」を求めている。
　＊前掲書、付属資料「総会決議・意見書」参照。

　このときの経団連の姿勢は、いかなるかたちであれ現行よりも企業の負担増となるような税制には抵抗するというものであった。この立場は、その後も一貫している。

　同年11月に出した経団連の「付加価値税の実施に関する意見」は、「現在、政府方面で考えられている4％というような税率を、シャウプ勧告の方式によって課するときは、運輸業、倉庫業、鉱業、土建業、保険業、その他、人件費の比率の大きい業種において、特に収益力割合の比較的小さい企業においては、税負担の極めて急激な増加を来たし、しかもそれの他への転嫁も行われ難いとすれば、事業そのものが破滅する外ないだろうと考えられる場合さえ少なくない」と批判している。

　ところが、5月の「税制改正の基本方針に関する意見」では、付加価値税を批判しながら、同時に実行するなら2％で簡素なものにすべきだという提案をおこなっている。これは、後に経団連の消費税導入論にもつながるあい

まいな姿勢であった。

　＊前掲書、付属資料「総会決議・意見書」参照。

(2) 法人税率の引き下げ——1950年代後半～1960年代

　1950年代後半から60年代はじめにかけて、法人税が焦点となった。経団連は引き下げを求め、各方面への働きかけを強めた。

　朝鮮戦争を契機に、1952年に42％に引き上げられていた法人税率は、1954年度税制調査会答申で1955年7月から40％に引き下げられた。しかし、経団連・税制常任委は、1957年9月26日「法人税率の5％引き下げを要望する」との方針を決定し、1957年10月18日に「法人税の軽減に関する意見」を出し、57年12月10日には「再び法人税の軽減を要望す」を提出して政府・与党に実現を働きかけた。その結果、1958年4月から法人税率は2％引き下げられ、経団連は「年来の企業課税の適正化の努力が実を結んだ」と評価している＊。

　＊前掲書28～29ページ。

　経団連はこれに飽きたらず、さらに1963年8月13日に「企業減税の基本方策に関する意見」を提出し、法人税率のいっそうの引き下げと償却資金増強等を要望している。1964年10月13日の「税制改正の基本方向に関する意見」では、自然増収の3分の1程度を目安として思い切った減税をと主張した。その結果、法人税率は1965年に38％から37％へ、1966年には35％への引き下げがおこなわれた。

　こうして、1952年から1966年の14年間で、経団連の働きかけにより法人税率は42％から35％へと大幅に引き下げられたのである。

(3) 法人税の引き上げと付加価値税導入への動き——1970年代

　しかし、1970年代にはいると、土地価格の急騰、公害・環境問題の深刻

化、石油危機、便乗値上げなど、大企業本位の高度成長のつけが表面化し、大企業に対する国民の怒りが大きく広がった。大企業の「悪徳商法」への批判が強まり、社会的混乱をもたらした企業責任を追及し、法人税率を引き上げるよう求める世論も高まった。

　経団連は危機感を募らせ、1973年10月に「法人関係税制の改正構想に対する基本的な考え方」を出し、「法人税引き上げを一時の『反企業』ムードに便乗して主張する向きもあるが、これらは論外」と述べ、「高福祉、高負担という基本的な認識」に立って「広く国民各階層が応分の負担を分かち合うという国民的コンセンサスの形成と、長期的な視点に立った税体系（例えば付加価値税の導入）を想定し、これを経済情勢に適応しつつ忍耐強く推進することが肝要である」と主張した。ここには、経団連の基本姿勢が端的に示されている。「高福祉」のためには国民の「高負担」が必要であり、そのためには「付加価値税の導入」が望ましいというのである。

　＊前掲書、付属資料「総会決議・意見書」参照。

　しかし、大企業批判の世論を背景に、1974年度には法人税率が引き上げられ、大手石油会社や商社の不当な超過利得に課税する会社臨時特別税がつくられた。

　　＊経団連は、ただちに会社臨時特別税の廃止を求めて政府与党に働きかけを強めたため、会社臨時特別税は1976年度の制度改正で廃止された。

　これ以後、経団連は法人税の引き下げを求めながら、付加価値税の導入を繰り返し主張するようになる。経団連の土光敏夫会長は、1976年10月の記者会見で「財政赤字を法人税にかぶせてくるのは問題だ」と発言し、経団連として1976年2月から付加価値税の導入の検討に着手している。

　＊前掲書、111ページ。

　1976年10月26日、経団連は「今後の税財政運営に関する基本的考え方」を提出し、財政赤字を改善するためには、硬直化した経費の徹底した洗い直しと効率化・重点化が必要であると主張するとともに、「企業課税が限界に達しつつある」から、財政収支のバランスを回復するためには「国民各階層

が分に応じて負担する」税制が望ましいと述べている＊。ここには、大企業負担を回避し国民負担を求める姿勢が端的にあらわれている。

  ＊この時点では「付加価値税について創設の余地を残しながらも、慎重な態度を堅持して積極的に言及せず、増税の前にまず歳出の整理・合理化を優先すべきだという考え方」を示したと経団連自身は説明している。前掲書、112ページ。

　表4－2は、1977年以降の法人税、消費税、所得税の推移を示している。これをみても、法人税と消費税の攻防の結果があらわれている。

(4)　一般消費税導入の破綻──1979～80年

　一般消費税導入の構想を打ち出したのは、経団連・税制特別部会であった。同部会は、1978年12月19日に、税率5％、年商1000万円以下は除外などを骨子とする一般消費税の構想を明らかにした＊。

  ＊前掲書、117ページ。

　1979年には、大平内閣のもとで一般消費税導入が最大の焦点となった。財界側は、日本経営者団体連盟（日経連）の桜田武会長が79年7月30日に「1980年度での早期導入に向け、適切かつ果断な措置がとられるよう期待する」との見解を公表し、経団連の土光敏夫会長も79年8月13日の記者会見で「行政改革など打つべき手はあるが、増税もやむを得ない」と発言した。

　大平正芳総理は、これら財界首脳の後押しを受けるかたちで一般消費税導入に強い意欲を示し、解散・総選挙にのぞんだ。しかし、1979年10月7日の総選挙の結果は、自民党が公認候補だけでは過半数に達しない記録的な敗北に終わった＊。

  ＊この衆議院選挙で一般消費税導入反対を掲げた日本共産党が大きく躍進し、週刊誌が「共産党勝って『増税なし』サンキュー」（『週刊新潮』1979年10月18日号）と書いた。

　自民党が選挙で敗北し、一般消費税導入を断念してからわずか半年後、

〈表4―2〉法人税、消費税、所得税の推移

(単位：兆円)

年度	経団連会長	内閣	法人税 基本税率(％)	税収	消費税 税率（％）	税収	所得税 税収
1977	土光敏夫	福田赳夫	40.0	5.6	―	0.9	6.6
1978	土光敏夫	福田赳夫 大平正芳	40.0	7.9	―	1.1	7.8
1979	土光敏夫	大平正芳	40.0	7.4	―	1.2	9.3
1980	土光敏夫 稲山嘉寛	大平正芳 鈴木善幸	40.0	8.9	―	1.2	10.8
1981	稲山嘉寛	鈴木善幸	42.0	5.6	―	1.3	12.0
1982	稲山嘉寛	鈴木善幸 中曽根康弘	42.0	7.9	―	1.4	12.8
1983	稲山嘉寛	中曽根康弘	42.0	7.4	―	1.4	13.6
1984	稲山嘉寛	中曽根康弘	43.3	11.3	―	1.6	14.1
1985	稲山嘉寛	中曽根康弘	43.3		―	1.6	15.4
1986	稲山嘉寛 斎藤英四郎	中曽根康弘	43.3		―	1.7	16.8
1987	斎藤英四郎	中曽根康弘 竹下登	43.3		―	2.0	17.4
1988	斎藤英四郎	竹下登	42.0	18.4	―	2.2	18.0
1989	斎藤英四郎	竹下登 宇野宗佑	40.0	19.0	3.0	3.3	21.4
1990	斎藤英四郎 平岩外四	海部俊樹	37.5	18.4	3.0	4.6	26.0
1991	平岩外四	海部俊樹 宮沢喜一	37.5	16.6	3.0	5.0	26.7
1992	平岩外四	宮沢喜一	37.5	13.7	3.0	5.2	23.2
1993	平岩外四	宮沢喜一 細川護熙	37.5	12.1	3.0	5.6	23.7
1994	平岩外四 豊田章一郎	細川護熙 羽田孜 村山富市	37.5	12.4	3.0	5.6	20.4
1995	豊田章一郎	村山富市	37.5	13.7	3.0	5.8	19.5
1996	豊田章一郎	村山富市 橋本龍太郎	37.5	14.5	3.0	6.1	19.0
1997	豊田章一郎	橋本龍太郎	37.5	13.5	5.0	9.3	19.2
1998	豊田章一郎 今井敬	橋本龍太郎 小渕恵三	34.5	11.4	5.0	10.1	17.0
1999	今井敬	小渕恵三	30.0	10.8	5.0	10.4	15.4

年度	経団連会長	内閣	法人税 基本税率(%)	法人税 税収	消費税 税率(%)	消費税 税収	所得税 税収
2000	今井敬	小渕恵三 森喜朗	30.0	11.7	5.0	9.8	18.8
2001	今井敬	森喜朗 小泉純一郎	30.0	10.3	5.0	9.8	17.8
2002	今井敬 奥田碩	小泉純一郎	30.0	9.8	5.0	9.8	14.8
2003	奥田碩	小泉純一郎	30.0	10.1	5.0	9.7	13.9
2004	奥田碩	小泉純一郎	30.0	11.4	5.0	10.0	14.7
2005	奥田碩	小泉純一郎	30.0	13.3	5.0	10.6	15.6
2006	奥田碩 御手洗冨士夫	小泉純一郎 安倍晋三	30.0	14.9	5.0	10.5	14.1
2007	御手洗冨士夫	安倍晋三 福田康夫	30.0	14.7	5.0	10.3	16.1
2008	御手洗冨士夫	福田康夫 麻生太郎	30.0	10.0	5.0	10.0	15.0
2009	御手洗冨士夫	麻生太郎 鳩山由紀夫	30.0	6.4	5.0	9.8	12.9
2010	御手洗冨士夫 米倉弘昌	鳩山由紀夫 菅直人	30.0	9.0	5.0	10.0	13.0
2011	米倉弘昌	菅直人 野田佳彦	30.0	9.4	5.0	10.2	13.5
2012	米倉弘昌	野田佳彦 安倍晋三	25.5	9.8	5.0	10.4	14.0
2013	米倉弘昌	安倍晋三	25.5	10.5	5.0	10.8	15.5
2014	米倉弘昌 榊原定征	安倍晋三	25.5	11.0	8.0	16.0	16.8
2015	榊原定征	安倍晋三	23.9	11.0	8.0	17.1	16.4
2016					8.0		
2017					(10.0)		

≪出所≫財務省資料等により作成
注1 2014年度以前は決算額、2015年度は予算額
注2 1988年度までの消費税の税収欄は物品税等の税収。1989年以降は消費税
注3 税収は国の一般会計分のみ

1980年5月16日に社会党が内閣不信任決議案を提出すると、自民党の反主流派はその採決に公然と欠席したため、可決される事態が発生した。「ハプニング解散」によって、総選挙を参議院選挙の日に合わせて実施する衆参同日選挙がおこなわれた。大平総理は過労と不整脈で5月31日に緊急入院したが、6月12日に死去した。この予想外の事態は選挙情勢を一変させ、自民党が衆参両院で安定多数を大きく上回る議席を得て大勝するという結果を招いた。

　1980年の年末にかけておこなわれた「1980年度税制改正」の議論は、法人税関係諸税の引き上げが焦点となった。経団連はこの動きに猛然と反対した。経団連は、1979年12月3日に「わが国経済の当面する課題と税制改正に関する意見」を提出し、「安易に法人関係諸税を引き上げれば、究極的に経済の基盤を弱め将来に大きな禍根を残す」「法人税率引き上げの余地はない」と主張した。

　土光会長は、79年12月6日の記者会見で「増税よりも行政改革の実行だ。法人税の引き上げはせっかく上向いた景気や民間の活動の芽を枯らすもので、認められない」とのべて法人税引き上げに反対し各方面に働きかけ、他の経済団体とともに反対運動を展開した[*1]。その圧力のもとで、1980年度の法人税増税は見送られたのである[*2]。経団連は、1980年10月26日に「財政再建と今後の財政運営に関する意見」を提出し、大企業の負担を回避する「増税なき財政再建」を掲げ、そのための歳出削減を主張した[*3]。

　　*1　1979年12月10日、経団連は業界団体・各地経済団体代表等を結集して「法人関係諸税増税反対に関する緊急集会」を開催、土光会長が自民党三役と懇談して反対を申し入れた。さらに土光会長は、11日から17日にかけて政府首脳、自民党税制調査会幹部などと個別に面談して反対を訴えた。『経済団体連合会五十年史』120ページ参照。

　　*2　1980年の法人税率引き上げを思いとどまらせたのは、花村仁八郎・経団連事務総長の行動だったと言われる。古賀純一郎氏は、「花村の抗議行動が奏功し、法人税引き上げは見送られた。経団連が力を発揮できたのもひと

えに政治献金の斡旋を担当していたからだ」と書いている。『経団連——日本を動かす財界シンクタンク』2000年4月、新潮選書、54ページ。
＊3　このとき政府は、土光敏夫経団連名誉会長を1981年3月に発足した第二次臨時行政調査会（第二臨調）の会長に据えた。経団連は、日本商工会議所、日本経営者団体連盟、経済同友会、関西経済連合会とともに「行政改革5人委員会」をつくり、財界挙げて「行革の断行」を求める布陣をしいた。第二臨調は、1983年5月に最終答申を出して解散した。その結果、電電公社の民営化、国鉄の分割民営化などが強行され、労働者をはじめ多くの人々が犠牲を被ることとなった。

(5)　法人税率引き上げと経団連の抵抗——1980〜85年

1980年代の財源確保をめぐる経団連と政府・与党の確執は、熾烈を極めた。

経団連の税制委員会法人税負担専門委員会は、1980年9月25日に「先進諸国の法人税制と税負担」を公表し、日本の法人税は先進国のなかで最も重いなどと訴え、増税というなら「間接税が望ましい」と主張した。

これに対し、間接税の増税に対する国民の拒絶反応を恐れた自民党の山中貞則税制調査会長は、80年度税制改正で法人税増税を見送った際に「当時の竹下登大蔵大臣から花村仁八郎（経団連）副会長に対して81年度は法人税を引き上げるとの文書が渡っている」と述べ、法人税引き上げは既定方針であると主張した。経団連は「企業活力の発揮と今後の税制のあり方に関する見解」を発表し、法人税増税反対、一般投資減税の創設などを訴えた。

1980年12月の自民党税調の審議では、歳出削減には限界があり法人税増税は「不可避である」とした。これに反発した経団連の首脳は、12月11日に山中貞則自民党税調会長と面会し、法人税増税は絶対反対であると主張した。しかし12月13日の自民党税調では、中小企業、公益法人も例外とせず一律2％引き上げが決定されたのである。

＊法人税率引き上げに際して、経団連は、法人税増税は臨時措置とすることなどを主張した。政府は経団連の要請の一部を受け入れ、投資減税制度を創設し800億円の減税をおこなった。1982年12月7日、経団連が「当面の税制問題に関する基本的考え方」を公表し、企業課税強化を批判したこともあり、1983年には法人税の引き上げに「歯止めがかけられた」としている。前掲『経済団体連合会五十年史』、316ページ。

その後も経団連の抵抗は続いたが、1984年度の税制改正で法人税率の1.3％引き上げが実施され、基本税率は42.0％から43.3％となった。経団連はこれに強く反発し、これ以上の法人税率引き上げを阻止し、実質増税につながる退職給与引当金の縮減を回避するため、政府自民党に対する働きかけを強めた。それが、どれほど露骨なものであったか、『経済団体連合会五十年史』は次のように書いている。少々長くなるが引用しておきたい。

＊前掲書、320～321ページ。

「当会（経団連）の税制改正意見の実現を図るには自民党税制調査会（会長・加藤六月）への働きかけが重要と考えられたが、84年には同税制調査会が同政務調査会の各部会意見、決議を重視するとの方針を打ち出したので、商工部会、労働部会との懇談等、幅広い活動を展開した。……9月4日の自民党商工部会との懇談会では、野田毅部会長が当会の要望に応えて、『退職給与引当金については、現行制度にいろいろ問題があることは承知しているので、経団連の意向を踏まえ、今後の審議に臨む所存である』との発言を得た。このほか、退職給与引当金については労働省をはじめ全民労協（全日本民間労働組合協議会）、同盟（全日本労働総同盟）等の労働組合へも周知徹底をはかる必要があるとの観点から労働省、全民労協、IMF-JC（国際金属労連日本協議会）との懇談会において協力を要請した」。

「新聞、マスコミの理解を得るため、9月17日と11月6日に各社論説委員との懇談会を開催した。さらに、経済広報センターの協力を得て『経済の活力と法人税負担』（84年7月）、『経済界は退職給与引当金の圧縮に強く反対します』（84年9月）……のパンフレットを作成し、幅広い広報

活動を展開した」。

　「その後、自民党税制調査会における審議が本格化する直前の11月30日、当会、日本経営者団体連盟、日本・東京商工会議所、経済同友会、関西経済連合会の5団体共催による増税反対の集い『重ねて増税反対を訴える』を開催し、『一切の企業増税に反対する』との決議を行った。会合終了後直ちに稲山嘉寛、大槻文平、五島昇、佐々木直、日向方斎の各会長が中曽根康弘首相、自民党の二階堂進副総裁、金丸信幹事長、宮澤喜一総務会長、藤田正明参議院議員会長、三塚博政務調査会長代理、加藤六月税制調査会長に面会し、決議文を手交するとともに増税反対を強く申し入れた」。

　この時期の経団連の行動は、圧力団体として政府与党幹部に繰り返し直談判をおこなうという強引なやり方をしている。経団連を中心とする激しい企業負担増反対運動に直面した自民党は、1984年12月17日の「自民党85年度税制改正大綱」において、ほとんどの増税構想を見送らざるをえなくなり、企業負担は総額3430億円増にとどめた。これを受けて12月25日、経団連の定例理事会で花村仁八郎副会長は、「総額は3000億円と比較的圧縮されたものとなり、経済界にとっても最小限の痛みにとどまった。……当会の主張が、自民党はじめ各界に十分理解された」と高く評価した。*

＊前掲書、321ページ。

　これを機に、その後の局面は大きく変わることになった。政府与党が経団連の要望を受け入れ、法人税率引き下げへと動くようになったからである。

(6) 法人税の引き下げ、大型間接税の導入へ舵を切る——1986〜88年

　政府税調のメンバーに財界代表が多数入るようになったことも、税制について財界側の主張がより強く反映される契機になった。1986年度の税制改正にあたって、政府税調に財界出身者4名を含む10名の特別委員を加え、従来からの委員（経団連・税制委員長、同産業政策委員長を含む）5名とあわ

せ、総計9名の財界代表を参加させることとなったのである。*

　＊前掲書、619ページ。

　経団連は、財界側の意見を政府税調に反映させるため、9名の財界メンバーの会合の場として花村仁八郎副会長を座長とする懇談会を設置した。また、マスコミにも働きかける懇談会を設け、自民党幹部との会合を繰り返し経団連の考え方を伝えた。その結果、1985年12月17日に決定された自民党の税制改正大綱に「法人税の負担水準のあり方については主要諸外国における法人課税の負担水準を勘案しつつ、今後鋭意検討を進めることとする」と書き込ませたのである。経団連は、これで「法人税減税への道すじがつけられた」と評価した。

　経団連が、法人税負担を軽減するために持ち出したのは、日本の法人税負担が主要国のなかでもっとも重いという主張であった。しかし企業負担の実態を見ると、ヨーロッパにあるような社会保障負担を考慮すれば、日本の大企業の負担は相対的に軽いのである。経団連は、日本の法人税が重いという自らの考え方を押し通すため、それを政府税調で主張するとともに、自民党税調や自民党幹部との懇談でも繰り返し強調した。

　経団連の一連の圧力によって、政府与党は「法人税の大幅減税」を根本改革の柱とする方針を打ち出すことになった。自民党税調は1986年4月24日に「所得課税、法人課税に対する改革方針」を出し、また86年4月25日に政府税調が「税制改革についての中間報告」を出して、日本の法人税負担が「諸外国に比べて高い水準にある」ことを認め、法人税の実効税率（当時52.92％）を4割台または5割を下回るよう引き下げるという方針を打ち出した。こうして政府は、法人税引き下げへの大転換をはかったのである。法人税の基本税率は、1988年に43.3％から42.0％へと引き下げられた。

　問題になるのは、その財源をどうするかであった。経団連は、1986年9月24日「税制根本改革と62年度（1987年度）税制改正に関する意見」を出し、法人税の引き下げを強調するとともに、「薄く広く国民が負担を分かちあう間接税体系」の導入を主張し、後の売上税につながる提案をおこなって

いる。経団連は、それを実現するため自民党税調をはじめ自民党3役などに申し入れを繰り返した。

　その結果、政府税調は1986年10月28日、「税制の抜本的見直しについての答申」を公表し、所得税の最高税率の引き下げ、法人実効税率の5割以下への引き下げなど富裕層と大企業への減税を打ち出す一方、庶民に負担増となる新型間接税の導入を掲げた。これに対して経団連は「考え方が幅広く取り入れられていた」ともろ手をあげて歓迎した。＊

　＊前掲書、624ページ。

　自民党税調は、1986年12月5日に「税制改革の基本方針」を公表し、法人税減税を打ち出し、他方で「売上税」という名の日本型付加価値税を税率5％、1988年1月1日より導入するという方針を明らかにした。

(7)　売上税をめぐる攻防——議長「あっせん」で火種残る

　売上税の導入をめぐって国民のなかに強い反発が広がるとともに、関西経済5団体が先送りを求めるなど、財界のなかでも亀裂が生じる事態が生まれた。国会内では、与野党の対立が激化し国会外の反対運動ともあいまって、税制改革法案の審議に入ることすらできなかった。焦った政府・自由民主党は、衆院予算委員会で予算案の強行採決をおこない、それに対して野党が反発、4月21日の衆院本会議で野党が不信任案を次々と繰り出し、牛歩戦術までおこなって抵抗した。

　窮地にたたされた自民党は、予算を通過させる条件として議長の調停による「あっせん案」なるものを野党に提示した。それは、「直間比率見直し等、今後できるだけ早期にこれを実現できるよう各党協調し、最大限の努力を払うこと」となっていた。日本共産党は、「直間比率の見直し」を実現するという文言は間接税の引き上げを意味し、これでは売上税の「火種が残る」としてただちにこれを拒否した。ところが、他党がこれを受け入れる事態となった。日本共産党以外の自社公民連の与野党5党は、議長「あっせん」を受

け入れ、売上税法案は一度廃案になった。

　経団連は、この「あっせん」をどう評価していたか。『五十年史』によると「新たな足がかりが残された*」と歓迎している。これは、日本共産党の指摘が的確なものであったことを裏書きするものである。

　＊前掲書、626ページ。

　経団連は1988年度税制改正に向けて、1987年10月13日「税制根本改革と昭和63年度（1988年度）税制改正に関する意見」を提出し、「国民が広く薄く負担する転嫁の確実な新しい間接税が不可欠である」と繰り返し主張した。

(8)　消費税の導入を強行――1988～89年

　経団連は、1988年6月3日、自民党税調との懇談で、①法人税減税は歓迎するがさらに一段の引き下げを要望する、②新型間接税は価格に転嫁しやすいタイプが望ましいと主張した。庶民には大型間接税の導入、大企業には法人税の減税という主張である。

　政府は、税制改革法案、消費税法案など6法案を7月29日の閣議で決定し、国会に提出した。野党の抵抗のため審議に入れないままであったが、9月9日になって衆議院に「税制問題等に関する調査特別委員会」が設置され、22日に趣旨説明がおこなわれ実質審議に入った。多くの国民が反対するなか、国会では与野党の攻防が激化したが、法案は一部修正されて1988年12月24日、参議院本会議で強行可決され成立させられた。振り返ると、議長「あっせん」による野党分断がこのような結果を招いたのである。

　消費税は、1989年4月1日より税率3％（国民負担3.3兆円）で実施された。

　竹下登総理は、リクルート事件等の影響もあり6月に辞任し、国民の怒りのなか7月におこなわれた参議院議員選挙で自民党が大敗し、参議院で与野党が逆転する事態がうまれた。野党4党は消費税廃止・税制再改革法案を提

出し、これを参議院で可決したが衆議院では否決され廃案となった。

　経団連は、消費税の「定着」のために与野党の幹部だけでなく労働組合にも働きかけをおこない、10月に「税制抜本改革の定着と平成2年度（1990年度）度税制改正に関する見解」をまとめ「一層の法人税減税」を盛り込んだ。

(9)　消費税率の引き上げと法人税率の引き下げ——1997～1999年

　経団連は、「直間比率の是正」を理由に、1994～1995年度の税制改正でも消費税率引き上げと法人税率の引き下げを求め続けた。
　1993年10月9日、経団連の「今後の税制改正に対する提言」では、「直間比率の是正を含む望ましい税体系の確立」を要望している。これを受けて、93年11月19日に出された政府税調の「今後の税制のあり方についての答申」は、直間比率の是正と所得減税を一体的に処理する方針を示した。その結果、1994年度税制改正では、5兆円を上回る規模の所得税減税の実施とその財源として一定期間後の消費税率引き上げ、さらに、法人特別税の撤廃を含む企業の税負担の軽減などが決められた。
　経団連は1994年10月18日、「来年度税・財政運営に関する見解」を出し、法人の実質税負担のいっそうの軽減を求めるとともに、その後も「高齢化社会に対応」するためと称して「直間比率の是正」を主張した。
　さらに1995年10月11日には「税制改正に関する提言」を出し、1996年3月26日には「税制改革に関する提言」を出している。これらの「提言」では、「直間比率の見直し」を基本的方向として掲げ、具体的内容として「法人税の実質的な軽減」「最高税率引き下げによる個人所得税体系の見直し」「土地税制の抜本的見直し」などを盛り込み、さらに「連結納税制度の早期導入」を主張している。経団連は事実上、大企業への減税の財源として消費税の引き上げを求めたのである。
　これら経団連をはじめとする財界の圧力をうけて、橋本龍太郎内閣のもと

で1997年から消費税の税率を3％から5％に引き上げ（消費税税率引き上げは1994年秋に村山富市内閣の時に決定）、法人税は37.5％から34.5％に引き下げられたのである。

消費税増税、医療改悪などによる9兆円の負担増が国民生活を直撃したため、消費が落ち込み、1997年秋からの金融危機とも重なり深刻な不況に突入する。この時期に、サンヨー証券、北海道拓殖銀行、山一證券などが相次いで経営破綻した。

経団連は、これらの危機を招いた責任を棚に上げ、かつこの不況を逆用して1997年9月16日に「法人税制改革に関する提言」、1997年10月15日に、経団連、日本商工会議所、日本経営者団体連盟、経済同友会、関西経済連合会共同で「法人実効税率の40％への引下げと実質減税の実現を求める経済5団体共同提言」を出し、1997年12月8日には「平成10年度税制改正において法人実効税率大幅引下げの実現を求める」、1998年11月24日には「所得税・法人税減税の早期実施を求める」などを相次いで提出し、法人税減税を求め続けた。

その結果、1999年に法人税率は34.5％から30％に引き下げられた。消費税の増税分が実質的にその財源となったのである。

⑽　経団連による消費税率再引き上げの圧力

2000年代に入った頃から、経団連は一方で大企業の負担軽減のため「連結納税制度」の創設などを求めながら、他方で「社会保障改革」は避けられないと主張し社会保障の財源として消費税増税を求めるようになる。

経団連が2001年9月18日に公表した「平成14年度税制改正提言——経済構造改革の実現を目指して」では「医療・年金制度の改革にあたっては公費負担の増加が避けられないが、公費増分の財源については、経済活力への影響が少なく、国民が広く負担を分かち合う税制である消費税の税率引き上げによって賄うべきである」と述べている。大企業への負担は「経済活力」

を削ぐので、消費税率を引き上げて国民に広く負担させるべきだというのである。

　経団連は2002年に入ると、2月19日に「税制抜本改革のあり方について」(第1次提言)、5月13日に「第2次緊急提言『経済活力再生に向けた税制改革を求める』」、同年6月10日に「税制第3次提言『税制抜本改革の断行を求める』」を相次いで公表している。そこでは、「企業活力の再生」や「国際競争力の回復」を掲げて法人税率の引き下げ、連結納税制度、研究開発減税、IT投資減税等による企業負担の軽減、および所得税の「税率フラット化」による高額所得者への減税を説いている。さらに、これら企業負担軽減の措置を「先行減税」として実行するよう求めた。

日本経団連による消費税10％の提案
　2002年5月28日には、経団連と日経連が統合し日本経済団体連合会（日本経団連）が発足した。

　日本経団連は、「社会保障支出の増加」の財源は「直間比率の是正」すなわち消費税率の引き上げによって「賄うのが基本方向」だと主張した。2003年5月29日にも「『近い将来の税制改革』についての意見——政府税制調査会中期答申取りまとめに向けて」を出し、「社会保障の抑制」を説きながら、「安定した財源である消費税を活用すべきである」とし、税率は遅くとも2007年度までに「10％とすべきである」と主張した。

　2004年9月21日に日本経団連が出した「平成17年度税制改正に関する提言」では、「税・財政、社会保障の一体改革」を打ち出し、政府の「一体改革」は全体の改革の一部に過ぎないと主張、「国・地方を通じた税・財政、社会保障制度の大胆な組み替え」を提案するとともに、消費税を「10％まで引き上げ、その後も、段階的に引き上げていく必要がある」と主張した。

　これが、その後の消費税率の再引き上げにつながる財界側の理屈立てとなる。2005年9月20日の「平成18年度税制改正に関する提言」でも、「消費税を含め、税体系を抜本的に改革すべきである」といいながら、企業負担に

ついては「法人実効税率の引き下げ」を求めている。

社会保障財源を口実に消費税引き上げを主張

　こうして、日本経団連は「一体改革」の名のもとで、法人税の減税とともに「社会保障財源のための消費税増税」を繰り返し主張するようになる。

　そのキャンペーンの一環として、ふたつのパンフレットを発行した。ひとつは、2007年11月の『日本の将来をささえるために今、みんなで考えよう——税・財政の一体改革に向けて』であり、ふたつは2008年10月の『安心で活力ある日本へ——税・財政・社会保障制度の一体改革』である。この間、「一体改革」の表現が、「税・財政」から「税・財政・社会保障制度」へと変化している。

　日本経団連の2008年10月2日の「税・財政・社会保障制度の一体改革に関する提言」は、「社会保障のため」という大義名分を前面に押し立て、社会保障のための財源が足りないというキャンペーンへと軸足を移行させている。「法人税率の引き下げ」は、それとはまったく切り離し別扱いとしているのが特徴である。

　2009年夏の総選挙で、暮らしを圧迫してきた自民党にたいする国民の厳しい批判のなかで政権交代を掲げた民主党が勝利し政権につくこととなった。

　日本経団連は、その後も自らの主張を繰り返した。2009年10月2日に日本経団連が発表した「平成22年度税制改正に関する提言」は、「税体系のあり方」を論じているが、それはもっぱら社会保障の財源確保のための「税体系のあり方」に限定したものであった。法人課税については、それと切り離して「次年度の提言」のなかに入れている。ここには、「法人税減税の財源としての消費税増税」という本質を、国民の目からそらそうという意図が透けてみえる。

民主党政権への働きかけ

　民主党政権に対して出された2010年9月14日の「平成23年度税制改正

に関する提言」では、真っ先に消費税問題を取り上げ「税率が低い」ため「十分な歳入を得られていない」と批判したうえで、「消費税を一刻も早く引き上げ」るよう求めている。

この「提言」では「社会保障費用の増加分には、消費税率の引き上げによって対応するとの原則（消費税の社会保障目的税化）を確立」するように求め、法人税は意図的に議論の外に置いている。そのうえで、消費税を「速やかかつ段階的に（例えば毎年２％ずつ引き上げ）、少なくとも10％まで早期に引き上げるべきである」と主張し、2020年代半ばまでに消費税を「10％代後半、ないしはそれ以上引き上げていかざるをえない」と、消費税の連続大増税を唱えている。

政府与党の民主党は、日本経団連の要望に応えて、それまでの「消費税率は４年間上げない」（マニフェスト）という立場を180度転換した。菅直人総理は2010年６月に、参院選直前になって「消費税10％」を打ち出し、選挙中にその言い訳に回って惨敗した。しかし、民主党政権はその後、2011年の半ばまでに「社会保障改革・税制改革の成案を得る」という新たな方針を打ち出した。

日本経団連は、2011年３月11日、「国民生活の安心基盤の確立に向けた提言——社会保障と財・財政の一体改革に向けて」を出して民主党に働きかけた。提言では、「社会保障の伸びに対し、それを賄う財政基盤は非常に脆弱である」「安心・安全な社会を築くためには今以上の負担が不可避である」と説いた。

2011年３月11日の午後、東日本大震災が発生し、さらに原発事故も加わって国民に甚大な被害がもたらされた。

菅内閣に代わって誕生した野田佳彦内閣と民主党は、2012年６月、自民党、公明党との３党合意を結び、消費税率を2014年に８％、2015年に10％に引き上げる法案を提出した。国会での激論の後、この法案は８月10日に参院本会議で可決成立する。

野田内閣による国民負担増の見通しは、消費税の５％から10％への２段

階の引き上げにともなう税負担が13.5兆円、東日本大震災のための復興増税および住民税、年少者扶養費控除の廃止に伴う負担増が0.7兆円、あわせて14.2兆円となっていた。

消費税率引き上げの法律には、経済情勢によっては政権の判断で実施を見合わせるという「経済条項」もあったが、2012年12月の総選挙で誕生した安倍晋三政権は、2014年4月にそれを無視して消費税率を8％に引き上げた。安倍内閣は、2014年11月に「2015年10月の消費税引き上げを1年半延期する（2017年4月から実施）」と宣言して総選挙をおこない、引き続き多数を獲得して政権を握った。

2015年12月12日、政府・与党は2017年4月に消費税率を10％に引き上げる際、食品（酒、外食を除く）に軽減税率（8％）を適用することを決めた。国民に5.4兆円の増税を押しつけ、1兆〜1兆3000億円を減税しても、4兆円を超える大増税となる。

大企業には復興特別法人税の前倒し廃止、庶民には増税押しつけ

政府は、東日本大震災からの復興のための財源を確保するとして、企業には2012年度から「復興特別法人税」、個人には2013年1月から「復興特別所得税」を課した。しかし企業負担はどうだったか。

企業に復興特別法人税を課すときには、まず実質5％の法人税減税（実効税率35％から30％、基本税率30％から25.5％）を恒久的におこなったうえ、3年間に限り同額の「復興特別法人税」を課すというのが実態であった。そのため、企業には実質的な負担増がない仕組みとなっていた。ところが安倍内閣は、復興特別法人税を3年後に廃止するとしていたものを、前倒しして2年後に廃止することとした。大企業にとっては、法人税減税の時期が1年早まったのである。

この背後には、日本経団連の圧力があった。日本経団連は2011年9月に発表した「平成24年度税制改正に関する提言」で、次のように主張していた。「復興財源として法人税についても何らかの負担増を行うのであれば、

そのネット減税分を限度として付加税を時限的に課すか、施行を一定期間遅らせる方式とすべきである（いずれも3年以内）。……純増税を行うことは絶対に容認できない」。大企業には増税にならないように、期間はできるだけ短くと主張していた。安倍内閣は、これに忠実に応えたのである。

　ところが個人には、復興特別所得税が課せられることとなった。これは、所得税納税額に25年間、2.1％を上乗せする方法で増税がおこなわれ、10年間は個人住民税に年間1000円の上乗せとなる。個人に対しては25年のトータルで約8.1兆円の増税となるのである。

　その後、安倍政権は国・地方あわせて30％台なかばの法人実効税率を、数年で20％台まで引き下げる方針を掲げた。これも、日本経団連の要請を丸呑みするものであった。「大企業には減税、庶民には増税」という財界言いなりの安倍内閣の姿勢があらわれている。

アベノミクスと法人税の減税

　第二次安倍政権が誕生して、日本経団連がまとめた国税に関する体系的な提言は、2013年7月10日の「日本再興戦略に基づく税制措置に関する提言」である。「提言」は、復興特別法人税の終了に伴う法人実効税率の25％への引き下げ、消費税率10％引き上げの検討プロセスについて「経済界としては、こうした政府・与党の迅速な対応を歓迎する」と表明している。

　提言では「投資を促進するためには、法人実効税率の引き下げが不可欠である」と述べ、「復興特別法人税の課税期間が終了する平成27年度を待つまでもなく」アジア諸国並みに下げるよう要望している。復興特別法人税の前倒し廃止を「2年」よりも短くせよというのである。その一方で「消費税率の10％までの引き上げを着実かつ円滑に実施すべきである」としている。

　2013年7月の参議院選挙でも自民党が多数を獲得したため、いわゆる「ねじれ国会が解消」し、安倍政権にとって都合のよい状況が生まれた。

　日本経団連は、2013年9月9日に「平成26年度税制改正に関する提言」を発表し、「消費税率の円滑かつ着実な引き上げ」を求めるとともに、成長

戦略にもとづく税制措置の具体化として、投資減税、研究開発減税、償却資産に係る固定資産税の抜本的見直しなどを盛り込んだ。

法人税減税は賃上げにはつながらなかった

　2013年10月1日に公表された与党の「民間投資活性化等のための税制改正大綱」（自民・公明）には、「賃金上昇につなげることを前提に、復興特別法人税の一年前倒しでの廃止について検討する」、「その検討にあたっては、……復興特別法人税の廃止を確実に賃金上昇につなげられる方策と見通しを確認すること等を踏まえたうえで、12月中に結論を得る」と書かれていた。しかし、賃金の上昇にどのような筋道でつながるのか、その方策と見通しについて明確な説明はなかった。

　法人税基本税率は、消費税導入以前の43.3％から23.9％へと大幅に下げられたが、賃金には回らなかった。1997年をピークに賃金は下がり続け、法人税の減税分の多くは株主への配当と内部留保に回ったからである。

増税分は「全額社会保障に使う」のウソ

　日本経団連や政府は、消費税を5％から8％に引き上げたとき、消費税の「増税分は全額社会保障に使う」と主張した。「あなたの医療・年金・介護・子育てを守るため、消費税のご負担をお願いします。今回の消費税引き上げ分は全て医療・年金などにあてられます」と政府広報にも書いていた。しかし、実態はまったく違っていた。

　消費税率を5％から8％に引き上げると、国の税収は5兆円増加する。ところが政府は、消費税増税を織り込まない場合の年金、医療、介護、子育ての社会保障4経費（国・地方）の額は32.9兆円だが、増税を織り込んだ場合には36.6兆円になると説明した。これだけみても、社会保障4経費は3.7兆円増えるだけである。この3.7兆円のうち「社会保障の充実」に回るのはわずか0.5兆円で、増税分5兆円のうち家計に還元されるのは、10分の1にすぎない。それ以外は、借金の穴埋めなどに使われるのである。

予算ベースでみても、増税前の2013年度の社会保障4経費は29兆1224億円、増税後の2014年度は30兆5175億円である。約1兆4000億円しか増えていない。「社会保障に全額使う」というのは国民だましである。

基礎年金国庫負担を理由に国民から二重取り

　日本経団連や政府は、基礎年金国庫負担に消費税増税分を使うというが、そこにもすり替えがある。年金の国庫負担2分の1の置き換え分2.95兆円は、消費税ではなく他の財源でまかなうはずであった。2004年度「与党税調・税制改正大綱」（2003年12月17日）には、次のように書かれていた。

　「恒久的減税（定率減税）の縮減、廃止とあわせ、三位一体改革の中で、国・地方を通じた個人所得課税の抜本的見直しを行う。これにより、平成17年度以降の基礎年金拠出に対する国庫負担割合の段階的な引上げに必要な安定した財源を確保する」。「この改正により確保される財源は、平成16年以降の基礎年金拠出金に対する国庫負担の割合の引上げに充てるものとする」。

　年金課税の強化と定率減税の廃止で財源をつくるというアイデアは、公明党が考え出したものであった。日本共産党は、庶民増税になるので反対した。当初、公明党は、合わせて2兆7000億円の財源を確保できると言っていたが、じっさいには定率減税の廃止と年金課税で2兆8400億円もの増税となった。

　それはどこに消えたのか。基礎年金のためではなく、財政赤字の穴埋めなど他の財源として使われてしまったのである。年金の国庫負担の財源にすると言って、所得税・住民税の増税、年金課税を実施しておきながら、それを別のところに使うのは国民に対する約束違反である。財源がなくなったから今度は消費税増税でというのは、庶民のフトコロから二重取りするようなものである。

⑾　安倍内閣による新たな国民負担

　日本経団連は、2015年1月に「『豊かで活力ある日本』の再生」と題した経団連ビジョンを発表した。この「ビジョン」は、GDP600兆円の実現、人口1億人の維持を打ち出し、現行の約32％の法人実効税率を2021年度に25％に引き下げ、消費税率を19％にまで引き上げる大増税を唱えた。また、社会保障給付については、「給付の伸び率を名目成長率以下に抑制」することを求めている。
　榊原会長は、経済3団体主催の新年祝賀パーティーで「懸案の法人税改革については、2015年度与党税制改正大綱において、2年で3.29％の税率引き下げと、4,200億円の先行減税を決定し、経済成長を優先した政策を打ち出されました」と述べながら、社会保障費の削減などに関連して「こうした改革は、いずれも国民の痛みや社会の摩擦を伴うものでございます。この度の選挙で国民の圧倒的な支持を得て、強固で安定した政治基盤を構築された安倍政権でなければ、実行できないものばかりであります」と政府与党を激励した。
　これに応えるかのように、安倍内閣は経済財政諮問会議での議論を経て、2015年6月30日、経済財政運営の基本方針を示す「骨太の方針」と新たな「成長戦略」（日本再興戦略）を閣議決定した。「骨太の方針」では2020年度に「財政健全化」目標を達成するための「経済・財政再生計画」を盛り込み、16〜18年度を「集中改革期間」に指定している。この「集中改革期間」3年間で、社会保障費の自然増を1兆5000億円に抑える方針を明記した。3年間で9000億〜1兆5000億円（1年当たり3000億〜5000億円）も削る計画である。小泉政権が実施した「年に2200億円の削減」を大きく上回る削減額を「目指す」姿勢を示したのである。
　また、10％への消費税増税については「経済環境を整え」て2017年4月に「円滑に実施」する方針を掲げた。その一方で、軍事力を強化し、法人税

減税を「早期に完了する」と強調している。新成長戦略には、2016年度に法人税の「引き下げ幅のさらなる上乗せ」まで盛り込んでいる。

> ＊榊原会長は2015年8月27日の記者会見で、法人税実効税率について「20％台にできるだけ早く下げることを期待している。できれば16年度の税制改正で20％台への具体的な筋道を出してほしい」と述べている。（朝日新聞2015年8月28日付）。この要請に応じて、2015年12月8日、与党税制協議会は、法人税の実効税率を、2016年度に29.97％まで引き下げ、2018年度に29.74％まで下げることを決めた。

史上最高益をあげる大企業に対して法人税減税を実施し、国民にたいしては重い税負担と社会保障の削減を強いるというのである。これでは、家計中心の消費を冷え込ませて内需を低迷させ、日本経済の土台を掘り崩すものと言わざるをえない。

2　経団連と金融政策

経団連（日本経団連）の役員を構成している大企業は、先にみたように基本的に製造業が中心である。そのため、金融に関する要望は、大手製造業の立場を総体として反映しつつ、大手銀行の要望をそのなかに盛り込むという性格をもっている。たとえば、アメリカから要求された「金融自由化」についても、小泉純一郎内閣のもとで強行された「不良債権処理の加速」についても、最終的には受け入れることになるが経団連としては一定の矛盾をはらんだ対応をしている。少しさかのぼって、「金融自由化」と「不良債権処理」の経緯をふり返ってみよう。

(1) 金融自由化に対して

　1984年の日米円ドル委員会で、アメリカは日本政府に対して金融自由化を迫り海外の金融機関への市場開放を求めた*。日本は、一定の「抵抗」を試みたが結果的にその要求を全面的に受け入れることとなった。

　　*日米円ドル委員会の経緯については、元大蔵省銀行局長・西村吉正『日本の金融制度改革』（2003年12月、東洋経済新報社、150～161ページ）が参考になる。太田赳『国際金融　現場からの証言』（1991年12月、中公新書）は、当時の日銀外国局担当者の立場から日米間の具体的な交渉経緯について証言している（77～84ページ）。この円ドル委員会の結果、1986年2月にメリル・リンチが東京証券取引所の会員権を取得したことを皮切りに、90年2月までに外国証券会社25社が東京市場に参入した（箭内昇『メガバンクの誤算』2002年7月、中公新書、170ページ等参照）。

　経団連の金融問題に関する検討は、経団連・財政金融委員会・専門委員会によっておこなわれた。1984年7月26日に出された討議用メモ「金融自由化について」によると、次のような要望が掲げられている。──①金融自由化はサービスの国際取引の進展と平仄（ひょうそく）を合わせたかたちで進められるべきである、②公的金融の改革等、民間金融との競争条件の整備が進められない限り、金融自由化の円滑な実現は望みえない、③産業界から要望の出ているCP（コマーシャル・ペーパー）の導入問題、短期市場の整備に関して、主に日本銀行が主張しているTB（短期国債）の流通市場の問題等は今後の重要な検討課題である*。

　　*『経済団体連合会五十年史』305ページ。

　この要望で明らかなように、経団連は金融自由化を単純に受け入れる姿勢になく、自由化を受け入れる前提として、これまで求めてきたさまざまな課題の実現を盛り込んでいる。そのため日本政府は、アメリカに対して「金融自由化」を宣言しながら、国内では金融機関に対し各業態の利害を調整しな

がら段階的に金利を自由化するなどの対応をとったのである。*
＊前出『メガバンクの誤算』171ページ。

(2) 円高問題への経団連の対応

「円高問題」への対応はどうか。円の急騰は、巨額の為替差損を発生させるなど輸出関連の製造企業を直撃し、その犠牲を下請中小企業や労働者に押しつけ、社会不安を醸成する要因となる。そのため経団連を構成する大手メーカーは、急激な円高をまねく投機活動に対して批判的な声をあげる場合がしばしばある。

1995年3月に急激な円高が起こり円相場は1ドル＝80円台に突入し、4月19日には1ドル＝79円75銭の史上最高値をつけた。このとき、衆議院商工委員会（3月24日）に参考人として出席した経団連副会長・日本電気代表取締役会長の関本忠弘氏は、「私が出てまいりました立場は、経団連の副会長ということと日本電気の会長ということでございます」と述べながら、急激な円高が「投機によるものである」と批判している。

関本氏は、1993年の統計を示しながら為替取引の26％は実需によるものだが、74％は「投機とか介入」によるものであり、「各国が協調して、何とか今言った投機的というかマネーゲーム的なそれで決まる為替の値ということに対してはもっと真剣に議論をしようじゃないか」と訴えている。しかし、その一方で「規制緩和」や「市場開放」を進めると同時に、経常収支黒字の還流をはかるべきだと主張している。この見解は、経団連のなかの製造業の立場を一定程度、反映したものである。*

＊『経済団体連合会五十年史』881ページ。衆議院会議録・商工委員会1995年3月24日付等参照。

(3) 不良債権処理に対して

　金融機関の不良債権問題について、経団連として初めてまとまった見解を示したのは、1995年7月3日の「不良債権問題に対する考え方」である。
　そこでは「不良債権問題により金融機関のリスクテイクの能力は低下し、金融仲介機能を弱体化させている」という認識のもと、「不良債権処理のための緊急対策」を提言している。「不良債権処理の大原則」として、「徹底したリストラをはじめとする金融機関自らによる最大限の努力」を求めながら、貸出金の無税償却などの環境整備を要望し、さらに「不良債権問題に本格的に取り組むにあたっては、財政資金の投入に踏み切らざるをえない」と主張している。

＊住専（住宅金融専門会社）への税金投入に国民の怒りが強まったため、「住専向け不良債権問題の解決にあたって、まず関係者間で住専再建計画の抜本的見直しを国民経済的観点から行うとともに、住専融資に係わる金融機関の資産内容の全体像を明らかにしたうえで、財政資金導入のスキームを策定する必要がある」とものべている。

　このように、経団連は比較的早い時期から財政資金投入を促す立場を明らかにしている。しかし当初は、不良債権処理を早く進めればよいという立場をとらず、時間をかけて無理なく進めるべきだと主張していた。

＊銀行への公的資金投入の問題については、佐々木憲昭「株主利益優先の大銀行に変容させた公的資金投入」（『前衛』2009年2月号）を参照されたい。

　1995年10月17日に経団連が発表した「日本産業の中期展望と今後の課題」では、「米銀のように、たとえ期間損益が赤字になっても、膿を一気に出してしまうというような外科手術的なやり方を取れば、痛んだバランスシートを急速に改善することは必ずしも不可能ではないが、わが国では銀行の赤字決算は通常異常な事態とみなされがちであり、時間はかかっても無理のない範囲で処理をしていかざるをえないというのが一般的な考え方であろ

う」と述べている。

　1997〜98年の金融危機に直面したとき、当時の今井敬経団連会長は、「金融機関が不良債権を処理していく中で、貸し渋りなど実体経済に与える悪影響を最小限度に抑えることがまず必要であり、更には、国際的に活動している大銀行の破綻を未然に防ぐために、金融機関の自己資本の強化が不可欠である」（1998年10月20日、日本記者クラブでの講演）と述べている。ここにも、大手製造業の立場があらわれている。今井会長は、森内閣のとき2001年3月26日の記者会見で、不良債権処理が進まない原因は、「長期にわたる地価の下落により、直接償却を行っても担保が未処理のまま残っていること、危険債権への引き当てが不足していることが問題である」と述べている。

　このような立場は、その後の不良債権処理を強引にすすめた小泉・竹中路線とは明らかに異質のものであった。不良債権処理については、2001年初頭までに基本的に山を越したというのが一般的な見方だったのである。

「不良債権の早期処理」という対日圧力

　しかし森喜朗内閣の末期、2001年4月6日に発表された政府の「緊急経済対策」は、日本経済の「構造調整」のため「喫緊の課題」として「不良債権の抜本的なオフバランス化」を掲げた。その背景について、大門実紀史氏は『「属国ニッポン」経済版』で、次のように指摘している。「2001年3月19日、森首相とブッシュ大統領の会談で、ブッシュが『苦い薬を早く飲めば（病気も）早く良くなる』と不良債権の早期処理をうながし、森首相も『効果的な取り組みを急ぐ』ことを約束。この会談をきっかけに、不良債権の『最終処理』が日本政府の中心課題に浮上」した。*

　＊大門実紀史『「属国ニッポン」経済版──アメリカン・グローバリズムと日本』（2003年6月、新日本出版社）161ページ。

　森首相は4月で退陣し、アメリカの指示を受けた「不良債権早期処理」の実行は、小泉首相に引き継がれることになった。しかし経済がよくなるどこ

ろか、実際には不良債権を処理すればするほど大規模な廃業・倒産が発生し、さらに新規の不良債権が発生するという悪循環に陥ったのである。＊

> ＊筆者は、2001年5月28日の衆議院予算委員会で、不良債権の最終処理の対象となる中小企業数を試算し「少なくとも20万から30万社の中小企業が不良債権処理の対象になる」と指摘し「銀行が資金の回収をおこなった場合、ほとんどの中小企業が再建されず、清算に追い込まれている」と追及した。その後の『中小企業白書』（2009年版）によると、中小企業の数は、2001年の469万社から2004年の433万社へ、3年間で36万社減少していた。

ブッシュ大統領は、小泉首相宛に「親書」（2002年1月17日）を送り、不良債権処理が遅れていることに「強い懸念」を表明した。「日本が不良債権を処分し、（塩漬けになっている）資金や企業の不稼動資産を解き放ち、最も効果的に資産を活用できる人たちの手にゆだねて、機能を回復させることが必要だ」。2002年6月25日にカルガリーでおこなわれた日米首脳会談でも、ブッシュ大統領は不良債権の処理を急ぐように催促している。さらに3カ月後の9月12日の日米首脳会談でも、ブッシュ大統領は処理を急ぐよう小泉総理に迫った。

「竹中プラン」による強引な処理

2001年4月に誕生した小泉内閣は「構造改革」路線を掲げ、「不良債権の処理を最優先する」政策を採用した。小泉首相が、不良債権処理を「構造改革の要」と位置づけた2001年4月から2002年9月までを第1期とすると、竹中平蔵氏が金融担当大臣になり「竹中プラン」を掲げて「不良債権処理の加速」をはかった2002年10月からを第2期と位置づけることができる。

いずれも直接的なきっかけとなったは、アメリカからの「要請」であった。小泉首相は、それまでの態度を変え、不良債権の処理が遅れていることを認めたうえで「不良債権の処理を加速する」という強い決意を表明する。[*1] 小泉首相はアメリカの圧力を受け入れ、2002年9月30日に内閣改造をおこない、金融担当大臣を柳沢伯夫氏から竹中氏にすげ替え、新たな体制で不良債権処

理を加速させる体制をつくった。*2
　*1　詳しくは、大門実紀史、前掲書160〜165ページ参照。
　*2　それまで、柳沢氏は「いまは金融危機の状況にはない。銀行への公的資金の再注入は必要ない」と主張していた。

　竹中大臣が就任してから1カ月後の10月30日、「改革加速のための総合対策」と「金融再生プログラム」(いわゆる竹中プラン)が同時公表された。「総合対策」の冒頭には「不良債権処理の加速策」が盛り込まれ、2年間で「主要行の不良債権比率を現状の半分程度に低下」させるとした。
　これとワンセットで打ち出された「竹中プラン」の最大の特徴は、「これまでにもまして」資産査定を厳格化し「資産査定に関する基準の見直し」をはかること、特に「繰延税金資産に関する算入の適正化」を求めることであった。これは、銀行に対して厳しい対応を迫るものであった。しかも、「新しい公的資金」の投入によって国の関与を強め「不良債権問題を終結させる」とした。
　竹中大臣が狙ったのは、会計ルールを事実上変更して繰延税金資産を大幅に圧縮し、それをテコに大手銀行を資本不足に追い込み、そのうえで預金保険法102条を発動して公的資金を投入するということであった。このプランは、金融危機をいたずらに煽るものとして各方面から大きな批判を招いた。
　全銀協(全国銀行協会)会長の寺西政司会長(UFJ銀行頭取)は、当事者として次のように述べている。「各金融機関は、基本的に現行ルールに従い厳格な査定・引当を実施した上で、十分な自己資本を有しており、資本不足ゆえに金融仲介機能に支障が生じているという事実はない」。「ルールがある日突然、急激に変更されるということになると、銀行経営はもとより市場ならびに投資家に与える影響は小さくないと考える」。「例えば、手を使ってはいけないというルールでサッカーをやっている中で、突然、アメフトのルールに従うべきだということになると、企業を継続的に経営している者としては、非常に困惑するところである」(2002年10月22日、全国銀行協会ホームページより)。

このように当初は、全銀協として厳しく「抵抗」したのであったが、それからわずか2カ月後には、「不良債権処理の加速、金融システムをより強固なものにするための施策の実施と認識している。その大きな方向感について、民間金融機関と大きな違いがあるということでは全くない。……不良債権問題の解決への取り組みを一層加速させていかなければならない」（2002年12月24日）と迎合的な姿勢を見せた。

りそな銀行の一時国有化

　その後、金融庁からの要請に基づき、2003年2月に公認会計士協会の会長通牒「主要行の監査に対する監査人の厳正な対応について」が主要銀行の監査人に通知された。その結果、各銀行で厳格な繰延税金資産の監査がおこなわれることとなった。金融庁のやり方は、表向きにはルールを変えず、監査人を通じて実質的「厳格化」をはかるというものであった。

　金融庁は「特別検査」を再実施し、銀行の自己査定と金融庁検査の格差を公表し、その格差が「是正」されない場合、業務改善命令を出すという手法をとった。資産査定の厳格化で経営危機を迎えたのは、りそなグループであった。りそなは、繰延税金資産の評価を5年としていたところ3年しか評価されず、自己資本比率は6％台から2％台に低下した。竹中大臣は、「6％台と予想されていたものが2％台になった、約4ポイントの低下、そのうち繰延税金資産の評価に係るものが2.6、あと株価の下落等々で0.4ポイント」と答弁している（2003年5月21日、衆議院財務金融委員会）。

　繰延税金資産を厳格に評価した結果、自己資本比率のうち7割が低下するという異常事態となったため、金融庁は6月10日、公的資金の注入に踏み切り「一時国有化」して、国家管理のもとに置いた。「竹中プラン」は、金融庁主導でルールを厳しく適用することによって、金融不安を煽るものとなったのである。

経団連会長と竹中大臣の確執

　なぜ、このように強引ともいえる「不良債権処理の加速」をすすめたのか。ここには、竹中平蔵金融担当大臣をはじめ小泉内閣の金融一辺倒の考え、すなわち金融政策だけで「デフレ脱却」をはかろうとする独特の考え方（マネタリズム）があった。竹中大臣は 2002 年 12 月 24 日、日本経団連の評議員会で来賓挨拶をおこない、その考えを次のように述べている。

　　「デフレと不良債権の悪循環を絶つためにも、一歩踏み込んで不良債権処理を加速するべきというのが小泉総理の判断で、そのために、10 月に金融再生プログラムを用意した。……デフレの要因は様々だが、物価の下落は、すぐれて金融的な現象である。不良債権処理を進め、銀行が健全な金融仲介機能を回復することによって、マネーの供給が増えていくよう、金融庁がしっかり政策を執行することが必要である*」。

＊経団連「経済くりっぷ No.13」2003 年 1 月 28 日。

　日本経団連は、このような金融一辺倒の考え方には必ずしも同調していない。奥田碩会長は、2002 年 9 月 30 日の内閣改造直後に経団連会館で記者会見し、竹中氏を金融担当大臣に据えた内閣改造は「これまで仕上げられなかった不良債権処理を加速化させるという小泉総理の意思表示ではないか」という印象を語っているが、不良債権処理については、「処理を加速させると、その過程で倒産や雇用問題が発生することは避けられない」とし、「金融庁の特別検査によって、銀行経営についての確度の高い数字が把握されており、さらなる特別検査は必要ない」と述べ「2 年、3 年という期限を早める必要もない」と語った。これは、一定の距離を置いた日本経団連としての対応であった。

　奥田氏は 2002 年 2 月 12 日の経済財政諮問会議でも「製造業の立場では、高コスト体質の是正が大事だ。従来から競争力を付けるために高コスト体質是正をやってきたが、やれば物価が下がるのは当たり前で、これが、いったいデフレなのか否かを、いっぺんはっきり定義を下すべきだろう」と述べ不

満を表明している。さらに、奥田氏は2002年10月28日の定例記者会見でも次のように述べている。

「銀行の不良債権処理で、資産査定を厳格化し、銀行がそれに沿ってRCC（整理回収機構——引用者）に債権を売り、自ら債権回収に走って不良債権処理を懸命に行うと、中小企業を中心に傷みを受ける人が多数出てくると言われています。それに対しては、鬼手仏心の気持ちが必要です。学者の世界と政治の世界はそこが違い、使い分けていかなければなりません。……日本経団連では、不良債権を切り落とす方だけを求めるのではなく、産業を再生し伸ばす方も、同じタイミングで上手く進めることが必要であると言ってきました」。

奥田氏のトヨタ自動車が下請けに対して、果たして「鬼手仏心」の気持ちで対応しているのか根本的な疑問は残るが、それは別として、日本経団連が金融機関に対し不良債権処理の加速化という手段ではなく、徹底したリストラで利益を出しながら処理を進めるべきだと政府と違う立場から発言をしていたことは、注目される。

不良債権処理の加速も徹底したリストラも、労働者と中小企業にとっては大きな痛みをともなうものであった。

(4) 金融機関の再編・集中と公的機能の低下

大手銀行を中心とする金融機関の再編・集中、「利益の上がる体質づくり」という小泉内閣の方針は、政府による公的資金の投入と「業務改善計画」によって加速された。

3大メガバンクの形成

金融危機が発生した90年代半ば以降は、三菱銀行と東京銀行の合併によって東京三菱銀行が誕生（1996年4月）、さくら銀行（太陽神戸三井）と住友銀行の合併で三井住友銀行が誕生（2001年4月）している。これらは、銀行

単体での合併であった。

　しかし、持株会社が認められるようになって以降、金融機関の再編は、持株会社方式へと大きな変化をとげる。小泉内閣のもとで「不良債権処理加速」が政策の中心に掲げられると、2001～2005年にかけて急速に再編・集中がおこなわれ、みずほ、三井住友、三菱UFJの3メガバンクが形成された。

　みずほフィナンシャルグループ——2000年9月に第一勧業銀行、富士銀行、日本興業銀行が持株会社みずほホールディングスを設立、3行がその完全子会社（従来の3行の子会社は孫会社）となってグループをつくった。

　三井住友フィナンシャルグループ——2002年12月に三井住友銀行の株式移転によって持株会社、三井住友フィナンシャルグループ（SMFG）を設立し、三井住友銀行がその完全子会社となるかたちでグループを形成した。

　三菱UFJフィナンシャル・グループ——三菱東京フィナンシャル・グループ（2001年4月設立）とUFJホールディングス（2001年4月設立）というふたつの持株会社が、2005年10月に経営統合して誕生した。

　これらの3つのグループは、六大企業集団の枠を超えた合併・再編という点でも、持株会社を頂点とする金融グループを形成しているという点でも、これまでにない新しい特徴をもっていた。

利益第一主義による公的機能の低下

　金融機関に公的資金が投入されると、政府によって「経営健全化計画」等の提出を義務づけられる。政府は、金融機関に対して不良債権の処理とともに徹底したリストラを求め、株主のために利益の上がる体質をつくることを要請し、それが達成できないと「業務改善命令」を出すなどの措置をとった。

　金融機関は、手数料などで役務収入を増加させたり、中小企業への貸出金を大幅に減らし、国債の大量保有に向かうなどの行動をとるようになり、国民への公的な機能が次第に低下していったのである。

第5章　経団連と軍需産業

この章では、経団連と軍需産業がどのような関係にあるのか、政府に何を求めてきたのか検討したい。

1　「防衛装備品」受注企業のなかの経団連役員

　防衛省から武器、弾薬など「防衛装備品」を受注しているのは、どのような会社なのであろうか。表5－1（158～161ページ）をみると、「防衛装備品」を受注している会社（防衛省資料＝中央調達の契約相手方別契約高）の上位20社の推移がわかる。この表は、1970年、1980年、1990年、2000年、2005年、2010年、2014年のそれぞれの年の調達実績である。*

　＊本書の集計時点と同じ年度ごとのランキングである。ただし2015年の実績は、執筆時点ではまだ出ていないので2014年度のデータに基づく。

　まず注目されるのは三菱重工業である。すべての時点で常に1位の座を維持しており、文字通り軍需産業のトップ企業となっている。2014年度の受注額をみると、三菱重工業が2632億円で調達総額の約16.7％を占めている。さかのぼって、2010年度には2600億円で22.2％、2005年度は2417億円で17.6％、2000年度は3074億円で24.4％、1990年度は4408億円で28.1％、1980年度は2345億円で22.3％、1970年度は235億円で10.2％と、三菱重工業は他を圧倒してきた。

　次に注目されるのは、集中度の高さである。2014年度でみると、トップの三菱重工業に続いて、川崎重工の受注額は1913億円で12.2％、日本電気の1013億円で6.4％となっている。20社の受注額を合計すると1兆1385億円となり、中央調達実績総額1兆5717億円のじつに72.4％を占めている。国が発注する「防衛装備品」の7割強を、わずか20社で受注しているので

ある。

　上位20社のなかで入れ替わりがほとんどないのも、特徴のひとつである。この７つの集計時点で、常に名前の出ている企業は、三菱重工業、川崎重工、日本電気、三菱電機、IHI（石川島播磨重工業）、東芝、小松製作所、日立製作所、ダイキン工業の９社である（網掛けで示している）。９社は、20社のなかでも常に上位に位置する「常連」で、日本の軍需産業の中核をなす企業である。

　重視したいのは、このなかに日本経団連の役員をしている企業が多数入っていることである。●印は、経団連役員に関連する企業※である。経団連の役員自体が増加していることも背景にあるが、その数は1970年、1980年がそれぞれ２社、1990年３社、2000年４社、2005年６社、2010年５社、2014年７社と次第に増える傾向にある。中央調達総額に占める経団連役員企業の受注比率はどうか。1970年11.7％、1980年25.5％、1990年33.3％、2000年8.6％、2005年34.4％、2010年36.9％、2014年29.3％である。2000年を例外として増える傾向にある。

＊経団連役員企業の子会社など関連会社を含めている。

　このように、経団連役員企業が防衛省の中央調達額のほぼ３分の１を独占していることは、重視すべき状況である。

2　経団連役員企業に占める軍需産業の位置

　では、軍需産業上位20社に入った経団連役員企業が、逆に経団連役員全体のなかでどのような位置を占めているかをみることにしたい。それを示したのが表５—２（162～163ページ）である。◎印が、中央調達20位のなかに入っている企業である。

　1970年の経団連役員のうち、軍需企業である三菱重工業と東芝がそれぞ

〈表5―1〉 防衛省中央調達上位20社の推移

	1970年度					1980年度			
順位	契約企業	経団連役員	金額(億円)	比率	順位	契約企業	経団連役員	金額(億円)	比率
1	三菱重工業	●	235	10.2%	1	三菱重工業	●	2,345	22.3%
2	石川島播磨重工業		199	8.6%	2	石川島播磨重工業		1,085	10.3%
3	川崎重工		179	7.8%	3	川崎重工		812	7.7%
4	新明和工業		88	3.8%	4	三菱電機		724	6.9%
5	三菱電機		58	2.5%	5	東京芝浦電気	●	329	3.1%
6	日本電気		48	2.1%	6	日本電気		223	2.1%
7	東京芝浦電気	●	35	1.5%	7	伊藤忠アビエーション		140	1.3%
8	小松製作所		34	1.5%	8	日本石油		129	1.2%
9	日本製鋼所		31	1.3%	9	日本製鋼所		123	1.2%
10	日本航空機製造		28	1.2%	10	住友重機械工業		120	1.1%
11	日商岩井		28	1.2%	11	小松製作所		120	1.1%
12	富士重工業		27	1.2%	12	日立造船		114	1.1%
13	ダイキン工業		26	1.1%	13	東京計器		94	0.9%
14	沖電気工業		25	1.1%	14	日立製作所		89	0.8%
15	日立製作所		23	1.0%	15	丸善石油		79	0.8%
16	伊藤忠商事		23	1.0%	16	沖電気工業		78	0.7%
17	島津製作所		22	1.0%	17	新明和工業		73	0.7%
18	富士通		22	1.0%	18	三菱商事		69	0.7%
19	三井造船		21	0.9%	19	ダイキン工業		68	0.6%
20	住友精密工業		19	0.8%	20	島津製作所		67	0.6%
合計		11.7%	1,171	50.7%	合計		25.5%	6,881	65.5%
総契約額			2,308	100.0%				10,506	100.0%

≪出所≫『防衛年鑑』、防衛省資料、有価証券報告書等により作成
注　網掛け部分は、この表で常に20位以内に入っている企業

れ副会長に就いている。また、1980年の役員のなかにも、三菱重工業、東芝の2社が入っており、それぞれ議長と会長という重要ポストに就いている。軍需企業が会長と議長を占めることは、希な現象である。1990年は役員に、三菱重工、東芝、小松製作所の3社が入っており、それぞれ副会長であった。2000年には東芝、小松製作所、日立製作所、伊藤忠アビエーション（伊藤忠の100％子会社）の4社が入り、2社が副会長で2社が副議長であった。2005年は、三菱重工業、三菱電機、東芝、石川島播磨、日立製作所、新日

	1990年度					2000年度			
順位	契約企業	経団連役員	金額（億円）	比率	順位	契約企業	経団連役員	金額（億円）	比率
1	三菱重工業	●	4,408	28.1%	1	三菱重工業		3,074	24.4%
2	川崎重工		1,465	9.3%	2	三菱電機		1,208	9.6%
3	三菱電機		1,003	6.4%	3	川崎重工		987	7.8%
4	石川島播磨重工業		786	5.0%	4	石川島播磨重工業		540	4.3%
5	東芝	●	599	3.8%	5	日本電気		465	3.7%
6	日本電気		545	3.5%	6	東芝	●	430	3.4%
7	日本製鋼所		348	2.2%	7	三井造船		363	2.9%
8	小松製作所	●	224	1.4%	8	小松製作所	●	354	2.8%
9	富士重工業		216	1.4%	9	新明和工業		323	2.6%
10	日立製作所		201	1.3%	10	日本電子計算機		277	2.2%
11	沖電気工業		168	1.1%	11	アイ・エイチ・アイ・エアロスペース		261	2.1%
12	ダイキン工業		166	1.1%	12	日立製作所	●	183	1.5%
13	富士通		151	1.0%	13	山田洋行		159	1.3%
14	住友重機械工業		151	1.0%	14	富士重工業		149	1.2%
15	島津製作所		147	0.9%	15	ダイキン工業		146	1.2%
16	コスモ石油		132	0.8%	16	富士通		146	1.2%
17	日産自動車		131	0.8%	17	三菱商事		144	1.1%
18	三菱プレシジョン		124	0.8%	18	日本製鋼所		143	1.1%
19	日本石油		116	0.7%	19	伊藤忠アビエーション	●	112	0.9%
20	日本工機		112	0.7%	20	沖電気工業		98	0.8%
	合計	33.3%	11,193	88.9%		合計	8.6%	9,562	75.9%
	総契約額		15,688	100.0%		総契約額		12,595	100.0%

（次ページに続く）

本石油の6社が入り、それぞれ副会長3社、副議長3社であった。

2010年には、三菱重工業、三菱電機、小松製作所、新日本石油（JX日鉱日石エネルギー＝JXホールディングスの子会社）の5社が20位以内に入っており、副会長3社、副議長2社であった。2015年には、三菱重工業、ANAホールディングス（政府専用機の整備を受注）＊、三菱電機、小松製作所、伊藤忠（子会社の伊藤忠アビエーションと伊藤忠エネクス）、JX日鉱日石エネルギー、日立製作所の7社が入り、副会長3社、副議長4社であった。

＊日本では、航空自衛隊の特別航空輸送隊が政府専用機（特別輸送機）を運用

(続き)

	2005年度					2010年度			
順位	契約企業	経団連役員	金額（億円）	比率	順位	契約企業	経団連役員	金額（億円）	比率
1	三菱重工業	●	2,417	17.6%	1	三菱重工業	●	2,600	22.2%
2	川崎重工		1,297	9.4%	2	三菱電機	●	1,016	8.7%
3	三菱電機	●	1,142	8.3%	3	川崎重工		892	7.6%
4	日本電気		1,078	7.8%	4	日本電気		863	7.4%
5	東芝	●	495	3.6%	5	アイ・エイチ・アイ・マリンユナイテッド		785	6.7%
6	ユニバーサル造船		397	2.9%	6	富士通		431	3.7%
7	川崎造船		353	2.6%	7	小松製作所	●	334	2.8%
8	石川島播磨重工業	●	348	2.5%	8	川崎造船		310	2.6%
9	小松製作所		338	2.5%	9	IHI		280	2.4%
10	富士通		313	2.3%	10	JX日鉱日石エネルギー	●	191	1.6%
11	富士重工業		291	2.1%	11	東芝	●	183	1.6%
12	伊藤忠商事		274	2.0%	12	日立製作所		181	1.5%
13	日立製作所	●	210	1.5%	13	コスモ石油		165	1.4%
14	中川物産		207	1.5%	14	ダイキン工業		140	1.2%
15	新日本石油	●	127	0.9%	15	日本製鋼所		129	1.1%
16	ダイキン工業		122	0.9%	16	IHIエアロスペース		102	0.9%
17	コスモ石油		121	0.9%	17	中川物産		100	0.9%
18	エム・シー・シー		116	0.8%	18	富士重工業		96	0.8%
19	新明和工業		105	0.8%	19	カメイ		93	0.8%
20	アイ・エイチ・アイ・エアロスペース		103	0.7%	20	沖電気工業		91	0.8%
	合計	34.4%	9,854	71.6%		合計	36.9%	8,982	76.7%
	総契約額		13,738	100.0%		総契約額		11,732	100.0%

している。これまで、ボーイング747-400を2機、運用してきたが、2019年にボーイング777-300ERに代替する予定である。その整備をANAが受注した。2014年に計上されたのは、次期政府専用機（1機分）の取得額である。

　このようにみてくると、経団連の役員のうち軍需企業が一定の比率で入っていることが分かる。経団連役員企業に占める軍需企業の数とその比率をみると、1970年は11社中2社で18.2%、1980年は16社中2社で12.5%、1990年は21社中3社で14.3%、2000年は24社中4社で16.7%、2005年は28社中6社で21.4%、2010年は33社中5社で15.2%、そして2015年は37

2014年度				
順位	契約企業	経団連役員	金額（億円）	比率
1	三菱重工業	●	2,632	16.7%
2	川崎重工		1,913	12.2%
3	日本電気		1,013	6.4%
4	ANAホールディングス		928	5.9%
5	三菱電機	●	862	5.5%
6	IHI		619	3.9%
7	富士通		527	3.4%
8	東芝		467	3.0%
9	小松製作所	●	339	2.2%
10	三井造船		319	2.0%
11	伊藤忠アビエーション	●	287	1.8%
12	JX日鉱日石エネルギー	●	261	1.7%
13	日立製作所	●	219	1.4%
14	コスモ石油		207	1.3%
15	沖電気工業		162	1.0%
16	伊藤忠エネクス	●	160	1.0%
17	ダイキン工業		138	0.9%
18	昭和シェル石油		123	0.8%
19	日本製鋼所		107	0.7%
20	ジャパンマリンユナイテッド		102	0.6%
	合計	29.3%	11,385	72.4%
	総契約額		15,717	100.0%

社中7社で18.9％であった。低いときで1980年の12.5％、高いときで2005年の21.4％である。常に1～2割は軍需企業が占めており、全体として増加する傾向にある。

　このように、日本経団連役員企業が軍需産業に深く関わり、国の軍事予算への依存を深めている。そのため、経団連の行動には軍需産業の要望が色濃く反映している。以下、歴史的にふり返りながら、経団連と軍需産業の関係をみることにしよう。

〈表5―2〉 日本経済団体連合会のなかの軍需企業 （◎は防衛省中央調達上位20社以内の企業）

1970年3月	1980年3月	1990年3月	2000年3月
会長　経団連会長 副会長　住友化学工業 副会長　丸紅飯田 ◎ 副会長　東京芝浦電気 ◎ 副会長　三菱重工業 副会長　新日本製鐵 副会長　富士銀行 副会長　経団連事務総長	◎ 会長　東京芝浦電気 副会長　新日本製鐵 副会長　富士銀行 副会長　日産自動車 副会長　東レ 副会長　近畿日本鉄道 副会長　三菱鉱業セメント 副会長　住友化学工業 副会長　東京電力 副会長　経団連事務総長	会長　新日本製鐵 副会長　東京電力 副会長　トヨタ自動車 ◎ 副会長　三菱重工業 副会長　昭和シェル石油 副会長　住友銀行 副会長　富士銀行 副会長　三井物産 副会長　住友化学工業 ◎ 副会長　東芝 副会長　ソニー ◎ 副会長　小松製作所	会長　新日本製鐵 副会長　三井物産 副会長　三菱化学 副会長　日産自動車 ◎ 副会長　日立製作所 副会長　東レ 副会長　イトーヨーカ堂 副会長　ソニー 副会長　東京三菱銀行 副会長　東京電力 ◎ 副会長　小松製作所 副会長　松下電器産業
議長　三井銀行 副議長　神戸製鋼所 副議長　松坂屋 副議長　東洋紡績 副議長　野村證券	◎ 議長　三菱重工業 副議長　松坂屋 副議長　東洋紡績 副議長　野村證券 副議長　神戸製鋼所 副議長　三井物産	議長　三井造船 副議長　九州電力 副議長　太陽神戸銀行 副議長　ワコール 副議長　大和證券 副議長　住友商事 副議長　川崎製鐵 副議長　日本長期信用銀行 副議長　サントリー	議長　東京電力 ◎ 副議長　伊藤忠商事 副議長　資生堂 副議長　富士銀行 副議長　アサヒビール 副議長　日本生命保険 副議長　清水建設 副議長　住友化学工業 副議長　日石三菱 副議長　住友銀行 ◎ 副議長　東芝 副議長　本田技研工業
2　18.2%　11	2　12.5%　16	3　14.3%　21	4　16.7%　24
※1970年度の装備品中央調達上位20社に基づく	※1980年度の装備品中央調達上位20社に基づく	※1990年度の装備品中央調達上位20社に基づく	※2000年度の装備品中央調達上位20社に基づく ※伊藤忠商事の支配下にある伊藤忠アビエーション㈱が調達20位以内に入っている

＜資料＞ 『経済団体連合会五十年史』および日本経済団体連合会ホームページ、防衛省資料より作成
※◎印は、防衛庁（省）受注20位以内の経団連役員企業
※企業リストの下の数字は、左から軍需産業の企業数、比率、役員企業数
※1970年3月、1980年3月、1990年3月、2000年3月、2005年3月、2010年3月の各時点、およ

2005年3月	2010年3月	2015年7月
会長　トヨタ自動車	会長　キヤノン	会長　東レ
副会長　新日本製鐵	◎副会長　新日本石油	副会長　アサヒグループホールディングス
◎副会長　東芝	副会長　三菱商事	副会長　東京海上日動火災保険
副会長　本田技研工業	副会長　パナソニック	副会長　新日鐵住金取締役
副会長　キヤノン	副会長　第一生命保険	副会長　トヨタ自動車
副会長　日本ガイシ	副会長　三井物産	◎副会長　日立製作所
副会長　東京三菱銀行	副会長　東レ	副会長　JXホールディングス
副会長　住友商事	副会長　みずほフィナンシャルグループ	副会長　日本電信電話
◎副会長　日立製作所	副会長　三菱重工業	副会長　野村證券
◎副会長　三菱重工業	副会長　野村ホールディングス	副会長　日本生命保険
副会長　ソニー	副会長　全日本空輸	副会長　三菱東京UFJ銀行
副会長　武田薬品工業	副会長　三井不動産	◎副会長　三菱重工業
副会長　日本電信電話	副会長　東京電力	副会長　住友化学
副会長　住友化学	副会長　トヨタ自動車副	副会長　三井物産
副会長　日本郵船	◎副会長　東芝	副会長　日本郵船
副会長　東京電力	副会長　新日本製鐵	
議長　松下電器産業	議長　住友化学	議長　三井不動産
副議長　イトーヨーカ堂	副議長　日本ガイシ	◎副議長　ANAホールディングス
副議長　ユニ・チャーム	副議長　昭和電工	副議長　旭化成
副議長　第一生命保険	副議長　王子製紙	副議長　三菱電機
副議長　大成建設	副議長　J.フロント リテイリング	副議長　東レ
◎副議長　石川島播磨重工業	副議長　アサヒビール	副議長　キヤノンマーケティングジャパン
副議長　資生堂	副議長　三菱UFJフィナンシャル・グループ	◎副議長　小松製作所
副議長　オリックス	副議長　住友商事	副議長　清水建設
◎副議長　新日本石油	副議長　武田薬品工業	副議長　味の素
◎副議長　三菱電機	副議長　ソニー	副議長　東京ガス
副議長　味の素	◎副議長　三菱電機	副議長　昭和電工
副議長　三井不動産	◎副議長　小松製作所	副議長　大成建設
	副議長　大和証券グループ本社	副議長　大和証券グループ本社
	副議長　日本電信電話	副議長　三井住友海上火災保険
	副議長　日本郵船	副議長　三菱商事
	副議長　積水化学工業	副議長　三越伊勢丹ホールディングス
	副議長　東日本旅客鉄道	◎副議長　伊藤忠商事
		副議長　東日本旅客鉄道
		副議長　第一生命保険
		副議長　三井住友銀行
		副議長　BTジャパン
6　21.4%　　　28	5　15.2%　　　33	7　18.9%　　　37

※2005年度の装備品中央調達上位20社に基づく

※2010年度の装備品中央調達上位20社に基づく

※新日本石油と新日鉱ホールディングスは、2010年4月にJXホールディングスの完全子会社となる。2010年7月、新日本石油がジャパンエナジー及び新日本石油精製を合併し、JX日鉱日石エネルギーに社名変更

※2014年度の装備品中央調達上位20社に基づく

※JXホールディングス傘下のJX日鉱日石エネルギーが調達上位20社以内に入っている

※伊藤忠商事の支配下にある伊藤忠エネクスが調達20位以内に入っている

び2015年7月末現在の役員・企業

3　経団連・防衛生産委員会の役割

　日本経団連には、さまざまな委員会が設けられているが、そのひとつに防衛生産委員会がある。防衛生産委員会委員長には、最大の軍需会社である三菱重工業の幹部（社長、会長、相談役等）が常に就任している。また、これと密接に関連する宇宙開発利用推進委員会の委員長には、三菱電機の幹部などが就任している。これらが中心となって軍需産業の要望をまとめ、政府に対し頻繁に「政策提言」をおこなっている。

　表5－3（166～177ページ）は、戦後70年間の軍需産業に関する経団連の要望と政府の動きを一覧表にしている。

朝鮮特需と兵器生産の再開

　第1章でみた通り、経団連が防衛生産委員会を設置した背景には、1950年6月25日に勃発した朝鮮戦争があった。

　1950年6月に朝鮮戦争が勃発すると、アメリカは極東における軍需品の大量確保を必要とした。経団連は、ダレス講和特使の来日を機に、1951年1月25日「講和条約に対する基本的要望」を発表している。その内容は、アメリカの軍事援助と必要最小限度の自衛力整備の必要を説き、日米経済協力を要請するものであった。その直後の2月9日、経団連はアメリカの要請を受け、内部の特別組織として日米経済提携懇談会を発足させた。＊

　＊『防衛生産委員会十年史』（経団連・防衛生産委員会編集・発行、1964年6月）7ページ。

　経団連の『防衛生産委員会十年史』は、こう書いている。「講和発効を契機として、アメリカ軍の調達には1つの変化があらわれるにいたった。言うまでもなく、その内容は弾薬等を中心とする完成兵器であって、ここにアメ

リカ軍発注というきわめて変則的なかたちのもとに日本も武器生産再開へと踏み切ることになった」。

1952年8月には、旧日米安保条約の締結にあわせて、日米経済提携懇談会を日米経済協力懇談会へと改組し、その内部に総合政策委員会、防衛生産委員会[*1]、アジア復興開発委員会の3つの委員会を設けた。経団連は「『防衛生産委員会』に活動の重点を置いて新事態に対処することを決定」している[*2]。防衛生産委員会は、兵器、艦船、航空など20近い分科委員会をもつ中心的存在であった。

 ＊1　初代委員長は、三菱重工業の郷古潔社長。同氏は太平洋戦争時の東条内閣顧問で、戦後はA級戦犯として逮捕、公職追放された経歴をもつ。
 ＊2　『防衛生産委員会十年史』9ページ。

朝鮮特需を契機に、経団連が防衛生産委員会を設置したことは、軍需産業の再興とその利益を拡大するうえで重要なできごとであった。

朝鮮戦争にともなう米軍特需の規模は、米会計年度で1952年55億円、1953年208億円、1954年229億円、1955年21億円、1956年8億円、あわせて521億円であった[*]。1951年のGNPが4兆4,350億円の時代であったから、この巨額の朝鮮特需は、軍需生産を再開させ軍需依存企業の息を吹き返させ、日本経済の「復興」に大きなインパクトを与えたのである。

 ＊『日本兵器工業会三十年史』（1983年3月、日本兵器工業会）109〜110ページ。

しかし、朝鮮特需は一時的なもので急速に衰退する。軍需企業は「過剰となった弾薬類の生産設備の散逸を防ぐため」政府から防衛産業施設維持負担金を交付されたが、それも2年半をもって終了した。その後は、防衛庁の需要に依存するようになる。しかし特需のような大規模な需要は望めなかった。軍需産業の経営者は、この時から「低迷期を迎えた」と嘆くのである[*]。

 ＊日本兵器工業会（現在の日本防衛装備工業会）の創立30周年記念式典の式辞で、会長の舘野万吉氏は、防衛庁が創立され第一次防衛力整備計画がつくられたが「毎年の武器関係受注額は平均して33億円程度にとどまり、業界はこ

〈表5—3〉軍需産業に関する経団連の要望、政府の動き

年月日	経団連の要望等	政府の決定等
1945年8月14日		ポツダム宣言を受諾
1945年9月2日		降伏文書に調印
1945年9月18日	経済団体連合委員会結成	
1946年8月16日	経済団体連合会（経団連）創立	
1950年6月25日		朝鮮戦争勃発
1950年7月8日		マッカーサー元帥、警察予備隊75,000人創設、海上保安庁8,000人増員を許可
1950年8月10日		警察予備隊令公布・施行
1951年1月25日	講和条約に対する基本的要望	
1951年2月9日	日米経済提携懇談会発足	
1951年3月15日	日米経済の協力態勢に関する意見	
1951年9月8日		対日講和調印、日米安保条約調印
1952年3月8日		総司令部、兵器製造許可を指令
1952年3月27日	連合国軍総司令部に対する感謝と将来の基本政策に関する決議（経団連第10回総会）	
1952年5月2日		米軍、完成兵器の発注開始
1952年8月12日	日米経済提携懇談会を経済協力懇談会に改組。その下に防衛生産委員会を設置	
1952年8月13日		兵器生産協力会設立
1952年10月6日		通産省議で兵器生産育成方針決定
1952年10月15日		保安隊発足
1952年11月18日	産業政策の確立に関する意見（防衛生産に対する政策の明確化を要請）	
1953年5月12日	経団連、日経連、関経連3団体で基本経済政策に関する意見（防衛生産に関する方針の確立と計画的推進を要請）	
1953年6月29日		MSA援助に関する日米交換文書発表
1953年7月15日	MSA受け入れに関する一般要望意見	
1953年7月27日		朝鮮戦争休戦
1953年10月14日	保安庁の調達に対する要請覚書	

1953年10月30日		池田・ロバートソン会談、自衛力漸増の共同声明
1953年12月28日	防衛生産関係設備資金の確保に関する緊急要望意見	
1954年3月8日		MSA協定署名
1954年3月29日	防衛生産態勢の整備に関する要望意見	
1954年6月16日	防衛生産総合調整機構の確立に関する要望意見	
1954年7月1日		防衛庁設置、陸・海・空自衛隊発足
1955年3月29日	弾薬類等の継続生産に関する緊急要望意見	
1957年5月20日		「国防の基本方針」国防会議、閣議で決定
1957年6月14日		「防衛力整備計画」（1次防）国防会議決定、閣議了解
1957年12月20日	次期戦闘機機種早期決定について	
1958年1月23日	特需の振興対策の実施に関する意見	
1958年3月27日	兵器、航空両工業界、GM協議会ならびに防衛生産員会の4団体で防衛産業研究会の設置を決定	
1958年8月6日	銃砲弾製造設備維持対策の継続に関する要望意見	
1959年9月25日	防衛産業研究会中間報告を発表	
1960年1月9日		日米安保条約と新行政協定に調印
1960年6月23日		日米新安保条約発効
1960年11月1日	武器類の長期一括契約方式に関する要望	
1961年5月22日	防衛装備国産化懇談会発足	
1961年6月2日	経団連宇宙平和利用懇談会発足	
1961年7月18日		「第2次防衛力整備計画」国防会議・閣議決定
1961年7月26日	宇宙開発体制の整備に関する意見	
1961年9月21日	防衛装備国産化懇談会が、8つの意見書を発表	
1961年12月19日		大蔵省、1962年度予算で5カ年の長期一括契約方式を認める

1962年2月9日	防衛装備国産化懇談会が、防衛装備国産化の基本方針に関する意見	
1962年11月1日		防衛施設庁発足
1962年12月21日	宇宙開発本部の設置に関する要望意見	
1964年6月5日	米国の無償援助打ち切りに伴う装備国産に関する意見	
1966年2月21日	第3次防衛力整備計画に関する要望意見	
1966年11月29日		「第3次防衛力整備計画の大綱」国防会議・閣議決定
1967年3月14日		「第3次防衛力整備計画の主要項目」国防会議・閣議決定
1969年5月9日		国会で宇宙の平和利用に関する決議
1970年8月12日	次期中期防衛力整備問題にかんするわれわれの見解	
1970年10月20日		第1回防衛白書「日本の防衛」発表
1971年1月25日		防衛庁装備局長と軍需産業関係団体代表者と懇談
1971年5月13日		中曽根防衛庁長官と軍需産業関係6団体との4次防に関する懇談会
1971年7月30日		全日空機、自衛隊機と衝突（雫石）
1972年2月7日		「第4次防衛力整備5か年計画の大綱」国防会議決定（2.8閣議決定）
1972年7月28日	装備品調達に伴う原価と価格に関する意見	
1972年10月9日		「第4次防衛力整備5か年計画の主要項目」国防会議、閣議決定
1972年10月9日		「第4次防衛力整備5か年計画の策定に際しての情勢判断および防衛の構想」国防会議、閣議決定
1973年10月17日		第一次石油ショック発生（OPEC石油公示価格21％引上げ）
1973年12月13日	新時代をひらく宇宙開発に関する意見	
1975年4月1日		昭和52年度以後の防衛力整備計画案の作成に関する長官指示（10.29、2次指示）

1975年4月1日		日米防衛首脳会談（坂田・シュレシンジャー、東京）
1976年2月27日		武器輸出に関する政府統一見解（武器の定義を含む）発表（三木内閣）
1976年5月	防衛力整備問題に関するわれわれの見解	
1976年6月4日		第2回防衛白書「日本の防衛」発表（以降毎年発表）
1976年7月8日		防衛協力小委員会（SDC）設置
1976年9月3日	経団連防衛生産委員会主催、軍需産業界が装備局長と懇談（防衛生産の問題点に関し要望）	
1976年10月29日		「昭和52年度以降に係る防衛計画の大綱について」国防会議・閣議決定
1976年11月5日		「当面の防衛力整備について」、「防衛力の整備内容のうち主要な事項の取扱いについて」国防会議・閣議決定
1977年1月12日	わが国の安全保障と防衛力整備のあり方について	
1977年1月18日	宇宙開発に関するわれわれの見解	
1977年8月	わが国防衛産業の現状分析と今後の対応	
1977年8月10日		防衛庁、有事法制研究を開始
1977年12月29日		F-15、P-3C導入、国防会議決定（12.29閣議了解）
1977年7月17日	防衛装備品に対する利益率算定に関する意見	
1978年11月27日		「日米防衛協力のための指針」を日米安保協議委員会了承、11.28国防会議で審議のうえ、閣議で報告され了承
1978年12月1日	防衛装備品調達契約に係る外国為替リスク対応策に関する要望	
1979年5月30日	防衛装備品に対する利益率算定に関する要望	
1979年7月17日		「中期業務見積りについて（昭和55年度～昭和59年度）」発表

1979年11月15日	防衛関係予算に関する覚え書き	
1979年11月16日	防衛装備研究開発の推進に関するわれわれの見解	
1979年12月26日	防衛装備品に対する利益率算定方式に関する提案	
1980年2月25日		海上自衛隊、リムパックに初参加（～3.18）
1980年9月3日		第1回日米装備・技術定期協議（ワシントン、～9.4）
1980年9月5日	防衛装備品の利益率算定方式に関する要望	
1982年1月12日	宇宙開発行政のあり方に関する提言	
1982年2月15日	防衛行政のあり方に関する提言	
1982年4月9日	56中業に対する見解	
1983年1月14日		対米武器技術供与についての内閣官房長官談話
1983年11月8日		「日本国とアメリカ合衆国との間の相互防衛援助協定に基づくアメリカ合衆国に対する武器技術の供与に関する交換公文」署名
1984年10月16日		防衛庁、「有事法制の研究について」で今後の研究の進め方などを公表
1985年4月12日	59中業に対する要望	
1985年9月18日		「中期防衛力整備計画」国防会議・閣議決定、ペトリオットの導入国防会議決定・閣議了解
1985年12月27日		対米武器技術供与実施細目取極締結
1986年7月1日		「安全保障会議設置法」施行
1986年10月20日	SDI研究計画への参加に関する当面の要望について	
1987年1月24日		対米武器技術供与第1号政府決定
1987年1月30日		「今後の防衛力整備について」安全保障会議・閣議決定
1988年3月2日		「在日米軍駐留経費負担にかかる特別協定」署名（6.1発効）
1988年4月12日		「在日米軍駐留経費負担にかかる特別協定の改正議定書」署名（6.1発効）

1988年11月29日		「日米相互防衛援助協定に基づく日本国に対する一定の防衛分野における技術上の知識の供与に関する交換公文」署名
1988年10月25日	これからの我が国宇宙開発のあり方に関する要望——21世紀における我が国生き残り戦略の確立を目指して	
1989年5月16日	次期防衛力整備計画に対する要望	
1989年6月9日	平成2年度概算要求に対する要望（宇宙開発関係）	
1990年2月20日		武器技術共同委員会「FS-X関連武器技術」対米供与決定
1990年6月13日	宇宙開発関係の平成3年度概算要求に対する要望——中期的見通しを踏まえて	
1990年6月21日		安全保障関係閣僚会議の設置について日米で原則同意
1990年12月20日		「中期防衛力整備計画（平成3年度～平成7年度）について」安全保障会議・閣議決定
1991年4月24日		「ペルシャ湾への掃海艇等の派遣について」安全保障会議・閣議決定
1991年6月25日	今後の宇宙開発の推進に対する要望	
1992年12月18日		「中期防衛力整備計画（平成3年度～平成7年度）の修正について」安全保障会議・閣議決定
1993年7月20日	今後の宇宙開発の進め方に対する要望	
1994年2月23日		内閣総理大臣のもとに「防衛問題懇談会」発足
1994年2月25日		防衛庁の「防衛力の在り方検討会議」発足
1994年6月21日	今後の宇宙開発に対する要望	
1994年8月12日		防衛問題懇談会終了、村山首相に報告
1994年12月1日		第1回アジア太平洋安全保障セミナー（防衛研究所主催、～12.17）

1995年5月11日	新時代に対応した防衛力整備計画の策定を望む	
1995年6月9日		今後の防衛力の在り方についての第1回安全保障会議開催（以降、12.14まで計13回実施）
1995年6月21日	国民生活の質向上に資する宇宙開発の推進を要望する	
1995年9月27日		「在日米軍駐留経費負担にかかる新特別協定」署名（96.4.1発効）
1995年11月28日		「平成8年度以降に係る防衛計画の大綱について」安全保障会議・閣議決定
1995年12月14日		「中期防衛力整備計画（平成8年度〜平成12年度）について」安全保障会議決定（12.15、閣議決定）
1995年12月14日		「次期支援戦闘機の整備について」安全保障会議決定（12.15閣議了解）次期支援戦闘機の型式「F-2」と決定
1996年4月15日		日米物品役務相互提供協定および手続取極署名（10.22発効）
1996年6月14日	魅力ある国家づくりに寄与する宇宙開発の推進を望む	
1996年4月17日		日米安全保障共同宣言
1997年1月31日	日米安全保障産業フォーラム（IFSEC）設置、第1回会合	
1997年6月11日	わが国宇宙開発・利用の課題——21世紀の戦略的国際的インフラ構築に向けて	
1997年9月23日		新日米防衛協力のための指針を日米安全保障協議委員会了承
1997年12月19日		「中期防衛力整備計画（平成8年度〜平成12年度）の見直しについて」安全保障会議・閣議決定
1998年4月28日		日米物品役務相互提供協定を改正する協定の署名
1998年7月7日	わが国の宇宙開発・利用および産業化の推進を望む	

1998年12月25日		「弾道ミサイル防衛にかかる日米共同技術研究について」安全保障会議了承
1999年5月24日		「日米物品役務相互提供協定」を改正する協定（周辺事態へ対応する活動に関する協力の追加）国会承認（9.25発効）
1999年7月6日	総合的な宇宙開発・利用政策の確立と宇宙産業の基盤強化・産業化の推進	
1999年8月16日		「弾道ミサイル防衛（BMD）に係る日米共同技術研究に関する日米政府間の交換公文および了解覚書」署名
2000年6月20日	経団連　宇宙政策ビジョン──わが国宇宙開発・利用体制の改革と宇宙利用フロンティアの拡大	
2000年9月11日		「在日米軍駐留経費負担にかかる新特別協定」署名（01.4.1発効）
2000年9月19日	次期中期防衛力整備計画についての提言	
2000年12月15日		「中期防衛力整備計画（平成13年度～17年度）について」安全保障会議・閣議決定
2001年9月21日		「防衛力の在り方検討会議」発足
2002年12月16日		日米安全保障協議委員会（川口・石破・パウエル・ウォルフォウィッツ、ワシントン）
2002年12月17日		日米防衛首脳会談（石破・ラムズフェルド、ワシントン）
2002年12月	日米安全保障産業フォーラム（IFSEC）共同宣言──日米防衛産業界の関心事項	
2003年12月19日		弾道ミサイル防衛システムの導入、政府決定（安全保障会議・閣議決定）
2004年3月26日		弾道ミサイル防衛システムの導入、国会で決定（平成16年度予算案参院本会議で可決成立）

第5章　経団連と軍需産業

2004年6月22日	宇宙開発利用の早期再開と着実な推進を望む	
2004年7月20日	今後の防衛力整備のあり方について――防衛生産・技術基盤の強化に向けて	
2004年12月10日		「平成17年度以降に係る防衛計画の大綱について」「中期防衛力整備計画（平成17年度～平成21年度）について」安全保障会議、閣議決定
2005年1月18日	わが国の基本問題を考える――これからの日本を展望して	
2005年2月19日		日米安全保障協議委員会（「2＋2」、ワシントン）日米共通の戦略目標を確認
2005年3月2日	宇宙開発利用推進に向けた第3期科学技術基本計画に対する要望	
2005年10月29日		日米安全保障協議委員会（「2＋2」、ワシントン）「日米同盟：未来のための変革と再編」共同発表
2005年12月24日		「弾道ミサイル防衛用能力向上型迎撃ミサイルに関する日米共同開発について」安全保障会議および閣議決定
2006年1月23日		「在日米軍駐留経費負担にかかる新特別協定」署名（06.4.1発効）
2006年4月23日		在日米軍再編にともなう在沖米海兵隊のグアム移転経費の負担について日米合意
2006年5月1日		日米安全保障協議委員会（「2＋2」、ワシントン）「再編実施のための日米ロードマップ」発表
2006年6月20日	わが国の宇宙開発利用推進に向けた提言	
2006年6月23日		日米相互防衛援助協定にもとづく米国への武器・武器技術の供与に関する交換公文
2007年3月20日	実効ある安全保障貿易管理に向けて制度の再構築を求める	

2007年5月1日		日米安全保障協議委員会（「2＋2」、ワシントン）「同盟の変革：日米の安全保障および防衛協力の進展」発表
2007年7月17日	宇宙新時代の幕開けと宇宙産業の国際競争力強化を目指して	
2008年1月25日		「在日米軍駐留経費負担にかかる新協定」署名
2008年12月20日		「中期防衛力整備計画（平成17年度～平成21年度）の見直しについて」安全保障会議・閣議決定
2009年1月7日		安全保障と防衛力に関する懇談会設置
2009年1月15日		防衛省「宇宙開発利用に関する基本方針について」決定
2009年2月17日	戦略的宇宙基本計画の策定と実効ある推進体制の整備を求める	
2009年5月18日	宇宙基本計画に関する意見	
2009年7月14日	わが国の防衛産業政策の確立に向けた提言	
2009年8月1日		「安全保障と防衛力に関する懇談会」報告書
2009年10月20日		第1回防衛省政策会議
2009年12月17日		「平成22年度の防衛力整備等について」安全保障会議・閣議決定
2010年1月19日		日米安保締結50周年に当たっての「2＋2」共同発表
2010年4月12日	国家戦略としての宇宙開発利用の推進に向けた提言	
2010年5月28日		日米安全保障協議委員会（「2＋2」）共同発表
2010年7月20日	新たな防衛計画の大綱に向けた提言	
2010年7月20日	欧州の防衛産業政策に関する調査ミッション報告	
2010年12月17日	平成23年度以降に係る防衛計画の大綱に関する米倉会長コメント	「平成23年度以降に係る防衛計画の大綱について」、「中期防衛力整備計画（平成23年度～平成27年度）について」安全保障会議、閣議決定

2011年1月21日		「在日米軍駐留経費負担にかかる新協定」署名（4.1発効）
2011年3月11日		東日本大震災
2011年5月17日	宇宙基本法に基づく宇宙開発利用の推進に向けた提言	
2011年6月21日		日米安全保障協議委員会（「2＋2」、ワシントン）「より深化し、拡大する日米同盟に向けて：50年間のパートナーシップの基盤の上に」発表
2011年7月1日	米国の防衛産業政策に関する調査ミッション報告	
2011年12月19日		「次期戦闘機の整備について」安全保障会議決定・閣議了解
2011年12月27日		「防衛装備品等の海外移転に関する基準」に関する内閣官房長官談話
2011年12月27日	「防衛装備品等の海外移転に関する基準」に関する米倉会長コメント	
2012年4月27日		日米安全保障協議委員会（「2＋2」）共同発表
2012年6月		防衛省の防衛生産・技術基盤研究会の最終報告
2012年4月10日		英国との間で防衛装備品の共同開発・生産などに関する共同声明
2012年7月17日	日米防衛産業協力に関する共同声明	
2012年12月26日		第2次安倍内閣発足
2013年1月25日		「平成25年度の防衛力整備などについて」安全保障会議・閣議決定
2013年5月14日	イタリアおよびイギリスの防衛産業政策に関する調査ミッション報告	
2013年5月14日	防衛計画の大綱に向けた提言	
2013年10月3日		日米安全保障協議委員会（「2＋2」、東京）日米防衛相会談（東京）
2013年12月4日		国家安全保障会議設置

2013年12月17日	国家安全保障戦略および平成26年度以降に係る防衛計画の大綱等に関する米倉会長コメント	「国家安全保障戦略について」「平成26年度以降に係る防衛計画の大綱について」「中期防衛力整備計画（平成26年度〜平成30年度）について」国家安全保障会議、閣議決定
2014年4月1日	「防衛装備移転三原則」に関する米倉会長コメント	「防衛装備移転三原則」の閣議決定
2014年6月19日		防衛省「防衛生産・技術基盤戦略」を公表
2014年11月16日		沖縄知事選で翁長候補が勝利
2014年11月18日	宇宙基本計画に向けた提言	
2014年12月1日		NATOに初の自衛隊員派遣
2015年3月13日		日仏外務防衛閣僚会合。防衛装備品及び技術の移転に関する協定に調印
2015年3月20日		安保法整備に関する与党（自民・公明）協議会が具体的方向性を提示
2015年5月11日	榊原会長が記者会見で安保関連法の整備を求める	
2015年5月14日		戦争法案（安保法案）を閣議決定
2015年9月15日	防衛産業政策の実行に向けた提言	
2015年9月19日		戦争法案（安保法案）を参議院本会議で、与党が採決強行

注　「経済団体連合会五十年史」、「日本兵器工業会三十年史」、「防衛白書」、「防衛年鑑」等により作成

こに低迷期を迎えてしばらく雌伏のやむなきに至った」と述べている（『日本兵器工業会三十年史』42ページ）。

　その後、日本の軍需産業は、朝鮮特需のような膨大な兵器需要をふたたび蘇らせようと、政府に対してくり返しさまざまな要望を提出する。その中心は、①軍事予算の増額、②武器輸出3原則の撤廃、③軍事を含む宇宙開発の推進等であった。以下、具体的な経過を見ることとしよう。

4　日本の再軍備と軍事予算の増額

(1)　経団連の「軍事大国」構想と兵器国産化要望

　経団連と軍需企業は、兵器市場を拡大するため、まず何よりも軍事予算の増額による国産装備の拡大に力を注いだ。

　経団連・防衛生産委員会は、朝鮮戦争のさなかに「産業政策の確立に関する意見」（1952年11月18日）を提出し、軍需生産に対する政策の明確化を要請している。1953年5月12日には、経団連、日経連、関経連の3団体連名で「基本経済政策に関する意見」を提出し、「防衛生産に関する方針を確立してこれを計画的に行うこと」を要請した。

　旧安保条約の時期、1954年3月に日米間で調印されたMSA協定（日本国とアメリカ合衆国との間の相互防衛援助協定）は、その後の日本の再軍備の柱となった。MSA協定は、第8条で次のように定めている。

　　「自国の政治及び経済の安定と矛盾しない範囲でその人力、資源、施設及び一般的経済条件の許す限り自国の防衛力及び自由世界の防衛力の発展及び維持に寄与し、自国の防衛能力の増強に必要となることがあるすべての合理的な措置を執り、且つ、アメリカ合衆国政府が提供するすべての援助の効果的な利用を確保するための適当な措置を執る」。

　経団連・防衛生産委員会は、MSA協定調印（1954年3月8日）直後、「防衛生産態勢の整備に関する要望意見」（3月29日）を提出し、軍需生産を米軍特需の形態から「自衛力の裏付け」としての態勢に移行すべきであると主張した。朝鮮戦争特需が終了した後は、国の軍事予算に依存し「国産装備品の生産」（国産化）によって成り立つ産業を目指したのである。

＊『経済団体連合会五十年史』24ページ。

1954年7月1日には、陸・海・空3自衛隊が発足する。後に経団連会長を務めた植村甲午郎氏は、1955年2月の『経団連月報』巻頭論文「わが国産業構造の問題と防衛産業」でこう述べている。

「防衛規模の議論としては、日本経済全体との釣合いが問題となろうが、一旦ある規模が決定される限り、これが装備を国産化することの必要はいうまでもない」。「防衛産業が如何にも不必要であるかのごとき議論も聞くが、産業の基礎のない防衛力が砂上の楼閣の危険を蔵することはいうまでもなく、さらに産業の振興の関係からも、最近の防衛が航空機、電子兵器等、技術の最高水準が要求されるために、防衛産業の確立が一般工業の技術水準向上と密接な関連を有することを看過する議論といわざるをえない。これを要するに防衛産業はその規模よりいえば、当面の産業構造上むしろニグリジブルであるが、その一般工業技術面よりいえば非常に重要な地位にあるものといえよう」。

このように、当時の経団連・防衛生産委員会は、再軍備と兵器国産化による軍需産業の復活を目指し、それをテコとする日本の産業発展の姿を描いていたのである。

経団連・軍需産業による「軍事大国」構想——いわゆる「経団連試案」

経団連・防衛生産委員会が、新たな兵器需要を確保するため、1953年2月に試案として日米両政府に提案したのが「防衛生産の規模測定に関する研究」であった。これが「経団連試案」と呼ばれる日本「軍事大国」構想である。

経団連の『防衛生産委員会十年史』によれば「一定のバランスを持った堅実なかたちにおいて兵器生産を再建しようとすれば、結局、日本自体の自衛力の将来規模がなんらかのかたちで明らかにされ、これを基本的なベースとして進めていくことが、どうしても必要であった」と記されている。その試算のため、防衛生産委員会のもとに審議室を設け、軍需生産関係の専門家を

審議室委員とし、さらに各専門委員会ごとの技術参与、100社あまりの軍需関係会社と協力する態勢をつくりあげた。それは、1952年8月の防衛生産委員会発足と同時に作業が始められ、翌年の1953年2月に完成した。

試算された再軍備の規模は、陸上兵力30万人、海上兵力7万人、艦艇29万トン、航空兵力13万人、航空機3750機で、その総員は、現在の自衛隊のじつに2倍以上であり、軍事費が国民所得に占める割合は最大10％に及ぶというものであった*。これは、戦後70年の歴史のなかで、経団連・防衛生産委員会が初めて描いたもっとも巨大な「軍事国家構想」であった。

 ＊朝日新聞2015年8月14日付では「再軍備、経団連マル秘試案」として報道されている。その内容は『防衛生産委員会十年史』の第3章「防衛生産の規模測定に関する研究――いわゆる『経団連試案』の概要」89～105ページにも載っている。

この構想は、実際には日本国憲法と国民の平和志向のもとで、経団連が「期待」するかたちで実現しなかったのは当然のことである。ただし当時の経団連が、日本の再軍備と強大な軍事国家を目指していたことは、重大な事実として記憶にとどめておかなければならない。

防衛力整備計画と経団連の軍拡要望

その後も経団連は、1954年3月29日に「防衛生産態勢の整備に関する要望意見」を出し、6月16日には「防衛生産総合調整機構の確立に関する要望意見」を提出している。

このような状況のもとで、1957年6月には「第1次防衛力整備計画」（1958年～60年）が閣議決定された。これは、戦後初めてつくられた「防衛力整備計画」であった。これに対し、経団連・防衛生産委員会は「政府に対して要望してきたことが、ここにはじめてほぼ結実を見た*1」と高く評価した。ただし、この第1次防衛力整備計画は、装備品の調達を米国に強く依存する計画であった*2。

 ＊1『防衛生産委員会十年史』14ページ。

＊2 『防衛年鑑』（1988年版）419ページ。

　1961年7月に決定された「第2次防衛力整備計画」は、装備品の研究開発・国産化の方向を示すものであった。経団連は、1962年2月に「防衛装備国産化の基本方針に関する意見」を発表し、「防衛力を常時待機即応の状態にしておくためには、その裏付けとなる生産力も稼働即応状態にしておく」べきだと主張した。

＊『経済団体連合会五十年史』42ページ。

　第3次防衛力整備計画（1967年〜1971年）に対して、経団連は「第3次防衛力整備計画に関する要望意見」（1966年2月21日）を提出し、「立案にあたっては、防衛費の国民所得に対する割合を、その最終年度において、現在の1.3〜1.4％から2.0％程度までもっていくとの考え方が伝えられているが、……現在、防衛庁において検討されている程度の負担率は、かつて対国民所得比2％以上の防衛費負担にもかかわらず、国際的にも異例の経済成長をとげたという過去の実例に接するとき、経済の安定成長との関連において、あえて論議すべき理由を見い出し難い」とのべている。GNPの2％程度の軍事予算など問題にもならない、限界を議論すべきではないとする無制限の大軍拡要望であった。

　1970年代に入ると「次期中期防衛力整備問題にかんするわれわれの見解」（1970年8月12日）を出し、1972年には「装備品調達に伴う原価と価格に関する意見」を提出している。「意見」のなかで「防衛産業界から見ると、政府の予算不足のしわ寄せをうけて、不当に安い価格での受注を余儀なくされてきたのが実情である」。「現実の調達価格が適正価格とみなされ、これがまた次の予算枠設定のベースとされるという悪循環を招いている」などと述べ、露骨な予算増額と単価の引き上げを求めている。

　1977年になると経団連は、1978年度の予算編成に関連して、PXL（次期対潜哨戒機）、FX（次期主力戦闘機）の「国産化率の向上」を強く働きかけている。さらに、77年度以降の防衛力整備計画について、毎年度の予算編成で規模を決めるのではなく「中長期計画」に改めるべきだと主張している。

その結果、訓令にもとづき1979年7月に「中期業務見積り」(1980〜84年度)を策定することになった。ここには、政府に中長期的な軍拡計画をつくらせ、安定した軍需生産をすすめようとする経団連の意向が反映している。

経団連・防衛生産委員会が、1979年11月15日に公表した「防衛関係予算に関する覚え書き」は、①1980年度の「防衛予算」の対GNP比率は54年度(1979年度)の0.90％を下回らないよう特段の措置を講ずること、②中期業務見積りの期限内に1％まで計画的に引き上げることを求めている。*

> *真田尚剛「戦後防衛政策と防衛費——定量的歯止めを中心に」は、GNP1％枠をめぐる防衛庁・与党内の確執を詳しく紹介している。立教大学「21世紀デザイン研究」2010年9号、31〜44ページ。

「防衛計画の大綱」(1976年に閣議決定)の次の中期業務見積りとなる「56中業」の策定にあたって、経団連・防衛生産委員会は1982年4月9日「56中業に対する見解」を公表した。そこでは、「防衛力の質的向上を目指すには資本支出(装備品購入費、研究開発費、施設整備費の合計)の充実をはからねばならぬ……。しかるに防衛関係費に占める同支出の比率は……先進諸外国に比べて依然として低い。この際、先進諸外国の最低水準とされる30％への早期到達を目指し、計画的にその充実をはかるべきであろう」と装備品調達等の大幅な予算増額を求めている。*

> *1976年5月には、経団連・防衛生産委員会が「防衛力整備問題に関するわれわれの見解」を提出し「維持補給能力を含め、防衛生産力を基盤的防衛力形成の重要な一環として確認すること」を求め、「わが国は、4次防計画の経過にてらしても明らかなように、基盤生産力としての防衛生産に対する認識が必ずしも十分とはいいがたい。武器輸出を事実上禁止している現状を考慮するとき、防衛生産力の維持・育成は……いつにかかって、政府の施策如何にある」と述べ、軍事予算の増額を求めている。1976年9月3日には、経団連・防衛生産委員会と軍需産業界が防衛庁の装備局長と懇談し、防衛生産の問題点に関し要望し、それを受けて10月29日、「昭和52年度(1977年度)以降に係る防衛計画の大綱について」が国防会議・閣議で決定された。

表5—4にみるように、これらの経団連・軍需産業の要請に政府が忠実に

〈表５－４〉軍事予算と防衛省中央調達額の推移（単位：億円）

年度	A 軍事予算（当初予算）	中央調達額 B	B/A
1962年度	2,085	975	46.8%
1963年度	2,412	931	38.6%
1964年度	2,751	1,120	40.7%
1965年度	3,014	1,359	45.1%
1966年度	3,407	1,396	41.0%
1967年度	3,809	1,859	48.8%
1968年度	4,221	2,425	57.4%
1969年度	4,838	2,703	55.9%
1970年度	5,695	2,308	40.5%
1971年度	6,709	3,534	52.7%
1972年度	8,002	3,477	43.4%
1973年度	9,355	3,697	39.5%
1974年度	10,930	4,372	40.0%
1975年度	13,273	4,845	36.5%
1976年度	15,124	5,197	34.4%
1977年度	16,906	5,846	34.6%
1978年度	19,010	7,126	37.5%
1979年度	20,945	7,373	35.2%
1980年度	22,302	10,506	47.1%
1981年度	24,000	8,158	34.0%
1982年度	25,861	12,425	48.0%
1983年度	27,542	12,673	46.0%
1984年度	29,346	11,034	37.6%
1985年度	31,371	11,516	36.7%
1986年度	33,435	11,994	35.9%
1987年度	35,174	12,719	36.2%
1988年度	37,003	13,973	37.8%
1989年度	39,198	15,000	38.3%
1990年度	41,593	15,688	37.7%
1991年度	43,860	14,163	32.3%
1992年度	45,518	13,821	30.4%
1993年度	46,406	13,718	29.6%
1994年度	46,835	13,536	28.9%
1995年度	47,236	13,353	28.3%
1996年度	48,455	13,555	28.0%
1997年度	49,475	13,200	26.7%
1998年度	49,397	12,431	25.2%
1999年度	49,322	12,639	25.6%
2000年度	49,358	12,595	25.5%
2001年度	49,553	12,687	25.6%
2002年度	49,560	12,792	25.8%
2003年度	49,527	12,732	25.7%
2004年度	49,026	13,062	26.6%
2005年度	48,560	13,738	28.3%
2006年度	48,136	13,226	27.5%
2007年度	48,013	13,034	27.1%
2008年度	47,796	13,820	28.9%
2009年度	47,741	12,627	26.4%
2010年度	47,903	11,732	24.5%
2011年度	47,752	14,716	30.8%
2012年度	47,138	15,287	32.4%
2013年度	47,538	12,693	26.7%
2014年度	48,848	15,717	32.2%
2015年度	49,801		
2016年度	52,426（概算要求）		

≪出所≫ 「防衛白書」「防衛年鑑」により作成
注１　1983年以前の中央調達額は国内調達額。1984年以降は中央調達分の契約実績
注２　A は1997年度から SACO 関係経費、2007年度から米軍再編関係経費（地元負担軽減分）を含む
注３　2016年度概算要求は、SACO 関係経費、米軍再編地元負担軽減を前年度同額に仮置き

第５章　経団連と軍需産業　183

応え、1960年代から80年代にかけて、軍事予算も中央調達実績も増加し続けた。軍事予算は1962年の2085億円から1970年の5695億円へ2.7倍に増額し、さらに1980年には2兆2302億円となった。1970年から1980年の10年間で3.9倍に増額している。さらに、中央調達額は1962年の975億円、1970年の2308億円、1980年の1兆506億円に急増している。1962年〜1970年で2.4倍、1970年〜1980年の10年間で4.6倍という飛躍的な増え方であった。この間のインフレを考慮に入れたとしても、急速な増加ぶりは明らかであろう。

経団連による「兵器国産化」要望

　経団連は、兵器市場を確保するために「国産化」を求めた。日本兵器工業会（現在の日本防衛装備工業会）会長の舘野万吉氏[*1]は、「私共業界は国の防衛需要にのみ依存し、しかも国産装備品の生産のみによって成立する産業であります」と述べている[*2]。ここには、軍事予算拡大による兵器の国産化が唯一の利潤源であるという立場があからさまに表明されている。

　＊1　1940年に日本製鋼所入社。海軍呉工場で戦艦大和、戦艦武蔵等の建造に従事。1979年に同社社長（のち相談役）。
　＊2　創立30周年記念式典（1981年10月23日）の式辞。『日本兵器工業会三十年史』43ページ。

　第2次防衛力整備計画（1962〜1966年）は、アメリカの無償援助が打ち切られたもとでつくられ、装備の国産化への道に踏み出すものであった。経団連は、1964年6月5日「米国の無償援助打ち切りに伴う装備国産に関する意見」を提出し、次のように要望した。「新しい防衛力整備計画の立案においてもまた現行計画の実施においても……防衛生産力が防衛力の不可欠の要素である事実を重視し、装備は極力これを国産することとし、これに必須の要件たる研究開発には更に一段の力を傾注する必要がある」。

　第3次防衛力整備計画（1967〜1971年度）では、まず「計画の大綱」が示され「計画の主要項目」がつくられた。それは、期間中の「追加量」を整

備計画の目標として示すものであり、軍事力の増強をめざす意図が明確にあらわれていた。

　第4次防衛力整備5カ年計画（1972〜1976年度）の当初案は、軍需産業界が「魅力的な内容」と評価するほどの軍拡計画であったが、1973年10月に勃発した第1次石油ショックによって狂乱物価が発生しコストが急騰したため、装備品の受注量が大きく落ち込む状況があらわれた。

　＊『日本兵器工業会三十年史』42ページ。

　経団連は、1979年11月16日に「防衛装備研究開発の推進に関するわれわれの見解」を公表し、軍事装備品の「研究・開発の充実」を求めて働きかけを強めている。1982年2月15日にも「防衛行政のあり方に関する提言」を発表して、国防会議の機能強化、防衛庁内部部局の充実などを求めるとともに、「装備は自主的な開発と国産を基本とする」こと、「防衛生産に関する適正規模の維持」などを要請している。このように、この段階では、あくまでも国産化を基本とする要望を繰り返している。

　1982年に入ると、4月9日に「56中業に対する見解」を公表している。「56中業」とは、1983年度から87年度を対象期間とする中期業務見積もりである。このなかで、経団連は、①「56中業」を国防会議、閣議の決定とすること、②「防衛費の総額に占める資本支出の比率を30％以上に、研究開発費の比率を3％に高めること、③武器の政府間輸入比率を下げ商社などの輸入を増加させること、などをあげている。経団連・防衛生産委員会は、1982年6月17日、7月6日および7月30日に、自民党の防衛関係議員との懇談会を開いて、その要望を伝えている。

　＊『経済団体連合会五十年史』452ページ。

　これらの要望を反映して、次の「59中業」（1986〜1990年度）は、従来の「防衛省内部の資料」から格上げされ、「中期防衛力整備計画」（1986〜1990年度）として国防会議と閣議で決定された。

(2) 軍事予算の抑制と武器輸出の衝動

　政府は、1990年12月20日に、次の「中期防衛力整備計画（1991〜1995年度）について」を閣議決定した。経団連は、整備計画最終年の1995年に、軍需産業界の要望を取りまとめ「新時代に対応した防衛力整備計画の策定を望む」という提言を提出している。
　そこで、「わが国の防衛生産・研究開発、装備の維持・補給・能力向上を支えているのは、産業界である」とし、「防衛力整備に当たっては、防衛生産・技術基盤の存在は不可欠であり、新中期防において基盤の維持・強化を安全保障上の重要課題とすべきである」と述べ「主要装備品を安定的に調達する」ことを求めている＊。

　　＊経団連の1995年要望は、さらに「(1)装備品調達計画のみならず、主要研究開発プロジェクトも明示する。(2)主要装備品を安定的に調達する。なお、火器・弾薬等、民需の殆ど期待できない製品を生産する防衛専業企業に対しては、当該企業の防衛事業継続を支援する」と、軍需生産・技術基盤の維持・強化を重点とした軍需産業へのてこ入れと、装備品の安定的な購入を要望している。

　2000年9月19日に経団連は、「次期中期防衛力整備計画についての提言」を提出し「次期中期防において、……危機管理の一環として防衛力を位置づけ、基盤的防衛力整備に加え、ITを活用した統合された情報共有基盤の構築、弾道ミサイルに対する防衛対処能力、国際平和協力対処能力、緊急時の即応対処能力等の向上に取り組むこと」を求めている。それに応ずるかたちで、同年12月15日に「中期防衛力整備計画（平成13年度〜17年度）について」が閣議決定された。
　しかし、中央調達実績は、1990年の1兆5688億円をピークに、2010年度には1兆1732億円に減少した。軍事予算は2002年の4兆9560億円をピークに、2012年には4兆7138億円となった。このように軍事費全体の伸びが

頭打ちとなったことから、経団連・軍需産業は、それを突破するため、軍事予算の増額とともに海外への武器輸出の衝動をいっそう強めることになる。

経団連が初めて憲法改悪を掲げる

　経団連は、2005年1月18日に「わが国の基本問題を考える――これからの日本を展望して」と題する提言を出している。そこにはこう書いている。「本報告書は、……これまで触れてこなかった外交・安全保障や憲法などについても検討を加えた」。「基本問題の第一は、全ての活動の前提となる安心・安全の確保のための安全保障であり、国際社会への積極的な関与、信頼の獲得に向けた外交である。第二に、これらの理念・目標を具体化するためには、国の基本法である憲法の見直しが避けられない」。この提言で、経団連として初めて憲法改悪に言及したのである。

　さらに、2009年7月14日には「わが国の防衛産業政策の確立に向けた提言」を発表し、「わが国においては、欧米のような防衛専業の大企業は存在せず、……産業基盤としては規模・体制ともに不十分であると言わざるを得ない」と述べ、「安全保障にとって不可欠な装備品を取得するためには適正な規模の予算の確保が必要である」と主張した。

　2009年8月の総選挙の結果、自民党政権から民主党政権へと政権交代がおこなわれたが、日本経団連の軍拡要望が止まることはなかった。

産軍学共同の軍事研究を求める

　2010年7月20日に、日本経団連は「新たな防衛計画の大綱に向けた提言」を出した。そこでは、「防衛技術・生産基盤の維持・強化は、国家としての重大な責務である」。「防衛・民生両用技術については、経済効果も大きいと期待されるため、産学官が連携して開発することが適切である。第4期科学技術基本計画の策定にあたっても、国民の安全・安心に関わる技術として、防衛関連技術を明確に位置付けるべきである」と述べている。

　軍事研究・開発を産学官が共同して取り組むこと、科学技術基本計画に軍

事技術を位置づけることを民主党政権に臆面もなく求めている。日本経団連は、2010年7月に「欧州の防衛産業政策に関する調査ミッション報告」(欧州報告)、2011年7月に「米国の防衛産業政策に関する調査ミッション報告」(米国報告)をおこなった。*

> *欧州報告ではこう書いている。「本年(2010年)、民主党政権における初めての『防衛計画の大綱』が策定される予定であるが、防衛大臣はじめ新たに設置された有識者懇談会や関係方面にどのような産業政策が効果的か指摘するためには、海外の防衛産業政策の実態について把握したうえで、新たに提言をとりまとめることが効果的である」。また、米国報告では「昨年12月に、政府は防衛計画の大綱および中期防衛力整備計画を策定し、防衛生産・技術基盤に関する戦略の策定や、装備品の国際共同開発など国際的な環境変化への対応策に関する検討が盛り込まれた。その着実な実施や、防衛産業政策の確立を実現するためには、わが国の最大のパートナー国である米国の防衛産業政策を参考にすることが有効である」と述べている。

これらの報告は、民主党政権に対して、軍需産業の要望を積極的に取り入れた防衛産業政策を実現するよう働きかけるために活用された。

(3) 安倍内閣の大軍拡路線

2012年12月の総選挙で、ふたたび自民党が政権につき第二次安倍晋三内閣が誕生した。そのもとで、日本経団連は2013年5月14日「防衛計画の大綱に向けた提言」をおこなった。その内容は、以下の通りである。

> 「防衛産業は防衛装備品のライフサイクル全般に関わり防衛の一翼を担う。防衛生産・技術基盤の維持・強化は、国家としての重大な責務である」。「安全保障政策は国家の根幹であり、防衛生産・技術基盤は安全保障上、装備品の開発・生産・運用支援を通じて重要な役割を担っている。防衛計画の大綱において、防衛産業の意義を明確に定義し、防衛生産・技術基盤の維持・強化に関する戦略の基本方針を策定すべきである。その上で、長期的な観点からより詳細な『防衛生産・技術基盤戦略』を策定・実行し、

重要分野の明確化や維持・強化、国際共同開発・生産の推進、契約面での官民の公平なリスク負担を実現すべきである。これらのグローバル化に向けた各種環境整備により将来の展望が明確に示されることを期待する」。

抑制されていた軍事予算は、表5－4（183ページ）のように2012年度の4兆7138億円を底に、2013年度4兆7538億円、2014年度4兆8848億円、2015年度4兆9801億円と急増し、2016年度の概算要求では5兆2426億円と、5兆円を突破する状況となった。安倍内閣による大軍拡への転換である。

2013年12月17日に政府が「国家安全保障戦略」と「防衛計画の大綱」「中期防衛力整備計画2014～18年度」を決めると、経団連会長は「評価する」というコメントを出した。

5　武器輸出三原則の撤廃

軍事費全体の伸びが頭打ちのかたちとなるなかで、経団連・軍需産業は軍事予算の増額を求めながら、新たな海外市場確保への要望を強めるようになった。国の予算のみに依存する武器市場では限界があるため、世界に向けて武器市場を拡大しようというのである。そのためには、武器輸出三原則の撤廃が必要であり、さらに宇宙軍拡にも参加したいというのが経団連の要望である。

もともと、武器輸出による軍需産業の復活・強化は、経団連・軍需産業の長年にわたる「悲願」であった。経団連・防衛生産委員会の『防衛生産委員会の三十年』（1964年）によると、「自衛隊の平時の必要補給率だけを対象として防衛生産を考えると、民間企業としては経済的に成り立ちがたい」と述べ、「輸出を行うことができるならば……防衛生産と国民経済上の矛盾する要素を緩和する一つの手段として」有効であり、「輸出の問題について組織的かつ計画的な検討を行うことが必要」と主張している。

そのうえで、経団連・防衛生産委員会は「主として東南アジア市場について組織的な調査を続け」「外務省、通産省、防衛庁等の関係部局とのあいだに頻繁な会合をもってその可能性等を検討した」と書いている。さらに、1956年3月に、「植村甲午郎（後の経団連会長）、稲垣平太郎（1949年第3次吉田茂内閣で商工大臣）の両氏を団長とする経済協力親善使節が経団連から東南アジア5カ国に派遣されたのは、このような含みもあってのことであった」と明かしている。
*　経団連・防衛生産委員会　編集出版『防衛生産委員会三十年史』110〜111ページ。また同書は、武器輸出を求める軍需産業の論理について「市場の拡大を追求するということは、いわば企業の本能的欲求とも称すべきものである。特に防衛生産面においては、需要が限定され、経営上の合理的な経済規模と需要との調整について常に頭を悩まされる場合が少なくなく、その隘路打開が企業経営者にとっては重要な一つの課題であった」と述べている。

(1) 武器輸出三原則の確立の経緯

　先に述べたように、戦後、わが国では武器そのものの生産が禁止されていた。しかし1950年の朝鮮戦争を機に、駐留軍向けに砲弾、ロケット弾、小銃弾、火薬などの許可制による武器製造が大規模におこなわれ、1953年以降も1968年にかけて主に銃弾とピストルを中心に、アメリカ以外にもビルマ、南ベトナム、インドネシア、タイなどに武器輸出をおこなっている。
*　日本機械工業連合会・日本戦略研究フォーラム『武器輸出3原則の見直しと防衛機器産業への影響調査報告書』（2005年3月）35〜36ページ。

　武器輸出三原則が生まれる契機となったのは、東京大学で開発されたペンシルロケットがインドネシアやユーゴスラビアに輸出され、それが武器に転用される可能性があると国会で取り上げられたことにある。
　佐藤栄作総理は、輸出貿易管理令等の運用指針として、①共産国、②国連決議により武器輸出が禁止されている国、③国際紛争当事国またはそのおそ

れのある国に対しては武器輸出を認めない、という3つの原則を明らかにした[*]。これが、政府による「武器輸出三原則」の初めての表明であった。

　＊1967年4月21日、衆議院決算委員会での佐藤総理答弁。

　その後、1976年に武器の定義をめぐって国会で議論があり、救難飛行艇US-1、輸送機C-1などの輸出の是非をめぐって論戦がおこなわれた。このとき、三木武夫総理が2月27日に「武器輸出に関する政府統一見解」を表明した^{*1}。それは、①武器輸出三原則対象地域については武器の輸出を認めない、②武器輸出三原則対象地域以外の地域については武器の輸出を慎む、③武器製造関連設備の輸出については武器に準じて扱うものとする、という三つの原則である。これによって、事実上、武器と武器技術の全面的な輸出禁止措置が講じられることとなる^{*2}。

　＊1　1976年2月27日、衆議院決算委員会での三木総理の答弁。
　＊2　沓脱和人「『武器輸出三原則等』の見直しと新たな『防衛装備移転3原則』」(『立法と調査』2015年2月　参議院事務局企画調整室編集・発行、58ページ)。

　さらに1981年3月には、堀田ハガネ事件[*]を受け、衆参本会議で「武器輸出問題に関する決議」が全会一致で採択された。その決議には「武器輸出について、厳正かつ慎重な態度をもって対処する」ことが盛り込まれた。ここには、平和を求める世論と国会論戦が反映している。

　＊鋼材輸出商社である堀田ハガネが、輸出貿易管理令に反して韓国の大韓重機工業に砲身等を輸出した事件。

(2)　対米武器技術供与

　武器輸出に活路を求めようとした経団連・軍需産業を封じ込めていたのは、「武器輸出三原則」であった。
　この三原則を突き崩す最初の一撃は、アメリカ政府から加えられた。アメリカは日本に防衛分野の技術交流を求め、日本政府がこれに応じて武器技術

を対米供与する閣議決定をおこなった。それを1983年1月14日の官房長官談話で公表し「供与に当たっては、武器輸出三原則によらないこととする」方針を示した。その武器技術には「供与を実効あらしめるため必要な物品であって武器に該当するものも含む」としている。

　それまでの政府見解や国会決議を踏みにじり、アメリカの要求に忠実に従って武器技術とそれに関連する武器の供与を認めたのである。これが、武器輸出三原則に対する最初の骨抜きであった。1983年11月8日に日米間で「相互防衛援助協定」に基づく交換公文が取り交わされ、対米武器技術供与の枠組みがつくられた。米国防総省が関心をもったのは、光電子工学、ミリ波・マイクロ波技術であった。この対米武器技術供与を皮切りに、2010年までに官房長官談話による18件の「例外措置」が次々と積み重ねられた。＊

　　＊18の例外措置の一覧表は、前出「『武器輸出三原則等』の見直しと新たな『防衛装備移転3原則』」59ページ。

(3)　SDI構想への参加表明

　1980年代における軍事問題のもうひとつの焦点は、アメリカの戦略防衛構想SDI（Strategic Defense Initiative）への参加問題であった。この構想は、1983年3月にレーガン米大統領が提唱したもので、人工衛星に搭載したレーザー兵器や迎撃ミサイルによって、飛来するミサイルを破壊するという構想であった。1985年度から89年度の5年間で260億ドルを投入し、大陸間弾道弾（ICBM）を防御するシステムを研究する計画であったが、巨額の予算が投じられたものの実現には至らなかった。

　アメリカ政府は、SDIの研究開発への西側諸国の参加を求め、イギリス、西ドイツ、イスラエル、イタリアはアメリカとの2国間協定を結んで参加した。日本は、中曽根康弘総理が1985年初頭の日米首脳会談でSDI構想への「理解」を表明し、3度の訪米調査をおこない、1986年9月9日に内閣官房長官の談話で参加を明らかにした。

経団連・防衛生産委員会は、1986年10月20日に「SDI研究計画への参加に関する当面の要望について」を出し、①参加国の保有する独自の技術・ノウハウ・情報が保護されること、②わが国に適用される米国の秘密保持に関する規定を明確にすること、③政府は参加企業の契約前後の各段階において十分な支援をおこなうこと、などを求めた。SDI構想は、軍需産業を中心とする軍事研究分野での大がかりな国際共同研究構想であった。

(4)　日米軍需産業から三原則撤廃の圧力

　経団連は、1995年の要望「新時代に対応した防衛力整備計画の策定を望む」で「米国との間で、輸出管理政策の運用、研究開発成果の取扱い、民生技術に係わる企業の権利保護等を解決し、共同研究開発・生産を円滑に実施できる環境を整備すべきである」として、武器輸出三原則のいっそうの緩和を求めた。
　経団連・防衛生産委員会は、1997年1月、日米防衛産業間の初の対話の場として「日米安全保障産業フォーラム（IFSEC）」を設立し、1997年10月に日米防衛・装備技術協力を推進する日米共同提言をまとめている。さらに、1998年1月20日に開催された日米装備・技術定期協議（S&TF、国防総省と防衛庁の装備局長レベルの会合）のために来日したジャック・ギャンスラー米国国防総省次官（取得・技術担当）を経団連・防衛生産委員会総合部会＊に招き、今後の日米防衛装備・技術協力について交流した。
　＊経団連・防衛生産委員会・総合部会長は、西岡喬三菱重工業常務取締役。
　2002年12月には、「日米安全保障産業フォーラム（IFSEC）共同宣言――日米防衛産業界の関心事項」が公表され、＊そのなかで「日本政府は日米の防衛開発、生産の協力に資するよう、現在の武器輸出管理政策について、輸出制限の例外を広げる形で、より柔軟な運用を行なうべきである」と提言している。
　＊日米安全保障産業フォーラムは、日米の軍需産業の代表が交流する場として

1997年1月に第1回会合が開かれている。日本側の事務局は、日本経団連の防衛生産委員会に置かれている。日本側は、三菱重工業、石川島播磨重工業、川崎重工など12社が委員企業となっており、アメリカ側はボーイング社、ゼネラル・エレクトリック社、ロッキード・マーティン社など8社が委員企業となっている(「しんぶん赤旗」2003年11月6日付)。

　また、同宣言は「IFSECのメンバー間でも、日米の防衛産業協力のあり方が、単なる供給者(米国)と顧客(日本)の関係から、将来の防衛システムの開発におけるパートナーシップを構築する関係へと発展していることが認識されている。この防衛協力の発展は、連携協力が市場での取引や調達という枠を超えて、将来の防衛装備のニーズの共有にまで及ぶに違いない」と書いている。武器輸出三原則の見直しは、日米軍需産業の強い要望であった。

　2010年12月17日に、民主党政権のもとでつくられた2011年度以降の「防衛計画の大綱」に関して、日本経団連は「米倉会長コメント」を出し「防衛装備品の国際共同開発・生産への参加が可能となるよう、武器輸出三原則等の具体的な見直しを求めたい」と要望した。

　2012年7月17日には、日本経団連・防衛生産委員会と在日商工会議所・航空宇宙防衛産業委員会は、「日米防衛産業協力に関する共同声明」を出し、「日米防衛産業協力にとって大きな前進である武器輸出三原則等の運用見直しを前提に、防衛産業からの視点で両国の協力強化に向けた課題を本共同声明にまとめることとした」と述べている。

　このように、日米の軍需産業が一体となって、日本政府に繰り返し圧力を加えることにより、武器輸出三原則の撤廃への道が準備されてきたのである。

(5)　安倍内閣による三原則の撤廃

　2012年12月総選挙で、自民党が再び政権につき第二次安倍内閣が誕生した。安倍内閣は、誕生早々に「積極的平和主義」を掲げて軍備増強路線に大きく舵を切り、ついに2014年4月1日、それまでの「武器輸出三原則」を

廃止し「防衛装備移転三原則」に置き換えたのである。それは、武器輸出三原則のもとで繰り返されてきた「例外措置」を恒常化し、武器輸出に踏み出すものであった。「防衛装備移転三原則」は、政府が「平和的貢献・国際協力の積極的な推進に資する」「わが国の安全保障に資する」と判断しさえすれば、「移転を認める」というものである。

　防衛省は、2014年6月19日に「防衛生産・技術基盤戦略――防衛力と積極的平和主義を支える基盤の強化に向けて」(以下「戦略」)を公表し、これまでは「武器輸出三原則」があったため「防衛産業にとっての市場は国内の防衛需要に限定され」「脆弱化」を招いたと総括し、そのうえで、いまや「一国ですべての防衛生産・技術基盤を維持・強化することは、資金的にも技術的にも困難」と述べ、従来の「国産化方針」を転換し、新「防衛装備三原則」にもとづく「国際共同開発・生産」に乗り出すことを鮮明にした。

　これは、武器輸出の原則禁止から原則実施への180度の転換である。また、兵器の「国産化方針」から「国際市場への売り込み」「国際的共同開発・生産」へと根本的に転換したことを意味する。

(6) 産軍複合体づくりと「産軍学共同」の推進

防衛装備庁の発足

　この「戦略」によると、軍事技術は幅広い裾野産業を必要としており「防衛技術と民生技術との間でデュアル・ユース化、ボーダーレス化が進展している」ので、軍事の「先端技術による国内産業高度化への寄与」が可能となると述べている。そのうえで、軍需産業の国際競争力強化を説き「適正な利潤が確保される必要がある」と述べている。これは、軍需産業の肥大化を露骨に表明したものであり、日本における経済の軍事化・産軍複合体を目指す姿勢を鮮明にしたものである。

　政府は、その体制づくりとして、防衛装備庁を設置する法案(防衛省設置

法改正案) を強行し、2015年10月から同庁を発足させた。防衛装備庁は、軍事予算の約4割を握り、職員1800人(事務官・技官約1400人、自衛官約400人)を擁し、陸・海・空の自衛隊が別々におこなってきた装備品調達、研究開発、輸出を一元的に管理することになる。

それは、武器の国際的共同開発・生産を推進しアメリカなどとの軍事協力をいっそう強め、日本の軍事産業の育成・強化をはかろうとするものである。戦闘機や護衛艦などの大型プロジェクトは、専任チームを設けて試作から量産、整備まで管理する。民間企業や大学の技術力を取り込むため、装備品に応用できる研究への資金援助にも乗り出すという。
＊2015年6月10日、日本経済新聞・電子版。

4月23日の衆院安全保障委員会に、法案審議の参考人として出席した獨協大学の西川純子名誉教授は、防衛装備庁の目的は「武器調達の合理化であり、防衛産業基盤の育成である」と指摘し、「その先に見えるのは、軍産複合体である」と厳しく批判した。

産軍学共同への動き

「戦略」は、この産軍複合体づくりに、政府・産業界だけでなく、「大学や研究機関との連携強化」を掲げている。それは、学問の自由や大学の自治を踏みにじっても、大学と研究機関を軍事のために利用しようとする産軍学共同の体制づくりである。

日本経団連は、2015年9月15日に「防衛産業政策の実行に向けた提言」(以下「提言」)を公表した。戦争法案(安保法案)が与党によって強行採決される、わずか4日前のことである。このなかには、現時点における財界・軍需産業の本音が露骨に表明されている。「現在、国会で審議中である安全保障関連法案が成立すれば、自衛隊の国際的な役割の拡大が見込まれる。自衛隊の活動を支える防衛産業の役割は一層高まり、その基盤の維持・強化には国際競争力や事業継続性等の確保の観点を含めた中長期的な展望が必要である」。

＊日本経団連の榊原会長は、2015年5月の記者会見でこう述べた。「わが国を取り巻く安全保障上の環境は大きく変化している。……安全保障関連法制を着実に整備してほしい」。2015年9月19日、戦争法案（安全保障関連法案）が参議院本会議で自民・公明両党によって採決が強行され、多くの国民の怒りを広げた。日本共産党はただちに「戦争法（安保法制）廃止の国民連合政府の実現」を呼びかけ（9月19日）、一致する政党・団体・個人の共同を訴えた。

6 宇宙の軍事利用

わが国の宇宙開発は、1955年度にロケット開発予算が初めて計上されて以来、国の重要政策として推進され、1960年5月には開発体制整備のため宇宙開発審議会を設置している[*1]。木原正雄氏は、「わが国の宇宙開発技術の習得が、ロケット、ミサイル兵器の研究開発とは、けっして無縁ではない」と指摘している[*2]。

*1 木原正雄『日本の軍事産業』（1994年8月、新日本出版社）113ページ。日本では、1940年に陸軍がロケットエンジンの開発を始め、その後1945年にロケット戦闘機「秋水」の初飛行を試みたが失敗し敗戦を迎えた。

*2 前掲書、116ページ。木原正雄氏は、「ロケット、ミサイル兵器の研究開発と生産を背景にし、宇宙開発体制が、政府＝科学技術庁を中心にして整備されるとともに、経団連を中心とした関連企業の開発、生産も軌道に」乗ったと指摘している。

経団連による宇宙開発関係の活動は、1961年6月2日に経団連宇宙平和利用懇談会を発足させたことに始まる。その年の7月26日に「宇宙開発体制の整備に関する意見」を建議し、宇宙開発に関する基本政策と長期計画の策定、国際協力などを求めた。さらに1962年12月21日には、懇談会を改

第5章 経団連と軍需産業

組した宇宙平和利用特別委員会が「宇宙開発本部の設置に関する要望意見」を出し、総合的な行政機関として宇宙開発本部を設けること等を求めている。

(1) 宇宙開発の「平和利用原則」確立の経緯

　1969年5月9日、衆議院本会議で「我が国における宇宙の開発及び利用の基本に関する決議」がおこなわれた。決議は「わが国における地球上の大気圏の主要部分を超える宇宙に打ち上げられる物体及びその打ち上げ用ロケットの開発及び利用は、平和の目的に限り、学術の進歩、国民生活の向上及び人類社会の福祉をはかり、あわせて産業技術の発展に寄与するとともに、進んで国際協力に資するためこれをおこなうものとする」と書いている。

　この決議でも明らかなように、日本の宇宙開発は「非軍事」を貫き「平和利用に限る」というのが基本原則であった。この立場は、政府も認めざるをえなかった。決議がおこなわれる前日の1969年5月8日、衆議院科学技術振興対策特別委員会で、社会党の石川次夫氏はこのように質問した。

　「平和という文字は、世界的には『非侵略』という使い方が一つある。それから『非軍事』という考え方もあるわけです。しかし、日本の場合には、憲法というたてまえもあって、この平和という文字はあくまでも『非軍事』というようなものに理解されるのが常識になっておるわけです。したがって、この決議がもし上程されるとすれば、そういう意味の非軍事であるというようなことが前提として確認されなければならぬ、こう思っているわけでございます。その点について、どうお考えになっておりますか」。

　これに対して、木内四郎科学技術庁長官は「いまの非軍事というご理解、大体私はそのとおりだと思っています」と答えている[*]。

　＊『宇宙の平和利用原則の見直しとこれが防衛機器産業へ及ぼす影響に関する調査研究報告書』（2008年3月、日本機械工業連合会・日本戦略研究フォーラム）41～42ページ。

　このことからも明らかなように、「非軍事」を貫き「平和利用に限る」と

いうのが、国会と政府の一致した見解であった。この立場は当然、自衛隊の行動を規制するものであり、宇宙を軍事のために活用することは、まったく想定外のことであった。

ところが、経団連・軍需産業は、宇宙の平和利用に関する国会決議と政府見解を根本から覆すため、これ以降、各方面への働きかけを強めていくのである。

(2) 宇宙基本法による「非軍事」の否定

1985年に、自衛隊の衛星通信利用が問題になった。このとき政府は、米海軍の軍事通信衛星フリートサットの利用に関連して「解釈の変更」をおこなった。2月6日の衆議院予算委員会で、加藤紘一大臣は「その利用が一般化している衛星及びそれと同様の機能を有する衛星につきましては、自衛隊による利用が認められる」と答弁した。

「その利用が一般化している」とは、利用しようとしている衛星の機能が「軍事、民間利用を問わず広く一般に利用されている状態をいう*」とする解釈である。この強引な解釈によって、自衛隊の衛星通信利用に道をひらいたのである。その後、この「一般化原則」の名のもとで、北朝鮮のテポドン発射を契機に情報収集衛星を打ち上げ（2003年）、弾道ミサイル防衛（BMD）の日米共同研究に参加する。

*前掲書、45ページ。

2000年代に入ると、「平和利用」の要である「非軍事」を否定し、それを「非侵略」に変更しようとする議論が公然とおこなわれるようになった。「非侵略」とすることで、偵察や早期警戒など軍事のために衛星を利用しても、それが「相手国への侵略でなく専守防衛のため」という理由で正当化できるからである*。

　*その理屈は、①宇宙条約では防衛目的の利用は許容されており、専守防衛に基づく宇宙利用は「平和利用」であり、②自衛権の範疇であれば宇宙技術を

第5章　経団連と軍需産業　199

利活用することが可能であり、「平和目的」とは矛盾しないというものである。前掲書2ページ。

「非軍事」から「非侵略」への転換

　日本経団連の要望書で、「非軍事」を「非侵略」に変更させようとする最初の試みは、2004年6月22日に出された「宇宙開発利用の早期再開と着実な推進を望む」である。そこでは、宇宙の平和利用の解釈を「国際的な整合性を踏まえて」見直すべきだと述べている。

　また、2005年3月2日に日本経団連・宇宙開発利用推進会議が提出した「宇宙開発利用推進に向けた第3期科学技術基本計画に対する要望」では、「宇宙は国の安全保障、危機管理面において欠くことのできない情報収集、伝達、分析手段となっている」「宇宙の平和利用にかかる過去の国会での議論が、安全保障面での宇宙利用の制約とならないよう、必要な検討を進める」と、これまでの「非軍事」を変更するよう求めている。

　自民党の防衛政策小委員会は2004年3月30日、「提言：新しい日本の防衛政策」を公表し、「一般理論」に依拠するよりも「専守防衛のための利用については広く認める」ようにすべきだと提案した。日本経団連も2006年6月20日に「わが国の宇宙開発利用推進に向けた提言」で、「非軍事」に限定した国会決議は「安全保障・危機管理」にとって「障害のひとつとなっている」と批判し、「非侵略」に変更すべきだと主張している。

宇宙基本法による軍事利用への道

　これを受けて自民党と公明党は、議員立法で「宇宙基本法案」をつくり、2007年6月20日、国会に提出したのである。日本経団連は、2007年7月17日発表の「宇宙新時代の幕開けと宇宙産業の国際競争力強化を目指して」で、「宇宙基本法の一刻も早い成立を強く期待する」とのべている。

　宇宙基本法案は、その後、継続審議となっていたが、自民党、公明党、民主党とのあいだで協議がおこなわれ、2008年5月21日に可決された。[*]宇宙

基本法の基本的考えは、「非軍事」「平和利用」原則から「非侵略」「防衛目的」原則への変更であり、従来の原則を根本的に覆すものであった。この法律によって国会決議を否定し、軍事利用に道をひらいたのである。

＊民主党は、宇宙基本法検討プロジェクトチームをつくって与党との協議をおこない、2008年4月に基本合意に達した。その結果、与党提出の法案を撤回し衆議院内閣委員長提案として、2008年5月13日に衆議院本会議で可決、5月21日に参議院本会議で自民党、公明党、民主党等の賛成多数で可決・成立した。日本共産党は、一貫して宇宙の軍事利用に反対し平和利用を主張した。

日本経団連は、2010年4月12日に「国家戦略としての宇宙開発利用の推進に向けた提言」を出し「宇宙の特性を安全保障へ活用することが有効である」と強調し、「即応型宇宙システムの構築」を提案、成長戦略の一環として宇宙産業の基盤強化を求めた。その内容は、宇宙軍拡への即応体制づくりと宇宙開発予算の拡充である。

2014年11月18日の経団連の「宇宙基本計画に向けた提言」では、真っ先に「安全保障の強化」を掲げている。2015年1月9日、安倍内閣は新たな宇宙基本計画を策定し実行に移している。

このように、安倍内閣は日本経団連とアメリカの要望に忠実に従って、宇宙軍拡への道をひた走っているのである。

7 軍需産業と行政の癒着

日本の軍需産業にとっては、政府・防衛省が主な販売先である。これまで、長期にわたって武器輸出三原則で海外への武器・技術輸出が厳しく禁止されていたからである。軍需企業は「閉じられた市場＊」のなかで兵器市場を確保するため、軍事予算・装備品調達に深く依存しなければならず、それが防衛省とのあいだで頻繁に官製談合事件や贈収賄事件を引き起こす原因となって

きた。

＊鈴木滋氏は「我が国における防衛装備品調達をめぐる諸問題──「調達改革」の経緯と課題を中心に」（『レファレンス』2009．1）で、日本の兵器・装備品市場の特徴について「市場の閉鎖性・競争性の欠如」「コスト高・随意契約の多さ・官民の癒着」をあげている。

(1) 防衛庁調達実施本部の背任事件──規制も抜け穴

1998年はじめに発覚したのは、防衛庁（当時）調達実施本部の装備品納入をめぐって引き起こされた背任事件である。これは、防衛庁と軍需産業との癒着を端的に示すものであった。防衛庁は、東洋通信機からの調達価格水増し要求に対する過払い（総計20億円）があったと認定したにもかかわらず、本部長と副本部長が結託して返納額を恣意的に減額し、その見返りに東洋通信機に天下りを受け入れさせたというものである。

この事件で、調達実施本部長と副本部長が東京地検特捜部に逮捕され、本部長は懲役3年執行猶予5年、副本部長は懲役4年追徴金838万5000円の判決を受けた。また、当時の額賀福志郎防衛庁長官はこの事件によって参議院本会議で問責決議が可決され、辞任した。

1998年9月7日には、日本電気（NEC）の子会社であるニコー電子の返納方法も、東洋通信機と同様に1997年度以降の契約から差し引くとともに、返納額の金利も低い市中金利を適用していたことが判明した。さらに、1998年末には、海上自衛隊の次期救難飛行艇開発をめぐり、富士重工業から現金500万円を受け取ったとして、防衛政務次官・中島洋次郎が受託収賄で逮捕され、富士重工業の会長及び専務も贈賄罪で逮捕されている。

これらの事件は、軍需産業による装備品納入価格の水増しと見返りに、防衛省からの天下りを受け入れるという露骨な癒着関係を示すものであった。

この背任事件を機に、自衛隊法を改正し退官後2年間は、防衛庁などと密接な関係にある企業への天下りを原則禁じることとした。ところが規制対象

となるのは、①退官前5年間にかかわった企業との契約額の総額が、その企業のこの間の売上額の1％以上であること、②退官前5年間に所属した機関との契約額が、その年の売上額の25％以上であることなどに限定している。そのため、三菱重工業、三菱電機、日本電気など売上額全体が巨額な大企業の多くは規制の対象とはならず、自衛隊幹部や防衛省高級官僚は、退官直後に天下るという抜け穴があった。

(2) 防衛施設庁談合事件――天下りのシステム化

　防衛施設庁は、米軍占領政策に必要となる施設や物資を調達・管理する旧特別調達庁と防衛施設庁建設部の前身である旧防衛庁建設本部が合併してできた組織である。

　防衛施設庁の幹部と受注企業は、2003年から2004年にかけて、岩国飛行場滑走路移設関連工事、佐世保米軍基地関連工事、自衛隊中央病院と市ケ谷庁舎の新設空調工事について、談合を繰り返した。工事金額は約1450億円にのぼっている。この事件で防衛施設技術協会理事長と防衛施設庁官僚2人が競売入札妨害罪で検挙され、起訴後に懲戒免職処分になった。防衛施設技術協会理事長に実刑判決が、防衛施設庁官僚2人に執行猶予付きの懲役刑がそれぞれ確定した。

　この事件では、防衛庁OB天下りを有利な条件で受け入れた発注業者ほど、有利な条件で工事などの発注をおこなっていたことが明らかとなった。技術審議官、局長、部長などの天下りを民間企業が受け入れた場合の年収と、その見返りの工事発注額を細かく決めていたのである。たとえば、「審議官を受け入れた企業」は、年収1500万円を保証し、その見返りに約8億円の工事を発注する。「局長クラス受け入れ企業」は、年収1200万円を保証し工事約4億円というように。内部ではこれを「天下り年俸」と呼び、それを基本に毎年、建設、土木などの部門ごとに5億円以上の工事について配分表を作成して談合を繰り返していたのであった。[*]

第5章　経団連と軍需産業

＊毎日新聞 2006 年 6 月 15 日付。

　東京地検特捜部の調べによれば、施設庁での官製談合は 30 年ほど前から続けられていたという。起訴された同庁の元審議官は、「私どもがそうすれば、（天下りの）あっせんの話がスムーズにいく。会社側も見返りを期待してね。（施設庁 OB を）受け入れたら仕事につながりやすいという期待感がある」と述べている。これは天下りのシステム化であり、防衛省と軍需企業の癒着体質をよく示している[*2]。

- ＊1　朝日新聞 2006 年 5 月 28 日付。
- ＊2　防衛施設庁は、防衛庁が 2007 年 1 月に防衛省となった年の 2007 年 9 月に廃止され、同時期に防衛省内に防衛監察本部が新設された。

(3)　防衛事務次官の収賄事件

　2007 年 11 月 28 日には、輸入商社の山田洋行の専務からゴルフ旅行などの接待を受けた見返りに防衛装備品の調達で便宜を図った収賄容疑で、防衛事務次官・守屋武昌と妻が逮捕された。東京地裁で 2008 年 11 月 5 日、前次官に懲役 2 年 6 ヵ月、元専務に懲役 2 年の実刑判決が下された。

- ＊1　検察の捜査で、守屋事務次官は夫人とともに 12 回にわたるゴルフ旅行の接待を受けており、利益供与額は約 390 万円相当にのぼると報じられた（朝日新聞 2007 年 11 月 29 日付）。鈴木滋「我が国における防衛装備品調達をめぐる諸問題──「調達改革」の経緯と課題を中心に」（『レファレンス』2009.1）参照。
- ＊2　ミサイル回避装置であるチャフ・フレアの射出装置、次期輸送機・次期護衛官のエンジン、生物偵察車用探知装置など 7 種の装備品調達。

　この事件は、発注者側と契約企業との癒着だけでなく、事務次官という職務権限も問題になった。守屋は、国会で 2 度証人喚問され「毎回、業者に 1 万円払った」と答弁したが、それが後で虚偽と分かり、収賄と議院証言法違反の罪でも起訴されている。政府は、2007 年 12 月に防衛省改革会議を発足

させ、2008年7月15日に報告書を出した。しかし、その後も同様の事件が繰り返し引き起こされている。

＊山田洋行が、海外製造企業の見積書を改竄（かいざん）して防衛省に過大請求したことも明らかになったため、政府は、①一般輸入調達の際に特約条項を新設し、見積書などを海外製造企業に直接照会することや、過大請求に対する違約金を従来の2倍に増額する。②商社の経理会計システムなどを調査する輸入調達調査を導入する。③現地価格調査の機能の強化のため、装備施設本部に在籍する在米輸入調達専門官を3名から10名に増員する。④2009年度から、輸入調達事務を専門に担当する部署である輸入調達課を装備施設本部に設置することを決めていた。

2012年には、川崎重工業が受注した陸自新多用途ヘリコプターの開発事業で「官製談合防止法」違反があり、三菱電機とその子会社・関係会社4社、および住友重機械工業とその子会社による過大請求が明らかとなった。さらに、2013年6月には、住友重機械工業が、12.7mm重機関銃の製品試験結果の改竄（かいざん）などをおこない製品を納入していたことが明らかとなった。

政府・防衛省は、そのたびに「防止策」を出し「組織・制度の見直し」をおこなっているが、「不祥事」はとどまるところを知らない。天下りと便宜供与がこれらの温床となっているからである。

(4) 軍需企業への天下りと受注額

表5－5は、2006年から2014年の防衛省中央調達大手10社の契約額と天下り人数を示したものである。防衛省では、大臣承認のもとで多くが斡旋（あっせん）により各軍需企業に直接天下りがおこなわれている。依然として「天下りシステム」が機能しているのである。

各年の10社の天下り合計は、2006年31人、2007年36人、2008年36人、2009年27人、2010年31人、2011人29人、2012年35人、2013年42人、2014年31人である。毎年30人から40人程度が、コンスタントに天下って

第5章　経団連と軍需産業　205

〈表5―5〉防衛省中央調達大手10社の契約額と天下り

企業名	2006〜2014年 平均順位	契約総計	天下り総数	2014年度 順位	契約額	天下り人数	2013年度 順位	契約額	天下り人数	2012年度 順位	契約額	天下り人数
三菱重工業	1.0	25,508	44	1	2,632	4	1	3,165	7	1	2,403	7
川崎重工業	2.7	11,879	20	2	1,913	2	3	948	0	3	1,480	0
三菱電機	2.8	10,832	41	5	862	7	2	1,040	4	4	1,240	0
日本電気	3.6	8,710	33	3	1,013	2	4	799	8	2	1,632	2
富士通	6.4	4,009	36	7	527	6	6	401	5	8	300	2
東芝	7.4	3,417	35	8	467	2	8	284	3	7	503	8
IHI（石川島播磨重工業）	8.1	3,225	45	6	619	3	5	483	8	9	277	9
小松製作所	8.0	2,973	16	9	339	1	7	294	3	10	267	1
日立製作所	11.2	1,887	25	13	219	2	10	242	4	12	219	4
ダイキン工業	14.4	1,279	8	17	138	0	12	149	0	14	145	2
合計		73,719	303		8,729	31		7,805	42		8,466	35
（10社の比率）			38.5%			38.3%			43.3%			39.3%
防衛大臣の承認総数			788			81			97			89

≪出所≫防衛省「自衛隊員の営利企業への就職の承認に関する報告」各年版、「防衛年鑑」などにより
※三菱電機への2007年度の天下りは三菱スペース・ソフトウェアを含む。2008年度の天下りは、三
※日本電気への2012年度、2013年度の天下りは、NECネッツエスアイへの天下りを含む。2006年度
　システムへの天下りを含む
※富士通への2009年度、2011年度、2013年度、2014年度の天下りには富士通システム総合研究所
　2013年度には富士通特機システムを含む。2010年度には富士通ネットワークソリューションを含む
※東芝への2007年度、2013年度、2014年度の天下りには、東芝電波プロダクツへの天下りを含む
※IHI（石川島播磨重工業）への2006年度、2007年度、2008年度、2010年度、2011年度、2012年
　ジェットサービスを含む。2008年度はアイ・エイチ・アイ・マリンユナイテッド、2012年度はIHI
※小松製作所への2006年度の天下りは、コマツ特機を含む
※日立への2006年度、2007年度の天下りには、日立プラントテクノロジーへの天下りを含む。2007
　立情報通信エンジニアリングを含む

いる。大臣承認の人数のうち、10社が占める比率は常に30％を超えており、少ないときでも2009年の32.5％、多いときで2013年の43.3％である。10社の総計を見ると、2006年から2014年までの9年間で、防衛省から7兆3719億円の装備品を受注し、303人の天下りを受け入れている。

　個別企業で見ると、三菱重工業が受注金額で2兆5508億円でいちばん多く、天下りも44人と最大クラスである。次が川崎重工業の1兆1879億円で20人、三菱電機は1兆832億円で41人、日本電気8710億円で33人、富士通が4009億円で36人、東芝が3417億円で35人、IHI（石川島播磨重工業）は3225億円で45人と続いている。このように、受注金額が大きいほど、天

(単位：億円、人)

	2011年度			2010年度			2009年度			2008年度			2007年度			2006年度		
順位	契約額	天下り人数	順位	契約額	天下り人数	順位	契約額	天下り人数	順位	契約額	天下り人数	順位	契約額	天下り人数	順位	契約額	天下り人数
1	2,888	3	1	2,600	3	1	2,629	6	1	3,140	6	1	3,275	4	1	2,776	4
2	2,099	3	3	892	4	3	1,043	0	3	1,530	3	3	668	4	2	1,306	4
3	1,153	3	2	1,016	4	2	1,827	1	2	1,556	10	2	961	12	3	1,177	0
4	1,151	6	4	863	0	4	722	4	4	982	5	4	717	0	4	831	6
5	529	7	6	431	5	5	495	3	5	443	3	6	442	0	6	441	5
6	504	1	11	183	5	9	168	4	8	315	3	5	570	7	7	423	0
7	354	4	9	280	5	14	144	1	6	383	4	9	320	1	8	365	6
8	334	4	7	334	0	6	343	1	7	365	3	8	334	1	9	363	4
10	255	0	12	181	4	8	197	5	11	182	1	12	198	1	11	194	1
12	158	2	14	140	1	16	134	2	13	144	0	16	138	0	14	133	1
	9,425	29		6,920	31		7,702	27		9,040	36		7,623	36		8,009	31
		33.3%			38.3%			32.5%			38.7%			36.4%			39.7%
		87			81			83			93			99			78

作成

菱電機特機システムへの天下りを含む

の天下りはNECネットワーク・センサへの天下りを含む。2008年度の天下りには日本電気航空宇宙

への天下りを含む。2011年度にはFujitsu Management Services of America, Inc. を含む。2006年度、

度、2013年度、2014年度の天下りにはIHIエアロスペースへの天下り、2012年度の天下りにはIHIジェットサービスを含む

年度、2008年度、2009年度、2014年度の天下りは、日立国際電気への天下りを含む。2012年度は日

下りの数が多い傾向にあることが分かる。

　斡旋でこれら大手企業に天下る理由として、政府は「自衛隊員は若年定年制があるから、斡旋が必要だ」と説明するけれども、1佐以上の50歳代の幹部にまでそれを適用している。自衛隊幹部・高級官僚の天下りのシステム化である。防衛省と密接な利害関係のある軍需産業への天下りは、癒着と腐敗の温床となり、先にみたように、これまでも装備品の原価水増し事件、贈収賄事件などを繰り返してきた。

　2015年9月19日の戦争法（安保関連法）案の強行によって、今後、軍事費がますます膨れあがり、軍需企業が国民の血税を湯水のように浪費する体

第5章　経団連と軍需産業　207

制がつくられようとしている。

第6章　**財界による政治支配の変容**

財界・大企業が、政治への影響力を強める手法は、大きく言って3つある。
　1つは、これまで見てきたような政策提言と政権与党への直接の働きかけである。日本経団連には、経済財政委員会、行政改革推進委員会、社会保障委員会、産業競争力強化委員会、宇宙開発利用推進委員会、防衛産業委員会など、あわせて60以上の委員会がつくられている。これらの委員会は、ひんぱんに会合を開き次々と新しい提言をまとめあげ、それを日本経団連自身の政策提言として発表し政権与党に働きかけることによって、政府の政策に影響を与えている。
　2つは、財界・大企業の代表が政権の政策決定過程に直接参加して、自分たちに都合のよい政策を作成することである。2000年代初頭の行政機構の改革によって、首相と官邸のリーダーシップが強化されトップダウン型の行政運営体制がつくりあげられてから、この傾向が一段と強まった。特に内閣の「司令塔」と言われる会議体に、財界代表を分厚く送り込むことによって、官邸を直接動かす仕組みがつくられた。
　3つは、政治献金である。以前は、巨額の献金を斡旋したり自ら集めて自民党に提供する仕組みがつくられていた。しかし最近は、政党の「政策評価」をおこない企業献金を奨励するという体裁に切り替えられている。事実上「政策をカネで買う」方式である。
　以上の3つの手法のうち、第1については、第4章と第5章で具体的事例に則してみてきた。この章では2と3の手法、すなわち経団連による政策決定過程への直接介入、および政治献金についてみることにしたい。

1　経団連による政策決定過程への介入

　財界による政策決定過程への直接介入は、どのようにおこなわれているのであろうか。
　官邸のホームページを開くと「総理、副総理または官房長官を構成員とする会議、その他の会議」の一覧表がある。「総理、副総理または官房長官を構成員とする会議」が75、「その他の会議」は18である。その総数は実に93に及び、第二次安倍内閣になってから増え続けている。＊

＊2015年10月末現在の会議体数。

(1)　増え続ける官邸主導の会議体

　表6―1（212〜216ページ）に示したように、第二次安倍内閣になって新たに創設された会議体（●印）は60あり、全体のじつに6割強を占めている。省庁間の調整をはじめ、総理大臣のリーダーシップを強めようとして「総理・副総理・官房長官を責任者とする会議体」を増やしたものと思われる。しかしこれだけ多くなると、すべての会議に総理・副総理・官房長官の3人が満遍なく出席するのは至難のわざである。したがって、内閣として特別重視する会議に力を集中することになる。
　それは、開催回数に表れている。表をみると、第二次安倍内閣が発足した直後の2013年1月から2015年10月までに50回以上開かれた会議体（サブ組織を含む開催総数）は、経済財政諮問会議、国家安全保障会議、国家戦略特別区域諮問会議、産業競争力会議（日本経済再生本部）、総合科学技術・イノベーション会議、規制改革会議である。この6つの会議体の開催回数が突出しており、フル回転している。これ以外の会議体のなかには、開店休業状

〈表６―１〉総理、副総理または官房長官を構成員とする会議、およびその他の会議(50音順)

新設	会議体（2015年10月24日現在）	開催回数	50回超の会議体
	アイヌ政策推進会議	7	
●	一億総活躍国民会議	1	
	宇宙開発戦略本部	4	
●	エボラ出血熱対策関係閣僚会議	1	
●	沖縄政策協議会	1	
●	輝く女性応援会議	1	
●	観光立国推進閣僚会議	5	
●	官民ファンドの活用推進に関する関係閣僚会議	4	
●	教育再生実行会議	31	
●	行政改革推進会議	18	
	行政改革推進会議有識者議員懇談会	6	
	歳出改革ワーキンググループ重要課題検証サブ・グループ	8	
●	行政改革推進本部	4	
●	経協インフラ戦略会議	20	
	経済財政諮問会議	64	計66
	経済・財政一体改革推進委員会	2	
●	経済の好循環実現に向けた政労使会議	10	
	月例経済報告等に関する関係閣僚会議	34	
●	健康・医療戦略推進本部	13	
	原子力災害対策本部	11	
	原子力防災会議	4	
	高度情報通信ネットワーク社会推進戦略本部（IT戦略本部）	9	
●	国際広報強化連絡会議	1	
	国際組織犯罪等・国際テロ対策推進本部	4	
●	国際的に脅威となる感染症対策関係閣僚会議	1	
●	国土強靱化推進本部	4	
●	国家安全保障会議	66	計66
●	国家安全保障会議の創設に関する有識者会議	6	
●	国家戦略特別区域諮問会議	16	計53
	東京圏国家戦略特別区域会議	6	
	関西圏国家戦略特別区域会議	5	
	新潟市国家戦略特別区域会議	3	
	養父市国家戦略特別区域会議	4	
	福岡市国家戦略特別区域会議	4	
	沖縄県国家戦略特別区域会議	3	
	仙北市国家戦略特別区域会議	2	
	仙台市国家戦略特別区域会議	1	
	愛知県国家戦略特別区域会議	1	

国家戦略特区ワーキンググループ	8	
● 在アルジェリア邦人に対するテロ事件の対応に関する検証委員会	3	
● 再チャレンジ懇談会	4	
● サイバーセキュリティ戦略本部	5	
● 産業競争力会議（日本経済再生本部）	24	計116
経済財政諮問会議・産業競争力会議合同会議	7	
産業競争力会議課題別会合	7	
産業競争力会議実行実現点検会合	24	
産業競争力会議ワーキンググループ		
雇用・人材・教育	4	
新陳代謝・イノベーション	9	
国際展開	2	
改革2020	6	
産業競争力会議分科会		
雇用・人材分科会	9	
農業分科会	6	
医療・介護等分科会	7	
フォローアップ分科会	1	
（新陳代謝）	1	
（科学技術）	2	
（エネルギー）	2	
（立地競争力等）	4	
（国際展開戦略等）	1	
死因究明等推進会議	1	
死因究明等推進計画検討会	15	
事態対処専門委員会		
● 社会保障改革（社会保障制度改革推進会議）	5	
● 社会保障制度改革推進本部	3	
医療・介護情報の活用による改革の推進に関する専門調査会	5	
医療・介護情報の分析・検討ワーキンググループ	14	
社会保障・税に関わる番号制度		
障がい者制度改革推進本部（会議）	0	
消費税の円滑かつ適正な転嫁等に関する対策推進本部	3	
消費者政策会議	0	
新型インフルエンザ等対策閣僚会議	0	
● 新国立競技場整備計画再検討のための関係閣僚会議	4	
● 人身取引対策推進会議	1	
● すべての女性が輝く社会づくり本部	3	
● 政府与党政策懇談会	7	
総合海洋政策本部	5	
● 総合科学技術・イノベーション会議（本会議）	24	計210

科学技術政策担当大臣等政務三役と会議有識者議員との会合	68
基本計画専門調査会	12
科学技術イノベーション政策推進専門調査会	5
基礎研究及び人材育成部会	0
科学技術外交戦略タスクフォース	0
重要課題専門調査会	5
〈戦略協議会〉	
エネルギー戦略協議会	9
次世代インフラ戦略協議会	8
次世代インフラ・復興再生戦略協議会	5
地域資源戦略協議会	12
〈ワーキンググループ〉	
環境ワーキンググループ	7
ナノテクノロジー・材料ワーキンググループ	8
ICTワーキンググループ	9
評価専門調査会	12
研究開発法人部会	5
生命倫理専門調査会	21
男女共同参画会議	4
● 地方分権改革推進本部	8
地球温暖化対策推進本部	6
知的財産戦略本部	7
中央防災会議	4
中期財政計画及び平成26年度予算の概算要求基準に関する政府与党政策懇談会	1
● TPP政府対策本部	1
● TPP総合対策本部	1
● TPPに関する主要閣僚会議	15
デフレ脱却等経済状況検討会議	0
電力需給に関する検討会合（旧電力需給対策本部）	5
● 東京オリンピック競技大会・東京パラリンピック競技大会推進本部	1
道州制特別区域推進本部	2
● 鳥インフルエンザ関係閣僚会議	6
日本経済再生本部	19
● 日本経済再生に向けた緊急経済対策に関する政府与党会議	1
● 「日本の美」総合プロジェクト懇談会	1
農林水産業・地域の活力創造本部	16
● 廃炉・汚染水対策関係閣僚等会議	2
犯罪対策閣僚会議	3
副大臣会議	
物価問題に関する関係閣僚会議	8

●	平成25年度予算に関する政府与党会議	1	
●	防災推進国民会議	1	
	法曹養成制度関係閣僚会議	2	
●	まち・ひと・しごと創生本部	7	
●	水循環政策本部	2	
	郵政民営化推進本部	1	
	拉致問題対策本部	0	
●	若者・女性活躍推進フォーラム	8	
●	安全保障と防衛力に関する懇談会	7	
●	安全保障の法的基盤の再構築に関する懇談会	7	
●	官民ファンド総括アドバイザリー委員会	4	
●	官民ファンドの活用推進に関する関係閣僚会議幹事会	4	
	規制改革会議	50	計235
	〈ワーキング・グループ〉		
	雇用ワーキング・グループ	39	
	健康・医療ワーキング・グループ	37	
	農業ワーキング・グループ	26	
	投資促進等ワーキング・グループ	12	
	地域活性化ワーキング・グループ	19	
	操業・IT等ワーキング・グループ（〜2014年7月23日）	25	
	貿易・投資ワーキング・グループ（〜2014年5月27日）	14	
	エネルギー・環境ワーキング・グループ（〜2013年5月13日）	6	
	操業等ワーキング・グループ（〜2013年5月27日）	7	
	国と地方の協議の場	9	
●	小型無人機に関する関係府省庁連絡会議	4	
	国内投資促進円卓会議（経済産業省）	0	
●	在留邦人及び在外日本企業の保護の在り方等に関する有識者懇談会	5	
●	社会保障制度改革推進会議	5	
●	司令塔連携・調整会議	10	
	地方創生推進室		
●	中小企業金融等のモニタリングに係る副大臣等会議	6	
	20世紀を振り返り21世紀の世界秩序と日本の役割を構想するための有識者懇談会（21世紀構想懇談会）	6	
	2020年オリンピック・パラリンピック東京大会におけるホストシティ・タウン構想に関する関係府省庁連絡会議	1	
●	ふるさとづくり有識者会議	11	
●	邦人殺害テロ事件の対応に関する検証委員会	5	
●	ロボット革命実現会議	6	

≪出所≫官邸ホームページより作成
注1　2013年1月〜2015年10月24日までの会議開催回数
注2　若者・女性活躍推進フォーラムまでが、総理、副総理または官房長官を構成員とする会議

第6章　財界による政治支配の変容

安全保障と防衛力に関する懇談会以降が、その他の会議
注3　全93会議体のうち第二次安倍内閣が新設したのは●印の61会議体
注4　司令塔の開催総数にはサブ組織の回数を含む。網掛け部分は総計50回以上開催された会議体
　　（サブ組織を含む）
注5　経済財政諮問会議の開催数には、産業競争力会議との合同会議も含む
注6　産業競争力会議の司令塔開催総数には、経済財政諮問会議との合同会議を含む

態のものもある。これは、安倍内閣の関心がどこにあるかを端的に示している。

(2) 2つの司令塔——「基本設計」と「実施設計」

　安倍内閣が重視しているのは「司令塔」である。経済政策の立案と実行の中心を担っているのは、開催回数でも明らかなように経済財政諮問会議、産業競争力会議（日本経済再生本部のもとに設置）、総合科学技術・イノベーション会議、国家戦略特別区域諮問会議、規制改革会議の5つの会議体である。

　では、これらはどのような関係にあるのだろうか。第二次安倍内閣発足直後に開かれた第1回経済財政諮問会議で、内閣府特命担当（経済財政政策）兼経済再生担当大臣の甘利明氏は、「司令塔」について次のように発言している。

　「（経済財政）諮問会議は、経済財政運営全般に関する司令塔として、経済再生に向けた基本設計を行う。（日本経済）再生本部は日本経済再生の司令塔として、デフレ脱却・経済再生に向けた実施設計を行い、政策を具体化させる。両者が相互に問題提起し、密接に連携しながら、デフレ脱却や経済成長に向けて実効性の高い取組を推進していきたい。この2つの組織が府省の壁を越えて、強力に司令塔としての機能を発揮していく」。

　＊甘利大臣は、第1回の経済財政諮問会議後の記者会見でもこう述べている。
　「諮問会議と再生本部との関係につきましては、1点目といたしましては、諮問会議は経済財政運営全般に関する司令塔として『基本設計』を行い、再生本部は日本経済再生の司令塔として『実施設計』を行い、政策を具体化させ

るという関係にあるということ。2点目といたしましては、相互に問題提起をして密接に連携しながら実効性の高い取組みを推進していくこと。3点目といたしまして、この二つの組織が府省の壁を超えて強力に司令塔としての機能を発揮していくこと。この3点を申し上げました。」

このように安倍内閣は、経済財政諮問会議が、経済財政運営全般の「司令塔」として「基本設計」を担い、日本経済再生本部（産業競争力会議）が日本経済再生の「実施設計」をつくり具体化すると位置づけている。2つの司令塔である。同時に重視されているのは、規制改革会議と総合科学技術・イノベーション会議である。第二次安倍内閣が最初に取り組んだ2013年度「予算編成の基本方針」は次のように述べている。

「日本経済再生本部と経済財政諮問会議を司令塔として、総合科学技術会議、規制改革会議等との連係を図りながら、日本経済再生を実現するための取組を強力に推進していく」。

ここで指摘されている総合科学技術・イノベーション会議は、総理大臣の強いリーダーシップのもとで「各省より一段高い立場から」企画立案、総合調整をおこなうとしており、個別大企業の直接的な実利に関わる会議体である*。また、規制改革会議は、規制改革の「調査審議」をおこない総理大臣へ意見を述べる役割を果たす会議体とされている。

*総合科学技術・イノベーション会議のホームページでは、「内閣総理大臣、科学技術政策担当大臣のリーダーシップの下、各省より一段高い立場から、総合的・基本的な科学技術・イノベーション政策の企画立案及び総合調整を行うことを目的とした『重要政策に関する会議』の一つです」と説明している。

2013年1月8日の第1回日本経済再生本部の議事要旨によると、「この本部会議と総合科学技術会議」の「2つが密接に連携することにより、省庁横断的なイノベーション政策の推進体制」をつくるとしている。また「新たな規制改革会議を早急に設置し、日本経済再生本部等との連係・協力の下で、経済再生に資する観点から積極的に規制を見直し、できるものから実現していく」としている。

このように、第二次安倍内閣のもとで財界・大企業の利益に最大限奉仕するため、２つの司令塔が戦略的方向（基本設計と実施設計）を定め、総合科学技術・イノベーション会議、規制改革会議が主な推進機関となり、財界本位の政策をトップダウンで押しつける仕組みがつくられている。その後にできた国家戦略特別区域諮問会議は、地域における規制緩和を推進するトップダウンの会議体である。
　では次に、これらの司令塔に財界・大企業の代表が、どのように入り込んでいるかをみることにしよう。

(3) 司令塔に入り込む財界代表

　表６—２（219〜226ページ）は、安倍内閣の司令塔メンバーのなかに、財界人がどのように入り込んでいるかを示したものである。

経済財政諮問会議
　経済・財政・金融政策の総合的・戦略的な司令塔である経済財政諮問会議には、日本経団連会長の榊原定征氏（東レ相談役最高顧問）と新浪剛史氏（サントリーホールディングス社長、新経済連盟代表理事）が財界代表として入っている。これに、伊藤元重・東京大学大学院経済学研究科教授、高橋進・日本総合研究所理事長が加わって「民間４議員」を構成し、常に提案・問題提起をおこなって会議全体の議論をリードしている。
　経済財政諮問会議のサブ組織として、経済・財政一体改革推進委員会（2015年８月〜）がある。また関連組織として、政策コメンテーター委員会（2014年９月〜）、「選択する未来」委員会（2014年４月〜11月）、目指すべき市場経済システムに関する専門調査会（2013年４月〜2013年10月）などがある。
　サブ組織である経済・財政一体改革推進委員会には、経済財政諮問会議の民間議員である経団連会長の榊原定征・東レ相談役最高顧問、新浪剛史・サ

〈表6—2〉 安倍内閣の司令塔と財界人

司令塔	役職	構成員（◎印は財界人）		日本経団連役員
経済財政諮問会議	議長	安倍 晋三　内閣総理大臣		
	議員	麻生 太郎　副総理 兼 財務大臣		
	議員	菅 義偉　内閣官房長官		
	議員	甘利 明　内閣府特命担当大臣（経済財政政策）兼 経済再生担当大臣		
	議員	高市 早苗　総務大臣		
	議員	林 幹雄　経済産業大臣		
	議員	黒田 東彦　日本銀行総裁		
	議員	伊藤 元重　東京大学大学院経済学研究科教授		
	議員	榊原 定征　東レ 相談役最高顧問	◎	会長
	議員	高橋 進　日本総合研究所理事長		
	議員	新浪 剛史　サントリーホールディングス代表取締役社長	◎	
経済・財政一体改革推進委員会	会長	新浪 剛史　サントリーホールディングス代表取締役社長	◎	
		赤井 伸郎　大阪大学大学院国際公共政策研究科教授		
		伊藤 元重　東京大学大学院経済学研究科教授		
		伊藤 由希子　東京学芸大学人文社会科学系経済学分野准教授		
		大橋 弘　東京大学大学院経済学研究科教授		
		榊原 定征　東レ相談役最高顧問	◎	会長
		佐藤 主光　一橋大学経済学研究科・政策大学院教授		
		鈴木 準　大和総研主席研究員	◎	
		高橋 進　日本総合研究所理事長		
		羽藤 英二　東京大学大学院工学系研究科教授		
		古井 祐司　東京大学政策ビジョン研究センター特任助教		
		牧野 光朗　長野県飯田市長		
		松田 晋哉　産業医科大学医学部教授		
		山田 大介　みずほ銀行常務執行役員	◎	
産業競争力会議（日本経済再生本部）本部は閣僚のみで構成	議長	安倍 晋三　内閣総理大臣		
	議長代理	麻生 太郎　副総理		
	副議長	甘利 明　経済再生担当大臣兼内閣府特命担当大臣（経済財政政策）		
	副議長	菅 義偉　内閣官房長官		
	副議長	林 幹雄　経済産業大臣		
	議員	馳 浩　文部科学大臣		
	議員	河野 太郎　内閣府特命担当大臣（規制改革）		
	議員	島尻 安伊子　内閣府特命担当大臣（科学技術政策）		
	議員	加藤 勝信　一億総活躍担当大臣		
	議員	石破 茂　地方創生担当大臣		
	議員	岡 素之　住友商事相談役	◎	
	議員	金丸 恭文　フューチャーアーキテクト代表取締役会長	◎	
	議員	小林 喜光　三菱ケミカルホールディングス 代表取締役会長	◎	
	議員	小室 淑恵　ワーク・ライフバランス 代表取締役社長	◎	
	議員	竹中 平蔵　慶應義塾大学総合政策学部教授、パソナグループ取締役会長	◎	
	議員	野原 佐和子　イプシ・マーケティング研究所代表取締役社長	◎	
	議員	橋本 和仁　東京大学大学院工学系研究科教授		
	議員	三木谷 浩史　楽天株式会社 代表取締役会長兼社長	◎	

	議員	三村 明夫　新日鐵住金 相談役名誉会長、日本商工会議所 会頭	◎	(副会長)
分科会　・雇用・人材 (民間議員)	主査	長谷川 閑史　武田薬品工業代表取締役社長	◎	会長
	担当	榊原 定征　東レ 相談役最高顧問	◎	
	担当	竹中 平蔵　慶應義塾大学総合政策学部教授、パソナグループ取締役会長		
・農業	主査	新浪 剛史　サントリーホールディングス代表取締役社長	◎	
	担当	秋山 咲恵　サキコーポレーション代表取締役社長	◎	
・医療・介護等	主査	増田 寛也　東京大学公共政策大学院客員教授		
	担当	新浪 剛史　サントリーホールディングス代表取締役社長	◎	
	担当	長谷川 閑史　武田薬品工業代表取締役社長	◎	
・フォローアップ 新陳代謝	主査	坂根 正弘　コマツ相談役	◎	(副議長)
	担当	新浪 剛史　サントリーホールディングス代表取締役社長	◎	
科学技術	主査	榊原 定征　東レ 相談役最高顧問	◎	会長
	担当	橋本 和仁　東京大学大学院工学系研究科教授		
IT	主査	三木谷 浩史　楽天 代表取締役会長兼社長		
エネルギー	主査	坂根 正弘　コマツ相談役	◎	(副議長)
立地競争力等	主査	竹中 平蔵　慶應義塾大学総合政策学部教授、パソナグループ取締役会長		
	担当	秋山 咲恵　サキコーポレーション代表取締役社長	◎	
国際展開戦略等	主査	秋山 咲恵　サキコーポレーション代表取締役社長	◎	
国家戦略特別区域諮問会議	議長	安倍 晋三　内閣総理大臣		
	議員	麻生 太郎　財務大臣 兼 副総理		
	議員	石破 茂　内閣府特命担当大臣（国家戦略特別区域）兼 地方創生担当大臣		
	議員	菅 義偉　内閣官房長官		
	議員	甘利 明　内閣府特命担当大臣（経済財政政策）兼 経済再生担当大臣		
	議員	河野 太郎　内閣府特命担当大臣（規制改革）兼 行政改革担当大臣		
	有識者議員	秋池 玲子　ボストンコンサルティンググループ シニア・パートナー＆マネージング・ディレクター	◎	
	有識者議員	坂根 正弘　小松製作所相談役	◎	(副議長)
	有識者議員	坂村 健　東京大学大学院情報学環・学際情報学府教授		
	有識者議員	竹中 平蔵　慶應義塾大学総合政策学部教授、パソナグループ取締役会長	◎	
	有識者議員	八田 達夫　アジア成長研究所所長 大阪大学社会経済研究所招聘教授		
総合科学技術・イノベーション会議	議長	安倍 晋三　内閣総理大臣		
	議員	菅 義偉　内閣官房長官		
	議員	島尻 安伊子　科学技術政策担当大臣		
	議員	高市 早苗　総務大臣		
	議員	麻生 太郎　財務大臣		
	議員	馳 浩　文部科学大臣		
	議員	林 幹雄　経済産業大臣		
	議員	久間 和生　元三菱電機常任顧問	◎	(副議長)
	議員	原山 優子　元東北大学大学院工学研究科教授		

	議員	内山田 竹志　トヨタ自動車取締役会長	◎	副会長
	議員	小谷 元子　東北大学原子分子材料科学高等研究機構長兼大学院理学研究科数学専攻教授		
	議員	中西 宏明　日立製作所代表執行役会長兼CEO	◎	副会長
	議員	橋本 和仁　東京大学大学院工学系研究科教授		
	議員	平野 俊夫　大阪大学名誉教授		
	議員	関係機関の長 大西 隆　日本学術会議会長		
基本計画専門調査会	会長	原山 優子　総合科学技術・イノベーション会議議員（元東北大学大学院工学研究科教授）		
	議員	久間 和生　同（元三菱電機株式会社常任顧問）	◎	（副議長）
	議員	内山田 竹志　同（トヨタ自動車株式会社取締役会長）	◎	副会長
	議員	小谷 元子　同（東北大学原子分子材料科学高等研究機構長）		
	議員	中西 宏明　同（日立製作所代表執行役 執行役会長兼CEO）	◎	副会長
	議員	橋本 和仁　同（東京大学大学院工学系研究科教授）		
	議員	平野 俊夫　同（大阪大学名誉教授）		
	議員	大西 隆　同（日本学術会議会長）		
	専門委員	青島 矢一　一橋大学イノベーション研究センター教授		
	専門委員	石黒 不二代　ネットイヤーグループ代表取締役社長兼CEO	◎	
	専門委員	上山 隆大　政策研究大学院大学教授・副学長		
	専門委員	江川 雅子　一橋大学大学院商学研究科教授		
	専門委員	大塚 万紀子　ワーク・ライフバランス パートナーコンサルタント	◎	
	専門委員	五神 真　東京大学総長		
	専門委員	猿渡 辰彦　TOTO代表取締役副社長執行役	◎	
	専門委員	角南 篤　政策研究大学院大学教授・特別学長補佐		
	専門委員	巽 和行　名古屋大学物質科学国際研究センター特任教授		
	専門委員	冨山 和彦　経営共創基盤代表取締役CEO	◎	
	専門委員	永井 良三　健康・医療戦略推進専門調査会座長		
	専門委員	根本 香絵　情報・システム研究機構国立情報学研究所教授		
	専門委員	林 隆之　大学評価・学位授与機構研究開発部・准教授		
	専門委員	藤沢 久美　シンクタンク・ソフィアバンク代表	◎	
	専門委員	三島 良直　東京工業大学学長		
	専門委員	宮島 香澄　日本テレビ放送網報道局解説委員		
	専門委員	山本 貴史　東京大学TLO代表取締役社長	◎	
	専門委員	渡辺 裕司　小松製作所顧問	◎	（副議長）
政策推進専門調査会	会長	原山 優子　総合科学技術・イノベーション会議議員（元東北大学大学院工学研究科教授）		
	議員	久間 和生　同（元三菱電機常任顧問）	◎	（副議長）
	議員	小谷 元子　同（東北大学原子分子材料科学高等研究機構長）		
	議員	中西 宏明　同（日立製作所代表執行役 執行役会長兼CEO）	◎	副会長
	議員	橋本 和仁　同（東京大学大学院工学系研究科教授）		
	議員	大西 隆　同（日本学術会議会長）		
	専門委員	上山 隆大　慶応義塾大学総合政策学部　教授		
	専門委員	春日 文子　国立医薬品食品衛生研究所　安全情報部長		
	専門委員	國井 秀子　芝浦工業大学大学院工学マネジメント研究科　教授		
	専門委員	猿渡 辰彦　TOTO代表取締役副社長執行役	◎	
	専門委員	庄田 隆　第一三共代表取締役会長	◎	
	専門委員	福井 次矢　聖路加国際病院 院長		
	専門委員	三島 良直　東京工業大学 学長		
	専門委員	山本 貴史　東京大学TLO代表取締役社長	◎	

重要課題専門調査会	会長	久間 和生　元三菱電機株式会社常任顧問	◎	（副議長）
	議員	原山 優子　元東北大学大学院工学研究科教授	◎	
	議員	内山田 竹志　トヨタ自動車取締役会長	◎	副会長
	議員	橋本 和仁　東京大学大学院工学系研究科教授		
	専門委員	相田 仁　東京大学大学院 工学系研究科 教授		
	専門委員	柏木 孝夫　東京工業大学 特命教授		
	専門委員	小長井 誠　東京工業大学大学院理工学研究科 教授		
	専門委員	生源寺 眞一　名古屋大学大学院 生命農学研究科 教授		
	専門委員	須藤 亮　東芝 常任顧問	◎	
	専門委員	住 明正　独立行政法人国立環境研究所 理事長		
	専門委員	藤野 陽三　横浜国立大学先端科学高等研究院 上席特別教授		
	専門委員	森 和男　つくば市 理事		
	専門委員	渡辺 裕司　小松製作所 顧問	◎	（副議長）
エネルギー戦略協議会	座長	柏木 孝夫　東京工業大学 特命教授（重要課題専門調査会専門委員）		
	副座長	須藤 亮　東芝 常任顧問（重要課題専門調査会専門委員）	◎	
		赤木 泰文　東京工業大学大学院 教授		
		泉井 良夫　三菱電機 先端技術総合研究所 開発本部長代理	◎	（副議長）
		魚崎 浩平　独立行政法人物質・材料研究機構フェロー		
		大木 良典　三菱重工業 グローバル事業推進本部 顧問	◎	（副会長）
		笠木 伸英　独立行政法人科学技術振興機構 研究開発戦略センター上席フェロー		
		斎藤 健一郎　JX日鉱日石エネルギー 中央技術研究所上席フェロー	◎	（副会長）
		髙原 勇　トヨタ自動車 技術統括部 担当部長	◎	（副会長）
		武田 晴夫　日立製作所 理事・技師長	◎	（副会長）
		田中 加奈子　独立行政法人科学技術振興機構 低炭素社会戦略センター主任研究員		
		中山 寿美枝　電源開発株式会社 経営企画部 審議役		
		横山 明彦　東京大学大学院 教授		
次世代インフラ戦略協議会	座長	藤野 陽三　横浜国立大学先端科学高等研究院 上席特別教授（重要課題専門調査会専門委員）		
	副座長	渡辺 裕司　小松製作所 顧問（重要課題専門調査会専門委員）	◎	（副議長）
		秋山 充良　早稲田大学創造理工学部社会環境工学科 教授		
		稲垣 敏之　筑波大学大学院システム情報工学研究科 研究科長・教授		
		大石 直樹　新日鐵住金設備・保全技術センター設備保全企画室 室長	◎	（副会長）
		風間 博之　NTTデータ技術開発本部サービスイノベーションセンタ センタ長	◎	（副会長）
		髙田 悦久　鹿島建設 執行役員土木管理本部副本部長	◎	
		田中 健一　三菱電機開発本部 役員技監	◎	（副議長）
		田村 圭子　新潟大学危機管理本部危機管理室 教授		
		中島 雄二　日産自動車環境・安全技術渉外部 シニアエンジニア	◎	
		福和 伸夫　名古屋大学減災連携研究センター センター長・教授		
		保立 和夫　東京大学大学院工学系研究科 教授		
		山田 正　中央大学理工学部都市環境学科 教授		
		若原 敏裕　清水建設技術研究所 上席研究員	◎	（副議長）
地域資源戦略協議会	座長	生源寺 眞一　名古屋大学大学院 生命農学研究科 教授（重要課題専門調査会専門委員）		

	副座長	森 和男　つくば市 理事（重要課題専門調査会専門委員）		
		青島 矢一　一橋大学 イノベーション研究センター 教授		
		石出 孝　三菱重工業 技術統括本部 名古屋研究所長	◎	（副会長）
		磯部 祥子　公益財団法人かずさDNA研究所 植物ゲノム応用研究室 室長		
		井邊 時雄　独立行政法人 農業・食品産業技術総合研究機構 理事長		
		上田 完次　東京大学 名誉教授		
		上野 保　東成エレクトロビーム 代表取締役会長	◎	
		大竹 康之　アサヒグループホールディングス 執行役員 R&D センター長	◎	（副会長）
		小平 紀生　三菱電機株式会社 FAシステム事業本部 機器事業部ロボット技術統括担当部長	◎	（副議長）
		篠崎 聡　前川製作所 企業化推進機構ブロックリーダー	◎	
		澁澤 栄　東京農工大学大学院 農学研究院 教授		
		新福 秀秋　有限会社新福青果 社長		
		中島 義雄　ナカシマメディカル 代表取締役社長		
		新野 俊樹　東京大学生産技術研究所 教授		
		西村 いくこ　京都大学大学院 理学研究科 教授		
		馬来 義弘　（公財）神奈川科学技術アカデミー 理事長		
		三尾 淳　地方独立行政法人 東京都立産業技術研究センター 事業支援本部 地域技術支援部 城東支所長		
		吉川 敏一　京都府立医科大学 学長		
		若林 毅　富士通 イノベーションビジネス本部 シニアディレクター	◎	
		渡邉 和男　筑波大学大学院 生命環境科学研究科 教授		
環境ワーキンググループ	座長	住 明正　独立行政法人 国立環境研究所 理事長（重要課題専門調査会 専門委員）		
		今中 忠行　立命館大学 生命科学部 生命科学部長		
		今村 聡　大成建設 技術センター 副技術センター長	◎	（副議長）
		大矢 俊次　水ing技術・開発本部 技術開発統括 副統括	◎	
		沖 大幹　東京大学 生産技術研究所 教授		
		高村 典子　独立行政法人 国立環境研究所 生物・生態系環境研究センター センター長		
		森口 祐一　東京大学大学院 工学系研究科 教授		
		安井 至　独立行政法人 製品評価技術基盤機構 理事長		
		山地 憲治　公益財団法人 地球環境産業技術研究機構 理事・研究所長		
ナノテクノロジー・材料WG	座長	小長井 誠　東京工業大学 大学院理工学研究科 教授		
		赤木 泰文　東京工業大学 大学院理工学研究科 教授		
		一村 信吾　名古屋大学 イノベーション戦略室長		
		大橋 直樹　独立行政法人 物質・材料研究機構 環境・エネルギー材料部門長		
		大森 達夫　三菱電機 開発本部 役員技監	◎	（副議長）
		岡部 徹　東京大学 生産技術研究所 教授		
		加藤 昌子　北海道大学 大学院理学研究院 化学部門 教授		
		金子 裕治　豊田中央研究所 シニアエグゼクティブエンジニア	◎	
		北川 宏　京都大学 大学院理学研究科 教授		
		北村 隆行　京都大学 大学院工学研究科 教授		
		桑野 幸徳　太陽光発電技術研究組合 理事長		

第6章　財界による政治支配の変容

		塚本 建次　昭和電工　技術顧問	◎
		波多野 睦子　東京工業大学　大学院理工学研究科　教授	
		馬場 寿夫　独立行政法人科学技術振興機構　研究開発戦略センター　フェロー	
ICT ワーキンググループ（ICT＝情報・通信に関する技術の総称）	座長	相田 仁　東京大学大学院　工学系研究科　教授（重要課題専門調査会専門委員）	
		新井 紀子　国立情報学研究所　教授・社会共有知研究センター長	
		石川 正俊　東京大学大学院　情報理工学系研究科　教授	
		江崎 浩　東京大学大学院　情報理工学系研究科　教授	
		川人 光男　国際電気通信基礎技術研究所　脳情報通信総合研究所　所長	◎
		佐々木 繁　富士通研究所　常務取締役	
		島田 啓一郎　ソニー　業務執行役員 SVP	
		土井 美和子　独立行政法人　情報通信研究機構　監事	
		西 直樹　日本電気　中央研究所　主席技術主幹	◎
		西村 正　東京工業大学　大学院理工学研究科　連携教授	
		丹羽 邦彦　大学共同利用機関法人　情報・システム研究機構　機構長補佐シニア・リサーチ・アドミニストレーター	
		松澤 昭　東京工業大学　大学院理工学研究科　教授	
		水落 隆司　三菱電機　先端技術総合研究所　副所長	◎（副議長）
		村瀬 淳　日本電信電話　常務理事・NTT 先端技術総合研究所　所長	（副会長）
		渡辺 久恒　EUVL 基盤開発センター　相談役	◎
評価専門調査会	会長	久間 和生　総合科学技術・イノベーション会議議員（元三菱電機常任顧問）	◎（副議長）
	議員	原山 優子　同（元東北大学大学院工学研究科教授）	
	議員	小谷 元子　同（東北大学原子分子材料科学高等研究機構長）	
	議員	橋本 和仁　同（東京大学大学院工学研究科教授）	
	議員	平野 俊夫　同（大阪大学名誉教授）	
	専門委員	天野 玲子　国立研究開発法人防災科学技術研究所審議役	
	専門委員	荒川 薫　明治大学総合数理学部教授	
	専門委員	石田 東生　筑波大学システム情報系社会工学域教授	
	専門委員	射場 英紀　トヨタ自動車電池研究部部長	◎（副会長）
	専門委員	上野 裕子　三菱UFJ リサーチ＆コンサルティング主任研究員	◎（副会長）
	専門委員	江村 克己　日本電気執行役員	
	専門委員	門永 宗之助　Intrinsics 代表	◎
	専門委員	北村 隆行　京都大学大学院工学研究科教授	
	専門委員	斎藤 修　千葉大学大学院園芸学研究科教授	
	専門委員	庄司 隆　第一三共相談役	
	専門委員	白井 俊明　横河電機マーケティング本部フェロー	◎
	専門委員	角南 篤　政策研究大学院大学教授兼学長補佐	
	専門委員	西島 正弘　昭和薬科大学学長	
	専門委員	菱沼 祐一　東京ガス燃料電池事業推進部長	◎
	専門委員	福井 次矢　聖路加国際大学理事長・聖路加国際病院院長　京都大学名誉教授	
	専門委員	藤垣 裕子　東京大学大学院総合文化研究科教授	
	専門委員	松岡 厚子　独立行政法人医薬品医療機器総合機構　規格基準部テクニカルエキスパート	
	専門委員	松橋 隆治　東京大学大学院工学系研究科教授	
	専門委員	安浦 寛人　九州大学理事・副学長	

研究開発法人部会	座長	門永 宗之助　Intrinsics 代表	◎
		久間 和生　総合科学技術・イノベーション会議議員（元三菱電機常任顧問）	◎（副議長）
		原山 優子　同（元東北大学大学院工学研究科教授）	
		橋本 和仁　同（東京大学大学院工学系研究科教授）	
		天野 玲子　国立研究開発法人防災科学技術研究所審議役	
		石田 東生　筑波大学システム情報系社会工学域教授	
		福井 次矢　聖路加国際大学理事長・聖路加国際病院院長 京都大学名誉教授	
		伊地知 寛博　成城大学社会イノベーション学部 教授	
		岡本 義朗　新日本有限責任監査法人 エグゼクティブディレクター	
		栗原 和枝　東北大学原子分子材料科学高等研究機構 教授	
		角南 篤　政策研究大学院大学 教授	
		野間口 有　三菱電機 相談役	◎（副議長）
		広崎 膨太郎　日本電気 特別顧問	◎
		室伏 きみ子　お茶の水大学ヒューマンウェルフェアサイエンス研究教育寄附研究部門 教授	
規制改革会議	議長	岡 素之　住友商事相談役	◎
	議長代理	大田 弘子　政策研究大学院大学教授	
		安念 潤司　中央大学法科大学院教授	
		浦野 光人　ニチレイ相談役	◎
		大崎 貞和　野村総合研究所主席研究員	◎（副会長）
		翁 百合　日本総合研究所副理事長	
		金丸 恭文　フューチャーアーキテクト代表取締役会長 CEO	◎
		佐久間 総一郎　新日鐵住金代表取締役副社長	◎（副会長）
		佐々木 かをり　イー・ウーマン代表取締役社長	◎
		滝 久雄　ぐるなび代表取締役会長	◎
		鶴 光太郎　慶応義塾大学大学院商学研究科教授	
		長谷川 幸洋　東京新聞・中日新聞論説副主幹	
		林 いづみ　桜坂法律事務所弁護士	
健康・医療ワーキング・グループ	専門委員	滝口 進　日本メディカルビジネス代表取締役	◎
	専門委員	竹川 節男　医療法人社団健育会理事長	
	専門委員	土屋 了介　地方独立行政法人神奈川県立病院機構理事長	
	専門委員	松山 幸弘　一般財団法人キヤノングローバル戦略研究所研究主幹	
	委員	翁 百合　日本総合研究所副理事長	
	委員	林 いづみ　桜坂法律事務所弁護士	
	委員	金丸 恭文　フューチャーアーキテクト代表取締役会長 CEO	◎
	委員	佐々木 かをり　イー・ウーマン代表取締役社長	◎
	委員	森下 竜一　大阪大学大学院医学系研究科教授・アンジェスMG（株）取締役	◎
雇用ワーキング・グループ	専門委員	島田 陽一　早稲田大学理事・法学学術院教授	
	専門委員	水町 勇一郎　東京大学社会科学研究所教授	
	委員	鶴 光太郎　慶応義塾大学大学院商学研究科教授	
	委員	佐々木 かをり　イー・ウーマン代表取締役社長	◎
	委員	浦野 光人　ニチレイ相談役	◎
	委員	大崎 貞和　野村総合研究所主席研究員	◎（副会長）
	委員	佐久間 総一郎　新日鐵住金代表取締役副社長	◎（副会長）

農業ワーキング・グループ	専門委員	北村 歩　六星取締役	◎	
	専門委員	田中 進　農業生産法人・サラダボウル代表取締役	◎	
	専門委員	本間 正義　東京大学大学院農学生命科学研究科教授		
	専門委員	松本 武　ファーム・アライアンス・マネジメント代表取締役	◎	
	専門委員	渡邊 美衡　カゴメ取締役常務執行役員・経営企画本部長		
	委員	金丸 恭文　フューチャーアーキテクト代表取締役会長 CEO	◎	
	委員	浦野 光人　ニチレイ相談役	◎	
	委員	滝 久雄　ぐるなび代表取締役会長	◎	
	委員	長谷川 幸洋　東京新聞・中日新聞論説副主幹		
	委員	林 いづみ　桜坂法律事務所弁護士		
投資促進等ワーキング・グループ	専門委員	川本 明　慶應義塾大学経済学部教授		
	専門委員	久保利 英明　日比谷パーク法律事務所代表／弁護士		
	専門委員	小林 三喜雄　花王購買部門企画部戦略企画グループシニアエキスパート	◎	
	専門委員	圓尾 雅則　SMBC 日興証券マネジングディレクター	◎	
	専門委員	道垣内 正人　早稲田大学法科大学院教授		
	委員	大崎 貞和　野村総合研究所主席研究員	◎	(副会長)
	委員	松村 敏弘　東京大学社会科学研究所教授		
	委員	安念 潤司　中央大学法科大学院教授		
	委員	森下 竜一　大阪大学大学院医学系研究科教授・アンジェスMG（株）取締役	◎	
地域活性化ワーキング・グループ	委員	安念 潤司　中央大学法科大学院教授		
	委員	滝 久雄　ぐるなび代表取締役会長	◎	
	委員	翁 百合　日本総合研究所副理事長		
	委員	佐久間 総一郎　新日鐵住金代表取締役副社長	◎	(副会長)
	委員	長谷川 幸洋　東京新聞・中日新聞論説副主幹		
	委員	松村 敏弘　東京大学社会科学研究所教授		

≪出所≫官邸ホームページ、日本経団連ホームページ等により作成。2015 年 10 月現在
注　日本経団連役員欄の（副会長）は副会長企業からの任用、（副議長）は副議長企業からの任用を示す。

ントリーホールディングス代表取締役社長の２人が入り、さらに山田大介・みずほ銀行常務執行役員が入っている。「選択する未来」委員会には、三村明夫・新日鐵住金相談役名誉会長（日本商工会議所会頭）が入っている（新日鐵住金は経団連副会長の友野宏氏の出身企業）。政策コメンテーター委員会には、経団連副議長である國部毅・三井住友銀行頭取が入り、成長・発展ワーキング・グループには、藤山知彦・三菱商事常勤顧問が入っている（三菱商事は小林健・経団連副議長の出身企業）。

　このように、司令塔の経済財政諮問会議のサブ組織にまで、経団連のトップを中心とする財界人が配置されているのである。

産業競争力会議

　政策の「実施設計」を作成し具体化する役割を担っている産業競争力会議（日本経済再生本部）はどうか。

　議員として、経団連副会長を務めた佐々木則夫・東芝取締役副会長が入っていた（2015年7月に辞任）。また、三村明夫・新日鐵住金相談役名誉会長・日本商工会議所会頭が入っている。この他、財界・大企業から参加しているのは、岡素之・住友商事相談役、金丸恭文・フューチャーアーキテクト代表取締役会長兼社長、小林喜光・三菱ケミカルホールディングス代表取締役会長、小室淑恵・ワーク・ライフバランス代表取締役社長、竹中平蔵・パソナグループ取締役会長（慶應義塾大学総合政策学部教授）、野原佐和子・イプシ・マーケティング研究所代表取締役社長、三木谷浩史・楽天代表取締役会長兼社長である。

　産業競争力会議は、議員19人のうち実に半数近い8人が財界・大企業代表によって占められている。産業競争力会議のサブ組織には、課題別会合、実行実現点検会合、ワーキンググループ、分科会などがある。これらにも、経団連の会長・副会長をはじめ多数の財界代表が参加している。

　分科会をみると、雇用・人材分科会には、榊原定征・東レ相談役最高顧問をはじめ、長谷川閑史・武田薬品工業代表取締役社長、竹中平蔵・パソナグループ取締役会長が入っている。雇用法制における規制緩和をすすめて自らの利益をはかろうとする意図が見え見えである。農業分科会には新浪剛史・サントリーホールディングス代表取締役社長、秋山咲恵・サキコーポレーション代表取締役社長が入っている。この中に、農家の代表はひとりもいない。また医療・介護等の分科会には、新浪剛史・サントリーホールディングス代表取締役社長、長谷川閑史・武田薬品工業代表取締役社長が入っている。

　しかも、フォローアップ分科会には、日本経団連会長の榊原定征・東レ相談役最高顧問をはじめ、新浪剛史・サントリーホールディングス代表取締役社長、坂根正弘・コマツ相談役、三木谷浩史・楽天代表取締役会長兼社長、

竹中平蔵・パソナグループ取締役会長、秋山咲恵・サキコーポレーション代表取締役社長が入っている。財界人が入って作成した政策・方針の実施状況を、財界人がフォローアップするという念の入れ方である。

総合科学技術・イノベーション会議

　総合科学技術・イノベーション会議には、日本経団連副会長の内山田竹志・トヨタ自動車取締役会長と、同じく副会長の中西宏明・日立製作所代表執行役会長兼CEOが入っている。また、久間和生・元三菱電機常任顧問が入っている。三菱電機は日本経団連の副会長を出している企業でもある。閣僚を除く8人のうちの3人が財界人であるだけでなく、現役の経団連副会長2人、経団連副会長出身企業から1人参加している。この配置をみても、日本経団連が総合科学技術・イノベーション会議をいかに重視しているかは明らかである。

　総合科学技術・イノベーション会議は、本会議の外に多くのサブ組織がある。ひとつは専門調査会である。基本計画専門調査会、政策推進専門調査会、重要課題専門調査会が置かれている。ふたつは戦略協議会であり、エネルギー戦略協議会、次世代インフラ戦略協議会、地域資源戦略協議会がある。さらにワーキンググループとして、環境ワーキンググループ、ナノテクノロジー・材料ワーキンググループ、ICT（情報・通信に関する技術の総称）ワーキンググループがある。また、評価専門調査会、研究開発法人部会などがある。それぞれに、財界人が多数入っている。

　たとえば、エネルギー戦略協議会には、三菱電機、三菱重工業、JX日鉱日石エネルギー、トヨタ自動車、日立製作所から専門家が入っている。13人のうち6人を企業関係者が占めている。また、次世代インフラ戦略協議会には、小松製作所、新日鐵住金、NTT（日本電信電話）、鹿島建設、三菱電機、清水建設の関係者が入っている。14人のうち半数の7人が財界のメンバーである。地域資源戦略協議会には、21人のうち7人が財界メンバーで占められている。

ワーキンググループをみると、財界人の比率が高いのはICTワーキンググループである。このワーキンググループには、15人のうち7人の企業関係者が入っている。このなかには、富士通、日本電気、三菱電機という防衛省の調達上位に位置する軍需企業の関係者が入っていることにも注目したい。ナノテクノロジー・材料ワーキンググループにも、三菱電機と昭和電工の関係者が入っている。この他、環境ワーキンググループに2人の財界人が入っている。さらに、評価専門調査会24人のうち8人、研究開発法人部会14人のうち4人が財界系のメンバーで占められている。

規制改革会議
　規制改革を調査審議し総理大臣に提言をおこなう規制改革会議は、議員13人のうち過半数の7人が財界系メンバーである。議長には、岡素之・住友商事相談役が就いている。また、佐久間総一郎・新日鐵住金代表取締役副社長が参加しており（新日鐵住金は経団連副会長を出している企業でもある）、この他、浦野光人・ニチレイ相談役、金丸恭文・フューチャーアーキテクト代表取締役会長CEO、佐々木かをり・イー・ウーマン代表取締役社長、滝久雄・ぐるなび代表取締役会長などが参加している。
　さらに、そのもとに置かれたワーキンググループにも多数の財界人が入り込んでいる。健康・医療ワーキング・グループは、9人のうち4人が財界系のメンバーである。雇用ワーキンググループは、7人のうち4人が財界系のメンバーで、そのなかには日本経団連の副会長を出している野村證券の関係者や新日鐵住金の副社長が入っている。さらに、農業ワーキンググループのメンバー10人のうち実に7人が財界・大企業関係者で占められており、農家の代表はいない。

(4)　司令塔方式による新しい支配

　このように司令塔のメンバーに、日本経団連を中心とする多数の財界・大

企業代表が入り込み、事実上占拠される状況があらわれている。そのうえ後でふれるように、政府の政策作成に直接たずさわる機会を与えられている。
　政府の経済政策は、日本経団連をはじめ財界・大企業によってつくられ、それをトップダウンで実行する仕組みになっているのである。
　これは以前のような、政府の審議会への財界人の参加とは根本的に違うものである。第1に、1990年代の「橋本改革」に端を発する総理大臣の権限強化と、それにもとづくトップダウン型の政策遂行システムがつくられているからである。第2に、閣議決定に直結する強大な権限をもつ「司令塔」への財界代表の恒常的・重層的な参加がおこなわれているからである。

　＊古賀純一郎氏は『経団連——日本を動かす財界シンクタンク』（2000年4月、新潮選書）のなかで「審議会を基軸に役所の政策が決定されているのが現状である以上は、この場に経団連代表を送り込むことは、経団連の要望を実現させるためには必要不可欠である。そして各省庁の要請を受け、各審議会に推薦する委員の候補者を産業、経済本部などと連携し決定するのが総務本部の仕事である」と指摘し、1993年7月の経団連夏季セミナー、東富士フォーラムで「経団連幹部が政府の審議会に参加する機会やその人員を増やして発言権を強める」という方針を決めたことを紹介している。

　政府の政策決定機関に経団連会長がこれほど「深入りする」のは、少なくとも1990年代の前半までは見られなかったと菊池信輝氏は指摘している。それ以前に、財界代表が政府の政策決定過程に直接乗り込んだ例としては、土光経団連会長の第二臨調がある。中曽根内閣の時代（1982年〜87年）に設置され、国鉄の民営化などを強行した。しかしそれは、恒常的なものではなかった。

　＊菊池信輝氏は「奥田経団連会長のように、政府の政策決定機関に深入りすることは、はたして『財界』の政治的影響力を本当に高めているのだろうか。石坂期の経団連で確立した『非政治性』による強力な影響力が、少なくとも1990年代前半まで機能していたことをふり返ると、そうした疑問に直面せざるを得ない」と指摘している。『財界とは何か』（2005年10月、平凡社）191

ページ。

　司令塔のトップである経済財政諮問会議によって、その運営内容を検証してみよう。

(5) 財界代表が主導する仕組み

　経済財政諮問会議は、「橋本6大改革」による中央省庁等「改革」の一環として設置されたトップダウン型の機関である。中央省庁改革基本法にもとづく省庁改革は2001年に実施され、このなかで内閣機能を強化するために内閣府が創設された。そのとき、予算編成その他重要な方針を決定する機関として経済財政諮問会議が設置されている。これまでのメンバー変遷は表6―3の通りである。[*]

  *諮問会議の権限と小泉内閣時代の運営については、『変貌する財界――日本経団連の分析』（第3章「『構造改革』路線と財界」山下唯志）等を参照されたい。

　経済財政諮問会議で、民間4議員がどのような方法で議論をリードしているか。小泉内閣の時期に、民間から事務局に入った大田弘子氏は、「通常の審議会では、事務局が答申を書き、委員がそれに意見を言う」のだが、「諮問会議の民間議員が特異な位置を占めるのは、みずからペーパーを書くという点にある」と述べている。「諮問会議のような常設機関で、広範なテーマにわたって、しかも閣議決定文書につながる議論の土俵を、民間議員が設定するというのは、初めてのことだろう」。[*]

  *大田弘子『経済財政諮問会議の戦い』（2006年5月、東洋経済新報社）256～257ページ。

民間4議員が主導権をもつ理由

　経済財政諮問会議で、なぜ民間4議員が力を持つことができるのか。その理由について大田氏はこう説明している。議長役の総理大臣以外は10人だ

〈表6－3〉経済財政諮問会議議員の変遷

	第2次森内閣改造内閣（中央省庁再編後）	小泉内閣	小泉内閣第1次改造内閣	小泉内閣第2次改造内閣	第2次小泉内閣	第2次小泉内閣改造内閣	第3次小泉内閣	第3次小泉内閣改造内閣
	2001.1.6～	2001.4.26～	2002.9.30～	2003.9.22～	2003.11.19～	2004.9.27～	2005.9.21～	2005.10.31～
内閣総理大臣（議長）	森喜朗	小泉純一郎						
内閣官房長官	福田康夫					細田博之（2004.5.7～）		安倍晋三
経済財政政策担当大臣	額賀福志郎	麻生太郎（2001.1.23～）	竹中平蔵					与謝野馨
総務大臣	片山虎之助				麻生太郎			竹中平蔵
財務大臣	宮澤喜一	塩川正十郎		谷垣禎一				
経済産業大臣	平沼赳夫			中川昭一				二階俊博
日本銀行総裁	速水　優（～2003.3.19）			福井俊彦（2003.3.25～2008.3.19）				
民間有識者	牛尾治朗　奥田　碩　本間正明　吉川　洋							

≪出所≫官邸ホームページより作成
http://www5.cao.go.jp/keizai-shimon/kaigi/about/successive_memberlist.pdf

2015年10月7日現在

安倍内閣	安倍内閣改造内閣	福田内閣	福田内閣改造内閣	麻生内閣	第2次安倍内閣	第2次安倍内閣改造内閣	第3次安倍内閣
2006.9.26〜	2007.8.27〜	2007.9.26〜	2008.8.2〜	2008.9.24〜2009.9.16	2012.12.26〜	2014.9.3〜	2014.12.24〜
安倍晋三	安倍晋三	福田康夫	福田康夫	麻生太郎	安倍晋三	安倍晋三	安倍晋三
塩崎恭久	与謝野馨	町村信孝	町村信孝	河村建夫	菅　義偉	菅　義偉	菅　義偉
大田弘子	大田弘子	与謝野馨	与謝野馨	林芳正(2009.7.2〜)	甘利　明	甘利　明	甘利　明
菅　義偉	増田寛也	増田寛也	鳩山邦夫	佐藤勉(2009.6.12〜)	新藤義孝	高市早苗	高市早苗
尾身幸次	額賀福志郎	伊吹文明	中川昭一	与謝野馨(2009.2.17〜)	麻生太郎	麻生太郎	麻生太郎
甘利　明	甘利　明	二階俊博	二階俊博	茂木敏充	小渕優子	宮沢洋一(2014.10.21〜)	
福井俊彦	福井俊彦	白川方明 (2008.4.15〜) 〔副総裁：2008.4.1〜2008.4.9〕			黒田東彦 (2013.3.20〜)		
伊藤隆敏 丹羽宇一郎 御手洗冨士夫 八代尚宏 (2006.10.13〜)		岩田一政 張富士夫 三村明夫 吉川洋 (2008.10.10〜2009.9.15)		伊藤元重 小林喜光 佐々木則夫 高橋進 (2013.1.9〜2014.9.15)	伊藤元重 榊原定征 高橋進 新浪剛史 (2014.9.16〜)		

第6章　財界による政治支配の変容

が、そのうち官房長官と担当大臣を除くと８名である。したがって「民間議員４名は、半分を占める力を持つのである。４名が名を連ねて一丸となれば、大きな力になる＊」。

　＊大田弘子『経済財政諮問会議の戦い』、255ページ。

　表６―４（236〜240ページ）のように、第二次安倍内閣における経済財政諮問会議の開催数は、2013年に27回、2014年21回、2015年は10月までに16回開かれており、総計64回である。議題は、予算編成の基本方針、経済・財政・金融政策のあり方、産業・労働・女性政策など、きわめて広範囲にわたっている。

　表６―５の通り、この間に説明資料が配付された回数は348回である。そのうち民間議員の説明資料提出は128回に及び、全体の実に36.8％を占めている。次に多いのは、内閣府と経済財政担当大臣の資料提出回数である。しかしこれは、両者合わせても91回で全体の26.1％である。財務大臣に至っては29回、わずか8.3％に過ぎない。このように財界代表を含む民間４議員が、主要な議題について常に説明資料を提出して問題提起を行い、会議の運営と議論の主導権を握っている。

　その政策内容は、法人税の引き下げなど大企業の負担軽減であり、消費税増税や社会保障の削減など国民負担を増やす道であり、農業破壊、労働法制の改悪、株主至上主義の徹底であり、多国籍企業化のいっそうの推進である。これは、財界・大企業による国家機構を利用した国民大収奪・国民経済破壊路線そのものである。

　ほんらい、国の政策には多数の国民の意見が広く反映されなければならない。そのため、国の諮問会議・審議会には、労働者、消費者、地方自治体などの代表も対等・平等の立場で参加すべきである。ところが、安倍内閣の「司令塔」方式は、「財界による財界のための」トップダウンの仕組みであり、民主主義とはまったく相容れないものとなっている。

内閣官房・内閣府の事務スリム化法について

　先に見たように、第二次安倍内閣になって新たにつくられた会議体が6割強を占めるなど、内閣機能が肥大化してきた。肥大化の理由は、第1に、省庁にまたがる課題を内閣において調整するためであり、第2に、国家安全保障、秘密保護の機能など戦争する国をめざす体制づくりのためである。これらの事務を整理し、効率的に再編・運営するためにつくられたのが、2015年の内閣官房・内閣府の事務スリム化法である。

　「内閣の事務を助ける」のは、これまでは「内閣府」の仕事であった。これを「各省庁の任務」に置き換え、内閣官房から内閣府、内閣府から各省庁に「事務を移管する」としている。これは、一見すると権限の分散のように見える。しかしそれは、「内閣官房・内閣府が政策の方向づけに専念する」ためであり、そこからはじき出されるのは、生活関連の機構・機能である。各省庁に「総合調整」の権限を与えるというが、それは「特定の内閣の重要政策」すなわち司令塔が決める重要政策に合わせて「行政各部の施策の統一を図る」というのである。

　内閣官房・内閣府は、国の政策の基本方向を決める仕事に専念し、各省庁はそこで決められた基本方向から逸脱することのないよう総合調整をおこなう。これはスリム化という名で、総理・官邸の権限をいっそう強化し、その方針を有無を言わせず関係省庁におしつけるトップダウンの体制づくりである。

⑹　**国家戦略特区──トップダウン型の規制緩和**

　2014年6月に政府が発表した「新成長戦略」は、「改革への集中的取組」として、次のように書いている。

　「国・自治体・民間が一体となって、世界から投資を惹きつけるインパクトの大きな思い切った規制改革を行う必要がある。そのため、国家戦略

〈表6—4〉 司令塔・経済財政諮問会議の議題と民間4議員の説明資料提出回数

開催日	議　　題	民間4議員説明資料提出回数
2013年		
第1回 1月9日	当面の経済財政運営について（特に緊急経済対策について）	
第2回 1月22日	(1) 金融政策決定会合報告について (2) 平成25年度予算編成の基本方針について (3) 経済財政諮問会議の今後の検討課題について	1 1
第3回 1月24日	(1) 平成25年度予算編成の基本方針について (2) 経済財政諮問会議の今後の検討課題について (3) 金融政策、物価等に関する集中審議	1
第4回 2月5日	(1) 雇用と所得の増大に向けて (2) デフレ脱却に向けた取組について (3) 平成25年度予算案について (4) 経済財政諮問会議の今後の検討課題について ダボス会議報告	1 1
第5回 2月28日	(1) TPPについて (2) 短期・中期の経済財政運営の在り方について	1
第6回 3月8日	(1) 経済財政政策から見た目指すべき国家像と成長戦略への期待について (2) 財政の質の改善に向けて 行政事業レビュー 政策評価について	1 1
第7回 3月26日	(1) 経済財政政策から見たエネルギー戦略について (2) 地域活性化に向けて (3)「日本経済再生に向けた緊急経済対策」の進捗状況について	1 1
第8回 4月18日	(1) 持続的成長を実現する市場経済システムの構築に向けて	
第9回 4月22日	(1) 経済再生と財政健全化の道筋について (2) 人的資源について (3) 規制改革について (4)「日本経済再生に向けた緊急経済対策」の進捗状況について	
第10回 5月7日	(1) 金融政策、物価等に関する集中審議（第2回） (2) 社会資本整備、ナショナル・レジリエンスについて 経済再生の進捗状況	1 1
第11回 5月16日	(1) 社会保障の効率化について (2) 国・地方の在り方、地方財政等について	1 1
第12回 5月20日	(1) 東日本大震災からの復興、地域活性化について (2) 教育再生について (3) 効率的・効果的な財政を実現するための仕組みについて (4)「日本経済再生に向けた緊急経済対策」の進捗状況について	1 1

第13回 5月28日	(1)検討課題の状況について (2)グローバル化について (3)今後の経済財政運営方針について (4)骨太方針策定に向けて 地域経済懇談会報告 共助社会推進に向け	1 1
第14回 6月6日	(1)「目指すべき市場経済システムに関する専門調査会」中間報告 (2)骨太方針策定に向けて	
第15回 6月13日	(1)「日本経済再生に向けた緊急経済対策」の進捗状況及びこれまでの経済財政政策の成果について (2)「経済財政運営と改革の基本方針」について	
第16回 7月30日	(1)金融政策、物価等に関する集中審議(第3回) (2)「予算の全体像」について (3)今後の経済財政諮問会議の取組について 決算について	1 1
第17回 8月2日	(1)「予算の全体像」と平成25年度の経済動向について (2)中期財政計画について (3)平成26年度概算要求基準について (4)経済財政諮問会議の今後の検討課題・取組について	
第18回 8月8日	(1)中期財政計画等について (2)平成26年度概算要求基準について	
第19回 9月13日	(1)消費税率の引上げの判断に係る経済状況等について (2)2020年東京オリンピック・パラリンピックの開催に向けて (3)「地域経済に関する有識者懇談会」報告書について (4)その他	1 1
第20回 10月1日	(1)消費税率の引上げの判断に係る経済状況等について	
第21回 11月1日	(1)金融政策、物価等に関する集中審議(第4回) (2)来年度の予算編成に向けた基本的な考え方について (3)「目指すべき市場経済システムに関する専門調査会」報告書について	1 1
第22回 11月15日	(1)社会保障について	2
第23回 11月20日	(1)社会資本、ナショナル・レジリエンス、教育関連施設等について	4
第24回 11月29日	(1)地方財政・地域活性化について (2)経済の好循環実現に向けて (3)平成26年度予算編成の基本方針について	2
第25回 12月5日	(1)平成26年度予算編成の基本方針(案)について (2)「好循環実現のための経済対策」について	
第26回 12月12日	(1)経済政策の枠組みの強化に向けて (2)平成26年度予算編成の基本方針について	1

第27回 12月24日	(1) 短期・中長期の経済財政運営について (2) アベノミクスを中長期的発展につなげるために		1 1
		小計	36
2014年			
第1回 1月20日	(1) 経済財政の1年の成果と今後の展望 (2) 対日直接投資の促進に向けて		3 2
第2回 2月20日	(1) 金融政策、物価等に関する集中審議（第1回） (2) 長期投資の促進に向けて 今後の経済財政運営について 法人税引下げと税収について		 2 2 1
第3回 産業競争力会議 との合同会議 3月19日	(1) 日本の活力の発揮に向けて (2) 戦略的課題（女性の活躍促進） 法人課税について 長谷川産業競争力会議雇用・人材分科会主査提出資料		1
第4回 産業競争力会議 との合同会議 4月4日	(1) 戦略的課題（内なるグローバル化） (2) 財政健全化に向けて 秋山産業競争力会議フォローアップ分科会主査提出資料 長谷川産業競争力会議雇用・人材分科会主査提出資料		1 1
第5回 産業競争力会議 との合同会議 4月16日	(1) 戦略的課題（産業構造調整） (2) 戦略的課題（社会保障制度、健康産業） (3) 経済の好循環実現に向けて 榊原産業競争力会議フォローアップ分科会（科学技術）主査提出資料 坂根産業競争力会議フォローアップ分科会（新陳代謝）主査提出資料 増田産業競争力会議医療・介護等分科会主査提出資料		1 1
第6回 産業競争力会議 との合同会議 4月22日	(1) 戦略的課題（労働力と働き方） (2) 歳出分野の重点化・効率化（社会保障） 長谷川産業競争力会議雇用・人材分科会主査提出資料		1 1
第7回 5月15日	(1) 経済再生と財政健全化の両立に向けて (2) 金融政策、物価等に関する集中審議（第2回） (3) 「選択する未来」委員会　中間整理 今後の経済財政運営について		2 1
第8回 産業競争力会議 との合同会議 5月19日	(1) 戦略的課題（地域経済構造） 坂根産業競争力会議フォローアップ分科会（新陳代謝）主査提出資料 竹中産業競争力会議フォローアップ分科会（立地競争力等）主査提出資料		1
第9回 5月27日	(1) 歳出分野の重点化・効率化（教育）・教育再生について (2) 歳出分野の重点化・効率化（社会資本整備・国土強靱化） (3) 歳出分野の重点化・効率化（地方財政）、行政のIT化・業務改革について (4) その他（財政制度等審議会における議論について）		2 2 2
第10回 6月9日	(1) 東日本大震災からの復興について (2) 少子化対策について (3) 骨太方針策定に向けて		

第11回 6月13日	(1) 骨太方針策定に向けて	
第12回 産業競争力会議 との合同会議 6月24日	(1)「経済財政運営と改革の基本方針2014」について (2)「日本再興戦略」の改訂について	
第13回 7月22日	(1) 金融政策、物価等に関する集中審議（第3回） (2)「予算の全体像」について (3) 今後の経済財政諮問会議の取組について	2 1 1
第14回 7月25日	(1)「予算の全体像」について (2) 平成27年度概算要求基準について (3) 今後の経済財政諮問会議の取組について 政策コメンテーター委員会の設置について	
第15回 9月16日	(1) 現下のマクロ経済状況について (2) 経済好循環の更なる拡大に向けた取組について	2 2
第16回 10月1日	(1) 経済再生と両立する財政健全化に向けて (2) その他	2
第17回 10月21日	(1) 女性の働き方に中立的な税制・社会保障制度等 (2) 歳出の重点化・効率化（社会保障改革の在り方） (3) 骨太方針・予算の全体像フォローアップ	2 2 2
第18回 11月4日	(1) 金融政策、物価等（地域経済情勢を含む）に関する集中審議（第4回） (2) 歳出の重点化・効率化（社会資本整備）	1 2
第19回 11月18日	(1) 現下の経済状況について	1
第20回 12月22日	(1) 新内閣における今後の検討課題について (2) 歳出の重点化・効率化（地方財政・地域活性化） (3) 平成27年度予算編成の基本方針（案）について	1 4
第21回 12月27日	(1) 平成27年度予算編成の基本方針について (2) 地方への好循環拡大に向けた緊急経済対策について (3) 経済財政諮問会議の今後の課題について	
	小計	52
2015年		
第1回 1月30日	(1) 金融政策、物価等に関する集中審議（第1回） (2)「選択する未来」委員会報告を受けて (3) 経済再生と両立する財政健全化計画の策定について	1 2
第2回 2月12日	(1) 中長期の経済財政の展望と財政健全化について (2) 経済の好循環の強化に向けて	2 2
第3回 3月11日	(1) 3年目の経済好循環の拡大に向けて (2) 対日直接投資の動向について (3) 公的分野の産業化に向けて	2 2

回	議題	
第4回 4月16日	(1) 経済の好循環実現（賃金・雇用）に向けて (2) 経済再生・財政健全化に向けたインセンティブ改革等について	2 1
第5回 5月12日	(1) 金融政策、物価等に関する集中審議（第2回） (2) 経済再生と両立する財政健全化計画の策定に向けた論点整理・総論 政策コメンテーター報告	2
第6回 5月19日	(1) 経済再生と両立する財政健全化計画の策定に向けた論点整理・各論 (2) 経済再生と両立する財政健全化計画策定に向けて（社会資本整備） (3) 国土形成計画について	3 1
第7回 5月26日	(1) 経済再生と両立する財政健全化計画策定に向けて（文教・科学技術） (2) 経済再生と両立する財政健全化計画策定に向けて（社会保障） (3) 経済再生の実現に向けて	1 1 1
第8回 6月1日	(1) 地方創生・女性活躍 (2) 経済再生と両立する財政健全化計画策定に向けて（計画フレーム） (3) 経済再生と両立する財政健全化計画策定に向けて（地方財政・予算制度・歳入）	1 1
第9回 6月10日	(1) 東日本大震災からの復興 (2) 経済再生と両立する財政健全化計画策定に向けて（社会資本整備2） (3) 経済再生と両立する財政健全化計画策定に向けて（社会保障2） (4) 骨太方針策定に向けて	 1 1
第10回 6月22日	(1) 骨太方針策定に向けて	
第11回 産業競争力会議 との合同会議 6月30日	(1)「経済財政運営と改革の基本方針2015」（案）について (2)『日本再興戦略』改訂2015」（案）について	
第12回 7月16日	(1) 金融政策、物価等に関する集中審議（第3回） (2)「予算の全体像」について (3) 今後の経済財政諮問会議の取組について	 1 1
第13回 7月22日	(1)「予算の全体像」と平成27年度の経済動向について (2) 平成28年度概算要求基準について (3) 今後の経済財政諮問会議の取組について	
第14回 7月23日	(1) 平成28年度概算要求基準について (2) その他	
第15回 9月11日	(1) 好循環拡大・深化に向けて (2) 経済・財政一体改革の具体化に向けて (3) 子育て支援・少子化等について	2 2 2
第16回 10月16日	(1) TPPについて (2) アベノミクス第二ステージに向けて (3) 経済・財政一体改革の具体化・加速について	2 2 1
	小計	40
	合計	128

〈表6—5〉経済財政諮問会議議員の説明資料提出回数

(2013年1月～2015年10月)

年	会議開催回数	資料提出回数	総理大臣	官房長官	内閣府	経済財政	財務	総務	経産	他の大臣	日銀総裁	民間4議員	民間単独	その他
2013年	27	121	0	0	27	13	10	5		19	4	36	6	1
2014年	21	132	0	0	14	16	12	3	4	14	4	52		13
2015年	16	95	0	0	14	7	3	3	1	17	3	40	1	2
合計	64	348	0	0	55	36	29	11	5	50	11	128	7	16
(比率)		100.0	0.0	0.0	15.8	10.3	8.3	3.2	1.4	14.4	3.2	36.8	2.0	4.6

≪出所≫官邸ホームページより作成

特区を内閣総理大臣がトップダウンで進め、国全体の改革のモデルとなる成功例を創出していくことが重要である。これまでに6つの区域を国家戦略特区として指定したところであり、これらの区域を核にしながら、日本の改革に対する姿勢を強く示していく」。

国家戦略特区は、国家戦略特別区域諮問会議と各地域の特別区域会議を足場に規制緩和を推進しようとするものである。そのため、内閣府設置法にもとづき「戦略特区諮問会議」という強い権限を持つ組織をつくり、総理が任命する財界人を含むメンバーで構成される。これも、総理大臣を中心とするトップダウンの体制づくりである。

2013年11月15日の衆議院内閣委員会の答弁で、政府は「関係大臣については、必要に応じ御出席をいただいて、ご意見を述べていただくということでございまして、意思決定ということでは直接かかわるということではないというふうに理解をいたしております」と述べている。規制緩和に関わる分野を所管する関係閣僚さえ、意思決定から排除しているのである。

たとえば、雇用や医療に関する関係閣僚である厚労大臣は、所管する分野の規制緩和について意見は言えても、意思決定に直接かかわることはできない。財界の代表は意思決定に直接関わることができても、その地域の住民はもちろん関係大臣でさえ意思決定に関わることができないのであるから、チ

ェックする者が誰もいない。そのような状況下で、諮問会議での合意は国家意思となり、文字通り「規制緩和推進まっしぐら」という坂道を、ブレーキのないまま転げ落ちることとなる＊。

　国家戦略特区は、2015年までに東京圏、関西圏、新潟市、養父市、福岡市、沖縄県、仙北市、仙台市、愛知県の9つが指定されている。

> ＊国家戦略特区に関する筆者の国会での主な論戦については、以下のデータベースを参照されたい。
> 2013年11月15日、内閣委員会
> http://kensho.jcpweb.net/kokkai/131115-000000.html
> 2013年11月20日、内閣委員会
> http://kensho.jcpweb.net/kokkai/131120-000000.html

2　政治資金と経団連

　財界が政治への影響力を強めるもうひとつの手法は、政治献金である。政権与党に企業団体献金をおこなうことが、財界の意向を採用させる手段となってきた。ただし、その形式は、「斡旋」方式から「通信簿」方式へと、時代とともに変化をとげている。

(1) 旧経団連の献金斡旋方式

　経団連は1950年代から主として自民党への献金をおこなってきた。そのやり方は、経団連が献金の総額を決め、会員や企業や業界団体に割り振るという献金「斡旋」であった。その割り当て作業を担当していたのが経団連総務本部である。財界の政治部長といわれた花村仁八郎氏（1976〜1988年副会長、1975〜1988年事務総長）が作成したリスト（花村リスト）によって、

経団連の総務部の特命事項担当者が企業に対して配分する献金額を決定していた。*

> *花村仁八郎氏は「基本的には会社の資本金、自己資本、利益、当面の利益予想などを基準に30から40に細かく分類したリスト」と説明している。『政財界パイプ役半生記』（1990年7月、東京新聞出版局）87〜88ページ。

　1955年には、経団連が政治献金の窓口機関として「経済再建懇談会」をつくった。1961年に「自由国民連合」と合併して「国民協会」が発足し、1975年に「国民政治協会」に衣替えをした。経団連は、国民政治協会に企業献金を一本化することによって、あたかも「公正」であるかのように振る舞ったが、企業団体献金による政治買収の本質は変わるものではなく、政権与党に対し、カネの力で、財界・大企業本位の政策を採用させてきたのである。それは、多いときには、総額260億円に達した。*

> *前掲書114ページ。

　しかし、1980年代末から1990年代にかけて、リクルート事件、佐川急便事件、ゼネコン汚職などの汚職事件が多発した。1993年には自民党が下野し、国民の政財界癒着に対する批判が高まるなかで経団連の「斡旋」は中止になった。経団連が、1994年10月18日に発表した「政治と企業の関係について──経団連政治・企業委員会中間報告」は、「企業献金については、公的助成や個人献金を促進しつつ、一定期間の後、廃止を含めて見直す」「その間は、各企業・団体が独自の判断で献金を行うこととし、経団連は94年以降斡旋は行わない」と述べている。

　しかし、その後の「政治改革」によって民意を歪める小選挙区制が導入されるとともに、政治家個人への企業団体献金の禁止と引き替えに政党助成金制度がつくられた。この企業団体献金の禁止は、政治家個人に限定したもので、政党にたいしては認めるという大きな抜け穴があった。

⑵　通信簿方式で献金を再開

　2004年になると、経団連はそれまでの「斡旋」とは形式の違う「献金促進」策を採用するようになる。日本経団連が政党に対する「政策評価」をおこない、その「通信簿＊」を会員企業に「献金の目安」として示すことによって、各社の献金をうながすという方法である。

　　＊「通信簿形式」の政治献金の問題点については、『変貌する財界──日本経団連の分析』（第4章「政治資金の流れにみる財界支配」山本陽子）を参照されたい。

　この「通信簿方式」は、2009年に民主党に政権が移った後は一旦中止となった。しかし、2012年12月の総選挙で自民党が勝利して政権に復帰したことを契機に「政策評価」を再開したのである。日本経団連は、「国益・国民本位の質の高い政治の実現に向けて」（2013年1月15日）を発表し、企業献金について「企業が果たす社会的役割を鑑みれば、企業の政治寄付は、企業の社会貢献の一環として重要性を有する」と説明し、そのために「経団連の主張と主要政党の政策や活動との比較・評価を実施する」と述べている。

　2013年7月の参議院選挙でも自民党が圧勝した。日本経団連が2013年10月23日に発表した「政策評価について」は、次のように書いている。

　「過去、政党の政策評価を実施していたが、2009年の政権交代に伴い……いったん中止……。昨年の総選挙で政権交代がふたたび実現した。……アベノミクスを推進するなど、日本再生に向けた政策を強力に実行している。……本年夏の参院選で衆参のねじれが解消し、政策を着実に実行できる環境が整った」。「今般、経団連として、政策実現の観点から、自由民主党を中心とする与党の政策・取り組みの評価を実施する」。「（自民党は）経団連が主張する政策を積極的に推進しており、高く評価できる。引き続き、大胆な規制改革をはじめとする成長戦略の実行を強く期待する」。この時点では、政策評価の復活にとどまっていたが、2014年6月に日本

経団連の新会長に就任した榊原定征・東レ会長は、「政治との連携強化」と称して「通信簿方式」による政治献金を検討すると明言した。榊原氏は記者会見で、安倍政権について「（アベノミクスなどで）日本経済は大きな変化を遂げた」と評価し、「経団連は現在、政治献金に中立な立場だ。それがいいのかどうか、しっかり検証したい」と述べ、今後は、政党の政策評価も、検討すると述べ献金再開に舵を切った。

そのとき、日本経団連が掲げた要求のなかには、「法人実効税率25％に向けた抜本改革」「消費税の着実な引上げ」があった。その後、自民党は「来年度から引下げを開始し、数年で法人実効税率を20％台まで引き下げることを目指すことを決定」している。

日本経団連は、2014年「政策評価」（2014年10月14日）を発表し、「法人実効税率の25％程度への引き下げ」要望に対し、自民党がこれに応えたのは「日本経済の再興に向けた政策を掲げ着実に実行に移しており、高く評価できる」と礼賛したのである＊。これは「政策評価」とカネの力で、政策を実行させたもので、まさに「政策買収」としか言いようがない。

＊宮沢洋一経産大臣（当時）は、「法人税率の実効税率の引き下げという問題が、これから数年間で20％台を目指すということですが、私自身も経団連の幹部の方との会合で『少なくとも2.5％は目指したい』といって狼煙を上げた立場でございます。なんとか、0.01ではありますが、この2.5％を超える引き下げを実現したことを、本当によかったなと思っております」と露骨に述べている（2015年自動車工業団体新春賀詞交歓会で）。
http://car.watch.impress.co.jp/docs/news/20150107_682687.html

日本経団連は2015年10月13日にも、政党別の政策評価を発表した。自民党については、TPP（環太平洋戦略的経済連携協定）の大筋合意などの成果を踏まえ「強い政治的リーダーシップを発揮しつつ、経済成長戦略や外交・安全保障政策を遂行し成果を上げており、高く評価できる」とした。その一方、民主党や維新の党、次世代の党の野党については、主要政策を紹介するにとどめている。その理由について日本経団連の幹部は「取り組みや実績を

評価できない」からと露骨に述べている。*

　政策評価は、経団連が2015年6月に示した13項目の事業方針に従っているかどうかで判断している。税制については「法人税改革の枠組みを定め、法人実効税率の引下げを実施した」と評価し、消費税については今後の課題として「消費税率10％への着実な引上げと単一税率の維持」をあげている。経団連は、この政策評価を会員企業約1300社に示し、榊原定征会長名で献金を呼び掛けた。献金呼び掛けは2年連続となる。

　＊産経Webニュース　2015年10月13日

　指摘しなければならないのは、政策評価のなかに「安保政策」を加えるように要望したのが、安倍晋三氏だったという事実である。2004年2月に開かれた経団連と自民党との会合で、自民党の安倍晋三幹事長（当時）が「安全保障や国際協力の分野が評価の対象になっていない」と指摘したのである。

　日本経団連は、安倍幹事長の要望に応えて、2006年度の「政策評価」のなかに「内外の情勢変化に対応した戦略的な外交・安全保障政策の推進」をつけ加え、自民党に「合致度A」という高い評価を与えている。そこには、こう書かれている。「05年11月の立党50年を機に新憲法草案を公表し、06年通常国会に国民投票法案を提出したが、継続審議となった。同国会には、防衛庁の省への移行と自衛隊の国際平和協力活動の推進に向けた防衛庁設置法改正案も提出した。党の宇宙開発特別委員会は、宇宙の外交・安全保障分野への活用等を提言し、宇宙基本法案（仮称）を策定中」。

　経団連と自民党の政治献金でつながった二人三脚ぶりが、経済政策だけでなく安保政策にも及んでいることを示している。

企業・団体献金と国民主権

　企業が政党や政治家にカネを出し政治に影響をあたえることは、国民主権と相いれないものである。企業は主権者ではなく、選挙権ももっていない。その企業が政党や政治家にカネをだし、政治に影響をあたえるということは、主権者である国民の基本的権利を侵すことになる。

企業は、利益を得ることを目的とする営利団体であり、政治に金をだせば、"投資"にみあう"見返り"を要求することになる。したがって、企業献金は本質的にワイロ性をもつものである。企業献金が何らかの利得に結びつけば「ワイロ」となり、そうでなければ企業に損害を与える「背任」行為となる。必要なのは、企業・団体献金の禁止である。

＊ 2015年4月1日、日本共産党は企業・団体献金全面禁止法案を衆議院に提出した。法案は、パーティー券の購入を含む企業・団体からの政治献金を全面的に禁止する内容となっている。

　政治資金規正法においては、政治資金は「国民の浄財」＝個人献金であり、「国民の政治参加の手段」「国民の権利」としている。支持する政党に有権者個人が政治献金をおこなうことは、憲法で保障された国民の参政権の一つであり、国民の代表を選ぶ選挙権、投票権と結びついたものと位置づけられている。企業・団体献金は、この精神とまったく相入れないものである。

(3)　政党助成金について——補論として

　ここで、政党助成制度がどのような経過で導入されたのか、振り返っておきたい。
　1988年に発覚したリクルート事件を契機に「政治改革」が大きな議論となり、89年に竹下登総理の辞任を受け就任した宇野宗佑総理の諮問機関として、第8次選挙制度審議会が設置された。1990年に出された答申で、「政党中心」「カネのかからない選挙」等と称して、小選挙区制の導入、政治資金の公開と規制強化が打ち出され、同時に政党助成制度が提案される。これをもとに海部俊樹内閣が、関連法案を国会に提出、宮沢喜一内閣の時には自民党案なども出されるが、それは成立には及ばなかった。

衆議院議長のあっせん
　宮沢内閣不信任決議案が可決されておこなわれた1993年7月の総選挙で

自民党が敗北して下野し、「政治改革」を掲げた細川連立政権が誕生した。この細川政権の時に「政治改革」関連法案が成立することとなる。

　1993年9月、細川政権が「政治改革」法案を国会に提出し、衆議院での審議のなかで、連立与党と自民党が修正協議をおこない、11月18日に修正法案を衆院本会議で可決、参議院に送付した。審議の場が参議院に移ったが、本格的な審議は年末も押し迫った12月24日から始まった。激しい攻防が続くなか、年明けの1994年1月21日の参院本会議で、衆院から送られてきた修正政府案は否決された。その後、1月26日から衆参の両院協議会がおこなわれたが、「成案を得るに至らなかった」のである。

　ところが、土井たか子衆院議長の斡旋で、1月28日に細川護熙総理と自民党河野洋平総裁がトップ会談をおこない、翌29日未明に「総・総合意」を共同記者会見で発表した。それを受け、1月29日に「政治改革」関連法案が、衆参本会議で可決・成立したのである。その後、「総・総合意」に基づく法改正の協議が2月からおこなわれ、3月4日に成立することにより実質的に制度が「完成」したのである。日本共産党は、民意をゆがめる小選挙区制に対しても、税金を政党が山分けする政党助成金についても、一貫して反対を貫いた。

　そもそも参院で否決され両院協議会でも成案が得られなかったものを、細川総理と河野総裁の「総・総合意」でひっくり返して成立させたのだから、いかに理不尽なものであったかは明らかである。

金権腐敗政治の根絶を政党助成金導入にすり替え

　ほんらい「政治改革」の発端となった金権腐敗政治をただす中心課題は、企業・団体献金の全面的禁止であった。日本共産党は、当時、「企業・団体献金全面禁止」法案を提出し、金権腐敗政治の根絶を求めた。また、選挙制度は民意を正確に反映させることが根幹であり、小選挙区制は「民意をゆがめ」、「虚構の多数」をつくりあげるものと批判した。また、政党助成制度は、国民に対して、一律に献金を強制するものであり、思想信条の自由を侵すも

のだとして反対した。

　細川総理（当時）は、就任直後（93年8月）の所信表明演説で、「政治腐敗事件が起きるたびに問題となる企業・団体献金については、腐敗の恐れのない中立的な公費による助成を導入することなどにより廃止の方向に踏み切る」と述べた。ところが、この「政治改革」でおこなわれたのは、国民がもとめた「クリーンな政治」の実現ではなく、「政治家への企業・団体献金禁止」を口実にした政党助成制度の導入であった。腐敗政治の根絶という中心課題が、政党助成制度の導入にすり替えられたのである。

「過度に依存しない」は反故に

　税金を政党に配分することについては、当初から厳しい国民の批判があった。そのため、推進する側も公然と受け取ることに"後ろめたさ"を感じていた。細川総理と河野総裁が、「総・総合意」の中で過度な依存を避けるため依存率を「40％以上にならない」ように歯止めをかけると書き込んだのはそれを示すものであった。

　しかし、「総・総合意」を法制化する間際になって、この「歯止め」も「3分の2を上限」とすると後退させてしまった。それでも、この「3分の2条項」は「政党の政治活動資金は、その相当部分を政党の自助努力によって得た国民の浄財で賄うのが基本であり、政党が過度に国家に依存することのないようにするとの趣旨から設けられた」と説明していた。

　ところが、制度が施行された95年の12月には、この「歯止め」さえも完全に削除する法改正をおこなったのである。提案理由には「政党がその運営においてどの程度政党交付金に依存するかの選択については政党の自主性を認めるのが適当であること等の理由から……交付限度額を廃止」すると説明した（95年12月7日衆院特別委）。政党がいくら税金に依存しようと問わない内容に変えてしまったのである。当初は、政党助成金の総額について「5年後に見直し」をするという規定があったが何の見直しもしないまま、この規定を削除してしまった。

政党助成金は、赤ちゃんからお年寄りまで一人250円、これに総人口をかけて約320億円と算出し、95年から毎年それを各政党に配分している。国民の血税を政党が「山分け」する仕組みである。制度導入以降、一度も総額が減らされたことはない。

政党運営資金の8割が税金依存

　これまで、いくら血税が注ぎ込まれてきたか。創設からこれまでの20年間（1995〜2014年）の累計で、6311億円が日本共産党以外の各党に配分された。各党別に見ると、自民党2874億円、民主党1857億円、公明党471億円、社民党347億円、等々である。日本共産党は、この制度の廃止を主張して受け取っていない。

　現在、主要政党の運営資金に占める政党助成金への依存率を見ると、自民党本部が64.6％で、民主党本部は82.5％にのぼる。ここまで依存度が高まると、「国営政党」「官営政党」などと言われても仕方がないであろう。

　政党助成金の使途は、税金を原資にしているにもかかわらず、何の制限もない。制度の提案者たちは、政党の政治活動の自由は制限されてはならないということを根拠にしているが、自由な結社である政党に税金をつぎ込むこと自体、根本的に間違っている。

　政治資金は、2009年から国会議員の関連政治団体の政治資金は1件1万円を超える全支出について収支報告書への領収書の添付が義務付けられ、1万円以上の領収書の保存が原則となっている。ところが、政党助成金の公開は5万円以上のままである。国民の税金を原資にしている政党助成金が、5万円以下がベールに覆われて見えないのは極めて不当である。

企業・団体献金も政党助成金も受け取る"二重取り"

　やめるはずの企業・団体献金はどうなったか。その後も、政党が公然と受け取り続ける仕組みが残された。政治家個人については禁止したが、政党と党のサイフである政治資金団体が企業・団体献金を受け取るのは禁止しなか

ったからである。そのため、企業・団体献金も政党助成金も受け取るという「二重取り」がおこなわれるようになった。

　日本共産党は、当初から「政党には政党支部が含まれており、支部が抜け穴になる」と指摘してきた。実際、政治家が党支部をたくさんつくって企業・団体献金を受け取るようになり、党支部が政治家個人のサイフのように使われている。

　南米のボリビアは、2008年に政党助成制度を廃止した。ボリビアでは、制度を廃止することによって生じた資金（年6億2000万円）を、障害者支援の基金に充てた。ベネズエラでも、99年の憲法改正時に、政党助成制度を廃止している。

　"虚構の多数"を得られる小選挙区制の害悪とともに、政党助成金が政党運営をゆがめている。政党とは、思想・信条にもとづく自発的な結社である。その財政は、党費と支持者の個人献金などでまかなわれるべきものである。国民には政党を支持する自由も、支持しない自由もあるにもかかわらず、政党助成金は支持していない政党に「献金を事実上強制」することにならざるを得ず、思想・信条の自由を事実上、踏みにじることになる。

　日本共産党は、政党助成金も企業・団体献金も受け取らず、党の財政は、党費、個人献金、機関紙などの事業収入でまかなっている。そのようなあり方は十分に可能なのだから、政党助成金は廃止し、企業・団体献金は禁止すべきである。自律した結社としての政党ほんらいのあり方を取り戻すために。*

*　2015年1月25日、日本共産党は「政党助成制度が、きわめて深刻な形で政党の堕落をまねいている」と指摘し、政党助成法廃止法案を提出した。
　筆者の国会における政党助成金に関する主な論戦と資料については、以下のデータベースを参照されたい。
2006年4月19日、衆議院行政改革特別委員会
http://kensho.jcpweb.net/kokkai/060419-000000.html
2009年7月3日、衆議院政治倫理の確立及び公職選挙法改正に関する特別委員会

http://kensho.jcpweb.net/kokkai/090703-000000.html
2011年12月5日、衆議院予算委員会
http://kensho.jcpweb.net/kokkai/121201-000000.html
2014年2月28日、衆議院予算委員会
http://kensho.jcpweb.net/kokkai/140228-000000.html

3　総理のトップセールス

　最後に、安倍晋三総理のトップセールスについて触れておきたい。安倍総理は、大企業幹部らを政府専用機に乗せて外遊に同行させ、「トップセールス」を繰り返している。政府はこれを「経済ミッションの同行」と称している。このような方式は、第二次安倍内閣以前にはなかったことである。[*]

＊衆議院内閣委員会（2015年7月1日）で、外務省は日本共産党の塩川鉄也衆議院議員の質問に対し、第二次安倍内閣以前に政府専用機に民間人を乗せ、総理外遊をおこなったことはないと認めた。「平成25年4月28日から5月4日までの安倍総理のロシア、中東訪問のときに、経済人、同行の方に政府専用機に御同乗いただいておりますけれども、それ以前に政府専用機に民間企業関係者を乗せた総理外遊はございません。」
http://www.shiokawa-tetsuya.jp/modules/kokkai/index.php?id=354

(1)　2年半で27カ国、489社、1556人が参加

　第二次安倍内閣発足（2012年12月）から2015年7月までの間、総理外遊に企業・団体などを同行させた経済ミッションが10回、訪問国は延べ27カ国、同行した企業・団体数は489社、参加者は1556人に及んでいる。それを示したのが表6－6である。

トップセールスの目的は、原発の輸出、軍事援助、EPA（経済連携協定）・TPP（環太平洋戦略的経済連携協定）の締結による日本企業の投資環境整備、対日直接投資の奨励などがある。大企業が「世界一稼ぎやすい国」に

〈表6－6〉総理外国訪問時の経済ミッションの同行に関して

訪問期間	訪問国	①代表的と考えられる団体・企業	②会社・団体等の数	③人数
2013年4月28日〜5月4日	ロシア、サウジアラビア、アラブ首長国連邦、トルコ	経団連会長やJBIC総裁ら	118	383人
2013年5月24日〜26日	ミャンマー	経団連日本ミャンマー経済委員会委員長ら	43	117人
2013年8月24日〜29日	バーレーン、クウェート、カタール	経団連会長や中東協力センター会長ら	66	210人
2013年10月28日〜30日	トルコ	経団連会長や日土合同経済委員会委員長ら	10	35人
2014年1月10日〜1月14日	コートジボワール、モザンビーク、エチオピア	経団連サブサハラ地域委員会委員長ら	36	121人
2014年1月25日〜1月27日	インド	経団連会長や日印経済委員会会長ら	28	77人
2014年7月6日〜7月12日	ニュージーランド、オーストラリア、パプアニューギニア	経団連副会長や日豪経済委員会会長ら	39	43人
2014年7月25日〜8月4日	メキシコ、トリニダード・トバゴ、コロンビア、チリ、ブラジル	経団連会長ら	68	259人
2014年9月6日〜9月8日	バングラデシュ、スリランカ	経済委員会委員長やJETRO理事長ら	35	151人
2015年1月16日〜1月21日	エジプト、ヨルダン、イスラエル、パレスチナ	日エジプト経済委員会委員長やJETRO理事長ら	46	160人

≪資料≫外務省より塩川鉄也衆議院議員に提出された資料。会社・団体等の数は、〈表6－7〉の数字にそろえた。

日本をつくりかえる戦略の一環でもある。外務省の説明では、同行の人々の旅費と宿泊代は各企業・団体負担となっている。人選は、総理の意向で官邸サイドがおこない、官邸からの呼びかけに企業側が応ずるかたちになっている。それは2014年の「経団連・夏季フォーラム」(7月24日)で、安倍総理自身が「成果を上げていますから、お誘いをしたらぜひ分かったと言って応じていただきたい」と述べていることでも明らかである(官邸ホームページ)。

各トップセールスごとの訪問国と参加者は表6－7 (255～258ページ) の通りである。

最大の規模は、2013年4月28日～5月4日、中東のサウジアラビア、アラブ首長国連邦、トルコおよびロシアへの訪問であった。その際に同行した企業・団体等は255ページにある。118の会社・団体、383人が参加している。安倍内閣が、トップセールス第1弾と位置づけているように、日本経団連会長などが参加する大規模な編成であった。

(2) 武器輸出を含む軍事協力

2013年5月24日～5月26日、ミャンマーを訪問した際に同行した企業・団体等は、日本経団連・日本ミャンマー経済委員会委員長をはじめ43の企業・団体、117人である[*]。また、2014年1月25日～1月27日に、インドを訪問した際に同行したのは、28の企業・団体で77人であった。これには、日本経団連会長、日印経済委員会会長なども参加している。

　*政府の説明では「ロシア・中東訪問に続くトップセールスの第2弾として、経済ミッションが同時訪問。有望な生産拠点・市場として期待されるミャンマーとの間で、ハードからソフトまで幅広い協力を進めるとともに、日本経済の成長にも資する互恵的な経済関係強化を目指すことが確認された」(官邸ホームページ)としている。

注意しなければならないのは、政府が軍需企業の代表と一緒に武器輸出を

〈表6―7〉トップセールス参加企業等

2013年4月28日～5月4日　ロシア・中東訪問（118企業等）

IHI、IHI インフラシステム、アイテック、秋田銀行、秋田魁新報社、秋田日産自動車、味の素、味の素・ジェネティカ・リサーチ・インスティチュート、アズビル、アースフライヤーズ、アーネストワン、アブダビジャパンインダストリアルエージェンシーズ、飯田産業、いすゞ自動車、いすゞモータースサウジアラビア、出光興産、伊藤忠商事、インベロ・アドバイザーズ、江崎グリコ、大塚製薬、大林組、オリンパス、オリンパスメディカルシステムズ、KAIRON ASIA COMERCE、川崎重工業、キッコーマン、神戸国際フロンティアメディカルセンター、国際協力機構、国際協力銀行、国際石油開発帝石、国際石油交流センター、コスモ石油、サンインベストメント、JX 日鉱日石エネルギー、JX ホールディングス、JFE スチール、ジェイ・パワーシステムズ、ジェイ・パワーシステムズサウジアラビア会社、ジャパン石油開発、水 ing、住友化学、住友重機械工業、住友商事、住友林業、石油天然ガス・金属鉱物資源機構、全農、双日、双日ロシア法人会社、大成建設、大日本水産界、中東協力センター、千代田化工建設、Chiyoda Petrostar Ltd、テルモ、東芝、東芝電力システム社、東芝ガルフ社、東芝メディカルシステムズ、東燃ゼネラル石油、東洋エンジニアリング、東レ、東レメンブレン・ヨーロッパ、都市再生機構、トヨタ自動車、豊田通商、日揮、日揮ガルフインターナショナル、JGC アラビア（日揮・現地事務所）、日建設計、日清食品ホールディングス、日本 GAP 協会、日本エマージェンシーアシスタンス、日本経済研究センター、日本経済団体連合会、日本国際協力センター、日本光電ヨーロッパ、日本トルコインフラ開発会社、日本光電工業、日本光電ミドルイースト、日本貿易振興機構、日本貿易保険、ノムラ・インターナショナル plc、野村総合研究所、日立 GE ニュークリアエナジー、日立製作所、日立造船、日立造船ヨーロッパ、不二石油、北海道銀行、丸紅、Marubeni Middle-East & Africa Power Ltd.、みずほコーポレート銀行、三井住友銀行、三井物産、中東三井物産、三井不動産、三越伊勢丹ホールディングス、三菱商事、三菱電機、三菱地所、三菱重工環境・化学エンジニアリング、三菱重工業、三菱東京 UFJ 銀行、三菱マテリアル、メディカルエクセレンスジャパン、ロシア味の素社、ROTOBO、和郷園、国立がん研究センター東病院、伊藤忠丸紅鉄鋼、ANA ホールディングス、ソニーユーラシア、鹿島建設、富士通、近畿大学、学校法人立命館、昭和大学、東海大学

2013年5月24日～26日　ミャンマー訪問（43企業等）

名古屋大学、岡山理科大学、立命館アジア太平洋大学、NEC、KDDI、日立製作所、NTT データ、ALSOK、損保ジャパン、大和証券グループ本社、三井住友銀行、三菱東京 UFJ グループ、日本取引所（JPX）、三井住友海上保険、スズキ、住友商事、丸紅、三菱商事、IHI、千代田化工、東芝、三井物産、三菱重工、関西電力、神戸製

鋼、東京都、東洋エンジニアリング（TEC）、日建設計、日野自動車、伊藤忠、鹿島建設、豊田通商、中部国際空港、双日、新関西空港、日本空港ビルディング、前田建設、大成建設、日揮、梓設計、ITS Japan、王子ホールディングス、JUNKO KOSHINO

2013年8月24日～29日　中東訪問（66企業等）

アステラス製薬、Mesaieed Power Company Ltd.（丸紅関連会社）、中東協力センター、日本経済団体連合会、日本国際協力センター、海外建設協会、日本施設園芸協会、出光興産、岩谷産業、エーザイ、SBIファーマ、エスペックミック、エルエヌジージャパン、大阪大学大学院医学系研究科、欧州三井住友銀行、大林組、木下真珠、神戸製鋼所、国際協力銀行、竹中銀行、ナガオカ、日建設計、日立製作所、日立メディコ、みずほ銀行、みずほフィナンシャルグループ、三井住友銀行、三菱UFJフィナンシャルグループ、三菱東京UFJ銀行、三興、コスモ石油、JX日鉱日石エネルギー、JX日鉱日石開発、JXホールディングス、ジャパンドームハウス、住友化学、住友商事、双日、第一三共、大成建設、武田薬品工業、中東三井物産、中部電力、Chiyoda Almana Engineering LLC（千代田化工関連会社）、千代田化工建設、東芝メディカルシステムズ、東洋エンジニアリング、石油天然ガス・金属鉱物資源機構、トヨタ自動車、日揮、JGC Arabia Ltd.（日揮関連会社）、日本光電工業、日本光電ミドルイースト、日本貿易振興機構（ジェトロ）、ノムラ・インターナショナルplc、野村ホールディングス、日立造船、Hitachi Medical Systems Middle East, S.A.E.、富士フイルム、丸紅、三井物産、三菱重工業、三菱商事、三菱商事ウォーター・テクノロジー Qater Science Technology Park分室、早稲田大学

2013年10月28日～30日　トルコ訪問（10企業等）

三菱東京UFJ銀行、エーザイ、IHI、千代田化工建設、伊藤忠商事、住友ゴム工業、三菱重工業、三菱商事、日本経済団体連合会、大成建設

2014年1月10日～14日　アフリカ訪問（36企業等）

IHI、秋田大学、味の素、andu amet、愛媛大学、欧州三井住友銀行、海外建設協会、鹿島建設、上組、国際協力機構、国際協力銀行、国際農林水産業研究センター、国立国際医療研究センター、五洋建設、清水建設、新日鐵住金、石油天然ガス・金属鉱物資源機構、双日、千代田化工建設、筑波大学、東亜建設工業、東洋建設、豊田通商、日揮、日鉄住金物産、日本貿易振興機構、ヒロキ、不二石油、丸紅、三井住友銀行、三井物産、三菱航空機、三菱商事、三菱東京UFJ銀行、三菱UFJフィナンシャル・グループ、ヤマハ発動機

2014年1月25日～27日　インド訪問（28企業等）

STSフォーラム、海外産業人材育成協会（HIDA）、科学技術振興機構、クボタ、高エネルギー加速器研究機構、国際協力銀行（JBIC）、国立情報学研究所、産業総合技術研究所、新エネルギー産業技術総合開発機構（NEDO）、住友化学、第一三共、中部電力、テルモ、東京大学、東芝、日本科学未来館、日本経済団体連合会、日本電気、一般社団法人日本農業機械工業会、日本貿易振興機構（JETRO）、東日本旅客鉄道、日立製作所、前川製作所、三井住友信託銀行、三井物産、三菱重工業、三菱東京UFJ銀行、立命館大学立命館グローバル・イノベーション研究機構

2014年7月6日～12日　大洋州訪問（39企業等）

日本商工会議所、日豪経済委員会、日本経済団体連合会、日NZ経済委員会、住友林業、日本郵船、三菱商事、三井物産、住友商事、ウッドワン、ジェイティービー、リンナイ、三井住友銀行、みずほFG、東京海上日動火災保険、国際協力銀行（JBIC）、学校法人立命館、国際石油開発帝石（INPEX）、日本電気、伊藤忠商事、（独）石油天然ガス・金属鉱物資源機構、岩崎産業、東海旅客鉄道、日本航空、全日空、千代田化工建設、川崎重工業、双日、日揮、丸紅、JX日鉱日石開発、LNG-JAPAN、大阪ガス、太平洋セメント、喜代村、鴻池組、極洋、日本貿易振興機構（JETRO）、国際機関太平洋諸島センター（PIC）

2014年7月25日～8月4日　中南米訪問（68企業等）

IHI、味の素、飯田産業、伊藤忠商事、井村屋、独立行政法人医薬品医療機器総合機構、ANAホールディングス、NCネットワーク、独立行政法人海洋研究開発機構、独立行政法人科学技術振興機構、キャステム、クボタ、独立行政法人港湾空港技術研究所、独立行政法人国際協力機構、国際協力銀行、JXホールディングス、JX日鉱日石金属、清水建設、新日鐵住金、住友金属鉱山、住友商事、石油天然ガス・金属鉱物資源機構、全日本空輸、一般社団法人全日本コーヒー協会、双日、大成建設、千代田化工建設、国立大学法人筑波大学、国立大学法人東京大学、戸田建設、トヨタ自動車、日鉄鉱業、ニトリホールディングス、日本アマゾンアルミニウム、日本医療機器産業連合会、一般社団法人日本埋立浚渫協会、独立行政法人日本学術振興会、日本経済新聞社、一般社団法人日本経済団体連合会、日本航空、日本商工会議所、日本水産、日本製薬団体連合会、日本電気、日本電子、独立行政法人日本貿易振興機構、独立行政法人日本貿易保険、独立行政法人国際農林水産業研究センター、hakkai、日立国際電気、フコク、不二製油、フジタ、古河電気工業、前川製作所、丸紅、みずほファイナンシャルグループ、三井金属鉱業、三井住友銀行、三井住友フィナンシャルグループ、三井物産、三菱ガス化学、三菱重工業、三菱商事、三菱電機、三菱東京UFJ銀行、三菱マテリアル、横浜銀行

2014年9月6日〜8日　バングラデシュ・スリランカ訪問（35企業等）

IHI、伊藤忠商事、SGホールディングス（佐川急便）、特定医療法人大坪会、大林組、尾道造船、かんべ、喜代村、久米設計、神戸紅茶（日本紅茶協会）、JFEエンジニアリング、独立行政法人日本貿易振興機構（ジェトロ）、シップヘルスケアホールディングス、清水建設、住友商事、大成建設、東芝、東レ、トマデジ、日本電気、日本ポリグル、ノリタケカンパニーリミテッド、日立製作所、日立造船、ボンマックス、前川製作所、丸久、丸紅、みずほ銀行、三井住友建設、三菱重工業、三菱商事、三菱日立パワーシステムズ、三菱UFJフィナンシャルグループ、ユーグレナ

2015年1月16日〜21日　中東訪問（46企業等）

味の素、伊藤忠商事、伊藤忠テクノロジーベンチャーズ、エジプト・日本科学技術大学（E-JUST）、科学技術振興機構（JST）、合資会社加藤吉平商店、キッコーマン、国際協力銀行（JBIC）、五洋建設、ザインエレクトロニクス、サムライインキュベート、三祐コンサルタンツ、清水建設、（独）情報処理推進機構（IPA）、（独）情報通信研究機構（NICT）、（独）新エネルギー・産業技術総合開発機構（NEDO）、スパイバー、住友商事、セラミカ・クレオパトラ・ジャパン、双日、大成建設、太知ホールディングス、大日本土木、チョーヤ梅酒、千代田化工建設、東芝、東電設計、豊田通商、日揮、日本設計、日本電気、（独）日本貿易振興機構（JETRO）、（独）日本貿易保険（NEXI）、パナソニック、富士フイルム、前川製作所、マッスル、丸紅、みずほ銀行、三井住友銀行、三井物産、三菱ケミカルホールディングス、三菱商事、三菱東京UFJ銀行、ヤマミズラ、ラック

≪資料≫外務省より塩川鉄也衆議院議員に提出された資料にもとづき作成

含む軍事面での協力を推し進めていることである。このときは、ミャンマーやインドなどの首脳と「防衛交流」「防衛協力」の強化・促進で合意している。また別途、戦車エンジンの共同開発（トルコ）や、救難飛行艇US2の輸出（インド）をめぐる交渉もおこなわれている。*

　　*「しんぶん赤旗」2014年8月30日付。「武器輸出を禁じた『三原則』を4月1日に廃止すると、安倍内閣による武器輸出の動きは加速。4〜5月の欧州訪問の中で安倍首相は無人システム開発での協力（フランス）や、武器共同開発の促進（イギリス）で、各国首脳と合意しました。7月12日には、地対空誘導弾パトリオット『PAC2』の部品を米国に輸出すること、ミサイルを共同開発するため英国に技術情報を移転することを決めました。PAC2の部品

輸出は米軍需企業大手レイセオン社が要望してきたものです」。

日本経団連は「防衛計画の大綱に向けた提言」(2013年5月14日)で「グローバル化を進め、防衛生産・技術の維持につなげていく」と強調し、武器輸出の姿勢を明らかにしている。

2013年8月24日〜8月29日、中東のバーレーン、クウェート、ジブチ、カタールを訪問した際に同行したのは、66の企業・団体で210人である。日本経団連会長や中東協力センター会長なども参加し、インフラ輸出などにも力を入れた。同時に、アフリカ北東部に位置するジブチで、安倍総理はソマリア沖の「海賊対策部隊」として派遣した自衛隊の活動拠点を視察している。

(3) 原発輸出を推進

2013年10月28日〜10月30日、トルコを訪問した際に同行したのは、10の企業・団体、35人であった。ここにも、日本経団連会長や日土合同経済委員会委員長などが参加している。安倍総理は、その直前の2013年5月にもトルコを訪問している。そのさい、トルコとのあいだで、原発プロジェクトに関する原子力協定を交換している。安倍総理はトルコで、三菱重工業・伊藤忠・仏アレバ企業連合のシノップ原発の優先交渉権獲得のための支援をおこなってきた。トルコと「戦略的パートナーシップの構築に関する共同宣言」に署名している。アラブ首長国連邦とも原子力協定を締結している。*

* 日本・アラブ首長国連邦原子力協定は、2009年6月に交渉を開始、2010年6月に実質合意、2013年5月2日に署名、2014年7月10日に発効している。
日本・トルコ原子力協定は、2011年1月に交渉開始、2012年3月に実質合意、2013年4月26日に日本側署名、2013年5月3日にトルコ側署名により、2014年6月29日に発効している。

2014年1月25日〜1月27日、インドを訪問した際に同行したのは、28の企業・団体、77人であった。安倍総理とシン首相との首脳会談では原子

力協定について話しあわれている。同行したなかに東芝、日立製作所、中部電力をはじめ原発関係の企業・団体が含まれていた。

　2015年12月12日、安倍総理はインドのモディ首相との首脳会談の後、日本からインドへの原発輸出を可能にする原子力協定締結について「原則合意」に達したと発表した。これは、NPT（核不拡散条約）未加盟の核保有国インドへの原発輸出である。

　現在、日本が原子力協定の交渉をおこなっているのは、南アフリカ共和国、サウジアラビア、ブラジル、メキシコである。さらに、モンゴル、マレーシア、タイとの間で交渉中であると報じられている。さらに、フランスとのあいだで、原発輸出での連携を確認している。ワルシャワではポーランド、チェコ、ハンガリー、スロバキアの4カ国の首脳と会談し、原子力分野での協力を盛り込んだ共同声明を発表している。

　安倍総理の外遊のなかに、これらの国々の多くが含まれていることに注意を向けなければならない。

あとがき

　『変貌する財界——日本経団連の分析』（編著、新日本出版社、2007年）を出版してから、10年近くが経過した。
　この間、政治のうえでは自民党から民主党への政権交代があり、その後、自民党が政権に復帰するという激動があった。経済面では、2008年の金融危機＝リーマンショックの勃発で世界経済が大きな衝撃を受け、日本では大企業による派遣切りが横行し、働く場所も住居も失った労働者が「年越し派遣村」に駆け込む事態も生まれた。2011年3月には東日本大震災と東電福島第1原発の過酷事故が発生し、国民に甚大な被害をもたらした。
　私は、1996年10月の総選挙で東海ブロックから当選し6期18年間、この激動の時代に日本共産党の衆議院議員を務め、2014年11月に議員を引退した。この時期を国政の舞台で曲がりなりにも闘うことができたのは、多くの皆さんの支えがあったからである。厳しいなかでの国会活動は、何ものにも代えがたい貴重な経験であった。その過程で、国会の仲間とともに研究会を積み重ね、つくりあげたのが前著であった。
　その後、新日本出版社から続編執筆の要請があり、仲間とともに何度も挑戦したが、その都度、政治の激動に飲み込まれて中断せざるをえなくなり、残念ながら現職議員の時にそれを完成させることができなかった。
　議員を引退して、ようやく調査・研究に集中できる条件が生まれ、作業を再開し約1年かけて何とか本書をまとめることができた。この間、調査・研究に協力していただいた議員団・事務局・秘書の方々、そして粘り強く励ましていただいた新日本出版社の皆さんに、こころから感謝申し上げたい。
　財界研究は、経済のみならず政治、行政、場合によっては軍事面まで多面的な要素を含んでいる。そのため、個人で完成させるにはとても荷が重い課題であり、本書もまだまだ不十分なところが多い。それでもあえて世に出そ

うとするのは、安倍内閣の暴走が目に余るからである。立憲主義と国民主権を根底から破壊し、戦争への道に突き進もうとする暴走を抑えなければならない。そのために、本書が多少なりとも役に立つことができるなら、望外の喜びである。

2015年12月

著者

佐々木憲昭（ささき・けんしょう）

1945年北海道生まれ。
1996～2014年、6期18年間にわたり日本共産党衆議院議員を務める。同党幹部会委員。
主な著書
『変貌する財界──日本経団連の分析』（編著、新日本出版社、2007年）
『どうみる世界と日本の経済〈改訂版〉』（新日本出版社、1988年）
『おしよせる大失業』（新日本出版社、1987年）
『転換期の日本経済』（新日本出版社、1983年）
『暮らしのなかのエネルギー危機』（新日本出版社、1981年）
『現代エネルギー危機論』（新日本出版社、1978年）

財界支配──日本経団連の実相
2016年1月30日 初版

著 者	佐々木憲昭
発行者	田所　稔

郵便番号　151-0051　東京都渋谷区千駄ヶ谷4-25-6
発行所　株式会社　新日本出版社
電話　03（3423）8402（営業）
　　　03（3423）9323（編集）
info@shinnihon-net.co.jp
www.shinnihon-net.co.jp
振替番号　00130-0-13681
印刷　亨有堂印刷所　製本　小泉製本

落丁・乱丁がありましたらおとりかえいたします。
©Kensho Sasaki 2016
ISBN978-4-406-05960-2　C0033　Printed in Japan

Ⓡ〈日本複製権センター委託出版物〉
本書を無断で複写複製（コピー）することは、著作権法上の例外を除き、禁じられています。本書をコピーされる場合は、事前に日本複製権センター（03-3401-2382）の許諾を受けてください。